핫이슈, 일제강제동원문제의 어제와 오늘

강제동원 & 평화총서 20
핫이슈, 일제강제동원문제의 어제와 오늘

초판 1쇄 인쇄 2022년 8월 10일
초판 1쇄 발행 2022년 8월 20일

저　자 심재욱 · 오일환 · 이상의 · 정혜경 · 최영호 · 허광무

펴낸이 윤관백
펴낸곳 도서출판 선인

등　록 제5-77호(1998. 11. 4)
주　소 서울특별시 양천구 남부순환로48길 1. 1층
전　화 02-718-6252
팩　스 02-718-6253
E-mail sunin72@chol.com

정　가 20,000원

ISBN 979-11-6068-726-2 94900
　　　978-89-5933-473-5 (세트)

강제동원 & 평화총서 20

핫이슈,
일제강제동원문제의 어제와 오늘

심재욱 · 오일환 · 이상의 · 정혜경 · 최영호 · 허광무

선인

『핫이슈, 일제강제동원문제의 어제와 오늘』은 2011년 8월 일제강제동원&평화연구회 발족 후 2021년 8월까지 10년간 뉴스레터인 P's Letter의 핫이슈&연구IN 코너에 실었던 기사 중 일부를 수정 보완한 묶음집이다. P's Letter는 연구회의 발족과 동시에 탄생했다. 처음에는 매달 발간했으나 2014년부터 연 4회 발간하고 있다.

2021년 8월 일제강제동원&평화연구회가 발족 10주년을 맞아 여러 행사를 준비했으나 코로나19팬더믹의 한복판에 놓여 준비한 행사계획을 취소할 수밖에 없었다. 10주년 행사 대신 마련한 것이 10년간 핫이슈&연구IN을 독자들과 나누는 성과물이다.

10년간 핫이슈&연구IN에 수록한 내용 가운데 필자들이 선별한 글을 주제별로 분류해서 수록시기별로 편집했다. 당시에는 '핫이슈'였으나 10년이 지나는 동안 '옛이야기'가 되었다고 생각할 수도 있지만 여전히 대일역사문제에서는 중요한 이슈이다. 그럼에도 P's Letter 수록 후 상황이 달라진 이슈는 필자들이 보완했다. 내용의 이해를 위해 사진도 추가했다.

이같이 『핫이슈, 일제강제동원문제의 어제와 오늘』은 10년간 P's Letter 핫이슈&연구IN의 글이 중심을 이루고 있으나 부록의 수록 목록과 일치하지 않는다. 핫이슈&연구IN에 적지 않은 옥고를 수록했으나 현재 관련 연구를 하지 않고 있다며 고사한 필자가 있기 때문이다. 그래서 심재욱, 오일환, 이상의, 정혜경, 최영호, 허광무 등 총 6명의 이름으로 출간하게 되었다. 또한 필자마다 모든 글을 책에 담지 않았다.

『핫이슈, 일제강제동원문제의 어제와 오늘』은 10년간 일제강제동원문제의 중요한 국내외 이슈를 담고 있다. 일제강제동원 문제의 열악한 환경과 각 분야별 피해자들의 사례에서부터 한일 정부 간 협상과 합의, 대결과 파국, 그리고 징용피해자 재판의 부침에 이르기까지 거의 모든 사건과 쟁점들을 다루고 있다.

동시에 이 글들은 일제강제동원&평화연구회의 역사 궤적이기도 하다. 일제강제동원&평화연구회는 연구자들이 발족했으나 '연구소'라는 이름을 붙이지 않았다. 아시아태평양전쟁 문제를 연구하는 연구센터이자 학자와 시민을 잇는 네트워크로서 역할하고자 했기 때문이다. 발족 당시부터 가지고 있었던 지향점 덕분에 현재 연구회는 시민과 연구자의 조화로운 토대 위에 성장하고 있다. 2011년 8월 6일 창립 이후 출간한 28권의 강제동원&평화총서 가운데 연구총서 4권을 제외한 24권은 연구자가 아닌 대중을 위한 책이다. 연구자를 대상으로 한 연구반을 운영하고 있지만, 아시아태평양전쟁유적 답사나 시민강연, 영상물 상영회, 경성일보 강독반 등 정례 행사는 모두 시민과 함께하는 프로그램이다.

연구회의 탄생 과정에는 2015년 12월 해산된 '국무총리 소속 일제강점하 강제동원피해진상규명 위원회(이하 위원회)'가 자리하고 있다. 2005년 2월부터 위원회에서 조사과장으로 근무하던 정혜경 등 위원회 소속 연구자들이

2007년부터 외부의 연구자·대학원생들을 포괄하는 연구반(연구반 햇귀)을 운영했다. 위원회가 수집한 자료와 연구보고서 등 조사 결과를 학계와 공유하고자 한 시도였다. 매달 평일 저녁에 모여 한국과 일본의 연구성과를 읽고 연구 노트도 발표하는 자리로 운영했다.

2010년은 강제병합 100주년으로 하루가 멀다 하고 관련 학계와 시민사회의 행사가 열리던 해였다. 정권 교체의 와중에서 간신히 살아남은 후 2010년 4월 명칭이 '국무총리 소속 대일항쟁기 강제동원피해조사 및 국외강제동원희생자 등 지원위원회'로 바뀌면서 부임한 기관장(정선태 위원장)은 8월에 정혜경에게 대일역사문제 해결을 위한 거시적 실천방안을 작성해보라고 했다. 위원장은 위원회를 발족 운영하고 있는 한국이 대일역사문제 해결에서 선도적 역할을 할 수 있을 것이라 생각했다. 부친상 중에도 출근해 독려할 정도로 위원장의 관심 사안이었다. 1주일 후 나온 보고서는 「동북아평화공동체 구축 실천방안」이었다. 보고서는 '① 양국 의회의 연대 ② 일본 우호세력 연대 ③ 한중일 지식인 연대 ④ 국내 학계 연구 활성화 ⑤ 진정성을 전제로 한 일본 정부 및 기업의 노력 ⑥ 평화재단 설립을 위한 기업·정부·국회의 노력 방안' 등 여섯 가지 방향을 담았다. 위원장은 이 가운데 먼저 학계가 할 수 있는 방안의 하나로 학회 발족을 제안했다.

그 해 가을, 연구반 햇귀 회원들은 일본 도쿄에서 열린 자료수집 답사에서 학회가 아닌 연구회를 발족하기로 뜻을 모았다. 이후 약 1년간의 준비 끝에 2011년 8월 6일 연구회의 문을 열었다. 준비 과정에서 익명의 기탁자가 힘을 보태주셨다.

연구회 창립식은 『연구총서 제1권―강제동원을 말하다―명부편(1)』의 출판 기념회를 병행했다. 『연구총서 제1권』은 한일 연구자가 공동 필자로 참여했고, 창립식에는 당시 한일민족문제학회와 공동 세미나를 위해 방한한 일본 연구자들도 다수 참석했다. 그러나 창립식 주인공은 연구자만이 아니었다. 사할린 국내 유족(류연상)의 강연은 연구회의 지향점을 잘 보여준 사례이다.

연구회의 10년은 교사, 기자, 작가 등 대중과 한일 연구자가 함께 일제강제동원 문제를 고민하고 해법을 찾아간 기간이었다. 그러나 이 10년은 한일 관계 관련자라면 누구나 인정하는 '잃어버린 10년'이기도 하다. 터널의 바닥까지 내려간 상황에서 이제 남은 것은 피해자성을 통해 회복하는 일이다. 피해자 스스로 진상을 규명하고 피해자들에게 공감하고 역사에 기록하는 일을 통해 가능하다. 그 길에 연구회와 P's Letter가 작은 도움이나마 될 수 있기를 간절히 바란다.

『핫이슈, 일제강제동원문제의 어제와 오늘』은 매회 옥고를 주신 연구위원들 덕분에 세상에 나올 수 있게 되었다. 그러나 또 다른 보이지 않는 손을 기억하고 싶다. 창립 이후 2017년까지 P's Letter를 편집 발간한 김윤미 선생, 2017년 이후 지금까지 P's Letter 편집을 맡아주고 있는 조건 선생과 편집팀이다. '도서출판 선인'은 연구회의 '키다리 아저씨'이다. 2011년 창립과 함께 강제동원&평화총서의 전담 출판사를 자청해 2021년 말 현재까지 총 28권을 출간해주었다. 필자들을 대신해 감사의 인사를 드린다.

2022년 5월 필자들을 대신해

정혜경

차 례

PART 01

강제동원 일반

호쿠리쿠(北陸)연락회, 후지코시(不二越) 강재공업㈜의
'전범기업' 추가 청원

　지난 2001년 근로정신대 피해자 할머니들이, 후지코시의 사죄와 피해보상 요구를 위해 일본에 방문했고, 이를 계기로, 2002년 3월 설립된 일본 시민단체 '호쿠리쿠(北陸)연락회' 회원들은 지난 9월 136개 '일본 전범기업' 명단을 발표한 자유선진당 이명수 의원을 2011년 10월 24일 방문하였다.

　일본 전국에 약 200명의 회원을 두고 피해자 할머니들의 소송비용을 부담하고 있는 이들은, 이명수 의원에게 전범기업 명단에서 빠진 "후지코시를 전범기업 명단에 추가해 한국 정부 입찰을 제한해 달라"라는 요청서를 전달하였다.

　일본의 시민단체가 한국 국회를 상대로 자국의 특정 기업을 전범기업에 추가해 달라는 요청을 한 최초의 사례였다.

피해자 김희경이 일본 도야마에 있는 후지코시강재(주)로 출발하기 전에 교사·학부형들과 함께 덕수국민학교에서 촬영한 사진(국무총리 소속 대일항쟁기 강제동원피해조사 및 국외 강제동원희생자 등 지원위원회, 2012, 『조각난 그날의 기억』, 62쪽)

공업용 기계와 산업용 로봇 등을 생산하는 후지코시강재는 1928년 설립됐으며, 1944~1945년 한반도에서 12~16세 소녀들을 근로정신대로 동원해 혹독한 조건 속에서 노역을 강요했다. 이 회사로 강제동원된 한국인 7명은 지난 1992년 회사측을 상대로 소송을 제기, 결국 일본 최고재판소(대법원)에서 화해가 성립하면서 '해결금' 명목으로 3천500만엔을 받아냈다. 이에 당시 소송에 참여하지 못했던 피해자와 유족 23명이 2003년 일본 정부와 후지코시를 상대로 미지급 임금 등 1억 엔 지불을 요구하며 2차 소송을 냈으나 1심과 2심 법원은 "1965년 한일 청구권 협정으로 한국 국민 개인의 청구권은 포기됐다"는 취지로 소를 기각하였고, 2008년 상고심에서도 최종 패소하였다.

'호쿠리쿠연락회'의 요청에 대하여 이명수 의원실은 후지코시가 전범기업 명단에서 빠진 데 대해 "일단 1차로 파악된 136개 기업을 선정한 것이고 완성된 명단이 아니"며 "추가로 파악되는 전범기업은 수시로 명단에 포함해 발표할 것"이라고 말했다.

* 이후 이명수 의원(현 국민의힘 소속)은, 2012년 2월 후지코시강재공업이 포함된 34개 현존기업 및 회사를 합병하거나 이름을 바꾼 24개 기업의 2차 전범기업 목록을, 그해 8월 29일에는 3차로 105개 기업의 목록을 발표했다.

심재욱
(2011. 10. 제4호)

중앙행정심판위원회, 미지급 미수금 '군사우편 저금' 지원 판결

  현재 국무총리 산하 "대일항쟁기 강제동원 피해조사 및 국외강제동원 희생자 등 지원위원회"는 강제동원 피해자들에 대해 크게 현지사망자, 행방불명자, 후유장애자 및 생존자 등에 대한 지원을 행하고 있으며 이들을 포함한 강제동원 피해자들의 미불 미수금이 자료상에서 확인될 경우 1엔당 2,000원으로 환산하여 지원하고 있다. 그러나 '군사우편 저금'의 경우 자료에서 확인이 됨에도 불구하고 '군사우편저금은 지원대상이 아니다'며 지원을 하지 않아 왔다.

  이에 대해 국민권익위원회 소속 중앙행정심판위원회는 11월 15일 행정심판에서 "일제 강제동원 피해자가 일본 정부로부터 돌려받지 못한 군사우편저금을 정부에서 지급해야 한다"고 결정하였다.

  그 이유에 대해 "피징용자의 군사우편저금 미수금은 전쟁지에서 받은 봉급 등을 우편국에 맡겨두고 일본으로부터 받지 못한 것, 피징용자가 받아야 할 급여를 공탁해두고 못받은 육군공탁금 미수금과 비교할 때 결국은 동일하게 일본 정부나 기업에서 돌려받지 못한 금전이다. 일본 정부가 대만징용자들에 대해 실시한 미수금 보상에 미지급 급여 뿐만 아니라 군사우편저금도 포함한 점 등을 종합적으로 고려할 때 군사우편저금이 (정부의 지원 대상에서) 제외될 합리적인 근거를 찾기 어렵다"고 설명하였다.

  이와 같은 결정에 따라 추후 '군사우편저금'은 지원 대상이 되나 '전시채권, 부국채권' 등은 자료상에서 확인됨에도 불구하고 지원대상에서 제외되고 있다. 이는 당시 강제성에 대한 이해의 부족에서 비롯된 것으로 보이며 계속적으로, 이에 대한 조속한 해결 및 지원이 필요할 것으로 보인다.

심재욱

(2011. 11. 제5호)

'일 전범기업' 미쓰비시 등 국내 진출 첫 제동

지난 1일 자유선진당 이명수 의원실과 '근로정신대 할머니와 함께하는 시민모임'은 지난달 16일, 국제입찰을 통해 충남 당진화력발전소 9·10호기 건설에 필요한 발전기 등 기자재 제작사로 전범기업인 미쓰비시 중공업과 히타치와 계약을 한 한국전력의 자회사인 ㈜동서발전에 도덕적 책임을 질 것을 요구했다.

이에 대해 동서발전 측은 "경영진이 두 업체를 방문할 때 이들 기업의 책임의식 강조와 강제동원 희생자 지원 당위성의 지속적 홍보·설득" 방침을 정하고 '전후 독일 산업계의 보상 동참 사례 제시, 국내 비판 여론 설명, 지속적인 지원 방안 요구' 등의 활동을 펼치기로 했다고 한다.

아직도 건재한 미쓰비시 나고야 항공기 도토쿠 공장의 모습(2014. 4.7, 안해룡 촬영, 페이스북 탑재)

이러한 움직임은 지난 8월 기획재정부와 협의를 거쳐 세계무역기구
(WTO) 정부 조달 협정상 개방 대상 공공기관이 아닌 중앙부처 7곳과 전국
기초자치단체, 263개 공공기관 등에서 전범기업의 입찰 자격을 제한하기
로 합의한 것에 근거를 두고 있다.

심재욱
(2011. 12. 제6호)

국내 옥매광산 피해사례
- 한반도 내 강제동원도 지원 필요 -

지난 8일 한겨레 신문은 옥매광산(전남 해남 소재) 노동자들의 강제동원 피해 사례를 보도하였다. 이 사례는 1945년 3월 제주도로 강제동원되어, 모슬 포 인근 지역과 구좌읍 해안동굴, 산방산 등지의 군사시설물 구축 공사장 에 투입되었던 일본 아사다(淺田)화학공업(주) 소속 옥매광산의 광부들이 해 방 후 귀환 과정에서 선박 침몰로 인해 동원된 225명 중 118명이 사망한 사건이었다.

이에 대해 국무총리 소속 대일항쟁기 강제동원 피해조사 및 국외 강제동 원희생자 등 지원위원회는 총 50명(생존 6, 사망 44)의 명단을 파악했다고 밝 혔다. 그러나 현재 그 피해자와 유족들에게는 지원이 이루어지지 않고 있 다. 관련법(태평양전쟁 전후 국외 강제동원 희생자 등 지원에 관한 법률, 2007년 12월 제정)에 국 외로 동원된 피해자들에게만 위로금을 지급하고 있기 때문이다.

선착장 바로 앞의 노천광산에서 광물을 운반하기 위해 만든 광석운반시설
(『전라남도 해남 옥매광산 노무자들의 강제동원 및 피해실태기초조사보고서』, 2012)

노천광산 정상. 현재도 광물 채취가 가능하다
(2013년 6월 정혜경 촬영)

시설물 내부. 상층의 구멍을 통해 광물을 적재
하도록 한 구조(2013년 6월 정혜경 촬영)

이러한 옥매광산 피해 사례와 같은 한반도 내 강제동원 피해사례는 매우
다양하며, 강제동원이라는 측면에서는 국외 강제동원과 별반 다를 바가 없
다. 지난해 2월 헌법재판소가 한반도 내 강제동원 피해를 배상하지 않는
현행 제도에 합헌 결정을 내렸지만, 이때 3명의 재판관이 국내 피해자 지
원을 위한 법률 제정이 필요하다는 반대의견을 밝힌 것도 그 법 제정의 필
요성을 일부 인정한 것이라 할 것이다.

국외 강제동원 피해자 뿐만 아니라 한반도 내 강제동원 피해자들에 대한
지원과 추모사업도 동시에 진행되는 것이 보다 바람직할 것으로 보인다.

심재욱
(2012. 1. 제7호)

제2차 전범기업 58개사 명단 공개

지난 2월 29일 국회 행안위 소속 이명수 의원실은 우리 연구회 및 '근로 정신대할머니와 함께 하는 시민모임', '사할린 강제동원 국내 유족회' 등과 공동으로 일본대사관 앞에서 기자회견을 열고 58개 일본전범기업 명단을 발표하였다. 이는 지난해 9월 16일, 136개 전범기업 목록을 발표한 제1차 발표의 연속선상에서 이루어졌다.

특히 이번 목록에는 1차 발표에 빠져 일본 현지의 시민단체(호쿠리쿠(北陸) 연락회원들)로부터 추가 요청을 받았던, 조선여자근로정신대 동원으로 알려진 후지코시(不二越)강재공업을 포함하여, 홋카이도(北海道) 지역 아사지노 비행장에 사망자를 매몰한 단노(丹野)건설, 삿포로(札幌) 사찰에 유골을 방치한 스가와라(菅原) 건설 등이 포함되어 있다.

명단 발표의 배경은 2009년 1월, 정부 산하 한국항공우주연구원에서 미쓰비시중공업을 아리랑3호 위성발사사업장으로 선정한 것으로 거슬러 올라간다. 미쓰비시중공업은 10대 초반의 조선 소녀들을 근로정신대라는 이름으로 동원하여 가혹한 노역을 시킨 회사였기 때문이다. 전범기업이 강제동원 피해자들에게 공식 사과와 배상도 하지 않은 채 한국 국가사업에 입찰하여 많은 이득을 취하는 것은 좌시할 수 없는 문제였다.

이명수 의원은 입찰제한에 대한 상시적인 국제연대 지킴이 활동, 대일항쟁기강제동원피해조사및국외강제동원희생자등지원위원회의 안정적 운영, 국내동원 피해자 지원실현, 사할린 강제동원 피해자 '사망기록 찾기 및 유해봉환'이라는 네 가지 과제를 소명으로 삼고 있다.

제2차 전범기업 발표와 관련한 기사는 국내 주요 방송사와 신문사 20여

곳을 비롯하여 일본 아사히(朝日)신문에서도 다루면서 한국은 물론 일본에서도 관심을 모으고 있다. 올해 2월에는 다케우치 야스토(竹內康人)가 『조선인 강제노동 기업 일람표』를 발간하면서, 서론에서 한국의 전범기업 명단 발표가 계기가 되었다고 밝혔다. 또한 경북도청이 위원회에 기슈광산의 강제동원에 대한 진상조사를 요청하면서 전범기업에 대한 책임 촉구의 활동은 계속되고 있다.

이명수 의원이 발표한 명단은 "대일항쟁기 강제동원 피해조사 및 국외강제동원 희생자 등 지원위원회"를 통해 제출받은 자료를 '일제강제동원&평화연구회'와 함께 분석한 것이다.

❖ 이명수 의원(현 국민의힘 소속)은 그해 8월 29일에도 3차 전범기업 목록 105개를 발표하였다.

심재욱
(2012. 2. 제8호)

지방자치단체들의 강제동원 관련 움직임 활발

최근 지방자치단체에서의 강제동원 관련 지원 및 조사에 대한 움직임이 활발히 일어나고 있어 주목된다.

광주광역시에서는 시의회 의원 김선호 교육의원 등 6명이 2월 29일 일제 강점기 조선여자근로정신대 피해자들의 생활비 등을 지원하는 조례안을 발의했다. 2월 22일 정책토론회(본 연구회 연구위원 정혜경 발제)를 거쳐 발의된 조례안의 내용을 보면 피해자에게 생활보조비 월 30만원 지급, 병원 진료비 본인 부담금 월 50만원 한도에서 지원, 사망했을 경우 장제비 100만원 지원 등의 내용을 포함하고 있다.

이외에도 경상북도는 2월 17일 경상북도의회에서 김창숙 도의원의 기슈광산 강제동원 희생자 진실규명 및 강경대응 촉구 5분 발언(기슈광산 강제동원 희생자 추모터 과세에 대한 도 차원의 강경 대응과 기슈광산 강제동원 조사)과 관련하여 2월 22일 대일항쟁기 강제동원 피해조사 및 국외강제동원 희생자 등 지원위원회에 기슈광산의 일제강제동원 피해에 대한 조사를 건의했다.

이러한 지방자치단체들의 움직임은 강제동원 관련 피해조사와 지원과 관련되어 새로운 계기를 마련할 것으로 기대된다.

심재욱
(2012. 2. 제8호)

강제동원 피해 문제, 우리의 문제이다!
- '광주광역시 일제강점기 여자근로정신대 피해자 지원 조례안' 제정 -

지난 2월 27일 광주광역시 김선호 교육위원(근로정신대할머니와 함께하는 시민모임 회원) 외 5명이 발의한 '광주광역시 일제강점기 여자근로정신대 피해자 지원 조례안'이 3월 15일 광주광역시 의회에서 의결되어 금년 7월 1일부터 시행 되게 되었다. 이 조례안이 통과됨으로써 '후생연금(厚生年金) 99엔'으로 잘 알려진 양금덕 할머니를 비롯한 강제동원 피해 할머니들이 광주시민들의 보살핌을 받게 되었다. 현재 파악된 지원 대상자는 20여 명 정도가 될 것으로 보인다.

조례안의 내용을 소개해보겠다.

조례안은, 첫째, 지원 대상을 국무총리 소속 대일항쟁기 강제동원피해조사 및 국외 강제동원 희생자 등 지원위원회(이하 위원회)에서 피해자로 결정된 사람 중 1년 이상시에 거주하는 자(제3조)로, 둘째 지원대상자에게 생활보조비[월 30만 원], 진료비[월 20만 원 이내], 사망시 장제비(葬祭費)[100만원]를 지급하도록(제4조) 규정되어 있다. 또한 기타 사업으로 자료수집 및 조사 연구, 국제 교류사업 및 홍보사업에 대한 지원 근거(제9조)를 명시했다.

조례안 제정운동을 해 온 '근로정신대할머니와 함께 하는 시민모임'(이하 시민모임)은 활동 과정에서 이들 여성피해자들이 10대 초반에 미성년 아동 상태로 강제노역을 당했음에도 도리어 한국 사회에서 소외와 차별이 있었다는 점을 알게 되었다. 물론 이들 피해자에 대한 사과와 보상은 일본 정부 및 기업이, 명예회복과 생활지원은 중앙정부가 해야 마땅하다. 그러나 피해자들이 고령인 점을 안타깝게 생각해 지방자치단체 차원의 노력이라도 기울이고자 조례제정운동에 나서게 되었다고 한다.

3월 16일 광주시의회 본회의에서 지원조례안이 의결된 후 모두들 기뻐하고 있다. (시민모임 제공)

이들의 노력에 답하기라도 하듯 조례안의 제정에 대해 피해자 및 유족들과 언론의 관심은 매우 뜨거웠다. 특히 언론은 광주의 사례가 다른 지역으로 확산될 가능성은 물론 여성피해자 외에 모든 피해자로 확대될 가능성에 대해서도 주목했다.

이 조례안이 갖는 의의는 매우 커 보인다.

첫째, 시민사회와 지자체의 연대를 통해 이룬 성과이다. 특히 시민모임과 광주 시민사회의 지속적인 노력을 토대로 의회와 지자체가 호응하여 결실을 이룬 대표적인 사례이다.

둘째, 현행 국가에 의한 지원제도가 있음에도 조례 제정을 통해 지방자치단체가 분담하는 전후 최초의 사례이다. 조례안의 심사보고서에도 '국가 차원의 피해자에 대한 예우와 지원조치가 충분하지 않으므로 지방자치단체 차원의 지원은 이중 수혜가 아니'라고 명시되어 있다.

셋째, 지원 대상에 동원지역을 제한하지 않아 국내동원 피해자를 포함(제3조)하고 있다는 점이다. 현행 한국 정부의 지원법에는 국내동원 피해자를 제외하고 있다.

넷째, 대상 범위를 근로정신대 단위에 국한하지 않고 '군수회사 등에서 강제노역 피해를 당한 여성'으로 확대(제3조)하여 위안부 피해자를 제외한 여성피해자 전체를 대상 범위로 하고 있다는 점이다.

다섯째, 현재 진행 중인 시민모임과 일본 미쓰비시중공업㈜간 협상에 긍정적 영향을 준다는 점이다.

또한 이 조례안을 통해 향후 지원 대상이 여성피해자를 포함한 강제동원 피해자 전체(생존자)로 확대될 수 있는 공감대가 마련되었다.

다만 한 가지 걸림돌은 위원회 운영 기간이 한시적이라는 점이다. 조례(제3조)에서는 위원회 조사·판정을 결정적 근거로 활용하도록 되어 있으나 위원회는 지원 신청이 '12.6(특별법 제27조)로, 피해조사 및 지원심사 업무가 '12.12로 완료(특별법 제18조) 하게 되어 있다. 또한 국내동원 생존 피해자는 '08.8. 피해신고기간 종료로 인해 추가 신고가 불가하고, 현행 지원금 신청대상에는 포함되어 있지 않다. 그러므로 현재 위원회에 신고하지 않았거나 신고할 수 없었던 피해자들은 지원금 대상에 포함되기 어려운 실정이다.

조례안 제정은 첫발떼기이다. 이후에 시민모임과 광주시민들이 해결해야 할 일은 많이 남아 있다.

먼저 다른 지역의 피해자들도 지원을 받을 수 있는 길을 열어야 한다. 광주광역시 조례안을 다른 지방자치단체로 확산하고 미비한 내용을 개정하는 일이다. 3월 20일 현재, 위원회 피해조사 의결 완료된 전국 단위 여성 피해생존자는 612명에 달하는 것으로 알려져 있다.(위안부 피해자 제외) 다른 지방자치단체에서 이들이 지원을 받을 수 있도록 관심을 기울이는 일이 중요하다. 또한 이번 조례안의 미비점을 분석하고 개정도 추진해야 한다.

두 번째 필요한 과제는 공동조사와 사료 수집이다. 일제강제동원&평화연구회 및 위원회와 연대하여 광주광역시 관내 거주 여성 생존피해자를 발굴하고, 이들을 포함한 여성 생존피해자 및 활동가를 대상으로 다양한 사료를 수집하는 작업이다. 구술기록을 비롯한 각종 기록물을 수집하고 보존하여 우리 아이들이 더이상 이런 고통을 받지 않도록 교육하고 실천하는 일이다.

〈광주광역시 일제강점기 여자근로정신대 피해자 지원 조례안〉

제1조(목적) 이 조례는 일제강점기 여자근로정신대 피해자에 대한 생활지원과 명예회복 및 피해구제 활동을 지원함으로써 생활안정을 도모하고 올바른 역사관 정립과 인권증진에 이바지하는 것을 목적으로 한다.

제2조(정의) 이 조례에서 "여자근로정신대 피해자"란 일제강점기에 회유 및 강압 등에 의하여 강제로 동원되어 군수회사 등에서 강제노역 피해를 당한 여성을 말한다.

제3조(지원대상) 이 조례에 따른 지원대상자는 여자근로정신대 피해자로서 대일항쟁기 강제동원피해조사및국외강제동원희생자등지원위원회(이하"대일항쟁기 지원위원회"라 한다)의 심사에 따라 피해자로 결정된 사람 중, 광주광역시에 주민등록을 두고, 계속 1년 이상 거주한 사람으로 한다.

제4조(지원내용) 여자근로정신대 피해자에 대한 지원내용(이하"생활보조비 등"이라 한다)은 다음 각 호와 같다.
1. 생활보조비 월 30만원
2. 진료비 지원(본인부담금 중 월 20만원 이내로 한다)
3. 사망시 장제비 100만원

제5조(지원신청) ① 피해자는 피해증명자료를 첨부하여 서면으로 주민등록지 관할 동장에게 생활보조비 등의 지급을 신청하여야 한다.

② 제1항의 생활보조비 등의 지급신청 구비서류는 다음 각 호와 같다. 1. 생활보조비 등 지급신청서 1부 2. 피해증명자료 1부(대일항쟁기지원위원회 심의 · 결정통지서 등)

3. 진료비 영수증(해당자에 한한다)

4. 사망진단서 또는 말소자 등본(해당자에 한한다)

5. 입금통장 사본 1부

③ 시장은 신청서 접수 후 30일 이내에 신청자에게 결정(대상, 비대상) 통지서를 송부 한다.

제6조(지급방법) 생활보조비 등의 지급방법은 다음 각 호와 같다.

1. 지원대상자의 개인별 은행계좌로 지급한다.

2. 생활보조비는 매월 말일까지 지급하는 것을 원칙으로 하되 전출, 사망 등으로 거주기간이 15일 미만인 경우에는 지급하지 아니한다.

3. 장제비는 지급대상자와 동거하는 가족 또는 장례집행인에게 지급할 수 있다.

제7조(지원중지) 지원대상자가 다음 각 호의 사유가 발생한 경우에는 생활보조비 등의 지원을 중지한다.

1. 지원대상자가 지원 받기를 거절한 경우

2. 전출, 사망 등의 사유로 지원대상자로서의 자격을 상실한 경우

제8조(생활보조비 등의 환수) ① 시장은 이 조례에 따라 생활보조비 등을 지급받은 사람이 다음 각 호의 어느 하나에 해당하는 경우에는 전부 또는 일부를 환수할 수 있다.

1. 거짓이나 그 밖의 부정한 방법으로 생활보조비 등을 지급받은 경우

2. 과오급(過誤給)된 경우

② 시장은 제1항에 따라 환수하는 경우 생활보조비 등을 반환할 사람이 정하여진 날까지 이를 반환하지 아니하면 국세 체납처분의 예에 따라 징수한다.

제9조(조사·연구 등 사업 지원) 시장은 다음 각 호의 사업을 수행하는 단체·법인에 대하여 사업 경비의 일부 또는 전부를 예산의 범위에서 지원할 수 있다.

1. 여자근로정신대 피해에 관한 역사적 자료수집 및 조사·연구

2. 여자근로정신대 피해자에 관한 교육 및 홍보

3. 여자근로정신대에 관한 국제교류 및 공동 조사

　　4. 제1호부터 제3호까지의 사업에 딸린 사업

제10조(지원재원) 시장은 지원재원을 예산에 확보하도록 노력하여야 한다. 제11조(시
　　행규칙) 이 조례의 시행에 필요한 사항은 규칙으로 정한다.

부 칙

이 조례는 2012년 7월 1일부터 시행한다.

정혜경
(2012. 3. 제9호)

대법원, 일제강제동원 사상 첫 배상 판결

2012년 5월 24일 오후 3시, 한국의 언론은 '대법원, 일제강제징용 사상 첫 배상 판결'이라는 제목의 속보를 쏟아냈다. 한국의 대법원이 역사적인 판결을 내렸기 때문이다.

대법원은 미쓰비시중공업과 일본제철에 동원되었던 피해자 8명이 낸 손해배상 등 청구소송 상고심에서 기존의 원고 패소 원심을 파기하고 원고 승소 판결을 내렸다. 이 판결은 일본기업을 상대로 한 손해배상 청구소송 최초의 승소 취지 판결이다.

그동안 일본의 재판소에서는 원고들이 제기한 동일한 내용의 소송을 다음의 두 가지 이유로 기각해왔다. 첫째는 식민지배가 합법적이라는 규범적 인식을 전제로, 국가총동원법과 국민징용령을 한반도와 원고 등에게 적용하는 것이 유효하다는 이유이고, 둘째는 1965년 한일청구권협정의 해석을 통해 청구권의 소멸시효가 완성되었다는 이유였다.

그런데 이번 대법원판결에서는 일제강점기의 강제동원 자체를 불법이라 판단하고, 피고 회사인 미쓰비시중공업과 일본제철을 각각 법적으로 동일한 회사로 평가하여 피고회사가 배상책임이 있다고 판결하였다.

일본의 동원기업을 대상으로 한 대법원의 판결은 피해자들에게는 가뭄의 단비와 같다. 얼마나 기다렸던 판결인가. 그러나 앞으로 갈 길은 여전히 멀다.

이 재판은 2000년 5월 부산고법에서 시작한 소송으로 이번 대법원판결을 통해 다시 사건을 재심리하게 되므로 원점에서 논의하게 되었다. 또한 소송이 승리로 마무리된다 해도 일본 기업이 응하리라 기대하기는 쉽지 않다. 판결 직후인 5월 25일 겐바 고이치로 일본 외무상은 기자회견에서 한국 대법원의 판결에 대한 질문을 받고 "말할 필요도 없는 일이지만, 개인을 포함해 한일청구권·경제협력협정에서 완전하고 최종적으로 해결이 끝났다"고 말했다.

이제 남은 것은 한국 정부의 답변이다. 25일 저녁까지 한국 정부의 공식적인 반응은 나오지 않았다. 설마 고령의 피해자와 유족들에게 지리한 소송의 결말을 '기다리라'는 성의 없는 답변은 나오지 않을 것이라 기대한다.

❖ 기대와 달리 이후 한국 정부는 아무 조치를 취하지 않았고, 2018년부터 이 대법원판결의 후속 판결은 줄줄이 이어지고 있지만 여전히 한국 정부 차원의 반응은 '사법부의 판단을 존중한다'는 답변 뿐이다. 물론 일본 정부나 기업의 반응은 '절대 받아들일 수 없다'이다.

정혜경
(2012. 5. 제11호)

'일제 강제동원피해 문제 해결을 위한 한국 정부의 역할은 무엇인가!'
- 5.24 징용배상 대법원 판결에 즈음해 해법을 찾기 위한 한·중·일·독
전문가의 심층 토론 '2012 국내외 관계자 초청 국제워크샵
: 일제강점하 강제동원피해 진상규명의 향후 과제' -

　이명수 의원(선진통일당, 충남 아산. 현재 국민의힘)이 국무총리 소속 대일항쟁기 강제동원 피해조사 및 국외강제동원희생자 등 지원위원회와 공동 주최한 '일제강점하 강제동원피해 진상규명의 향후 과제' 라는 주제의 '2012 국내외 관계자 초청 국제워크샵'이 6월 20일 오전 10시부터 제2국회의원회관 제2세미나실에서 개최되었다.

국제워크숍 전체 모습

공동주최자인 이명수 의원의 발표 모습

부대행사로 준비한 위원회 소장 사진 전시회

한 마디도 놓치지 않으려는 듯한 유족의 모습

국제 워크숍의 개최 배경은 다음과 같다.

일제강점기 강제동원의 피해 진상규명은 역사의 진실을 밝히고, 강제동원 희생자들의 고통을 보듬어 안음으로써 국민화합에 기여하는 역사적 과제이다. 2004년 출범한 일제 강제동원문제 전담 정부 기구인 국무총리 소속 대일항쟁기 강제동원피해조사 및 국외강제동원희생자 등 지원위원회(이하 위원회)는 지난 4월말 22만 6천여 건의 피해조사를 완료했다.

22만건의 숫자는 비록 2008년 7월에 신고를 마감하는 등 신고 기회가 제한되어 전체 동원 규모 759만명(중복 인원 포함)의 5%에도 미치지 못하는 숫자이지만 한국 정부가 주관한 최초의 피해조사라는 의미를 갖는다. 현재 위원회는 피해조사 외에 국외에 흩어져 있는 강제동원 사망자의 유해봉환과 관련자료 수집, 지원금 지급, 진상조사, 자료집 및 보고서 발간 등 역사적 과업을 수행하고 있다. 이 과업의 성과는 피해자와 유족들이 권리를 되찾고 적절한 보상을 받는데 중요한 역할을 하고 있다. 또한 위원회는 일본을 비롯한 해외에서 대일과거청산문제에 헌신하고 있는 여러 활동가와 전문가들의 네트워크를 통해 국제연대의 성과를 확인해왔다. 위원회는 올 3월부터 이들 국제 네트워크 구성원들과 함께 그간의 성과를 공유하고 향후 대일과거청산문제 해결의 기폭제로 삼기 위한 해법을 마련하기 위해 국제 워크숍을 준비했다.

준비의 막바지로 들어선 지난 5.24 역사적인 대법원판결이 나왔다. 이를 통해 강제동원 피해자들은 광복 67년만에 처음으로 기쁨을 맛보았다. 미쓰비시와 신일본제철을 상대로 한 소송에서 대법원이 일본 기업이 강제동원 피해자의 배상 책임을 져야 한다고 판결하였기 때문이다. 그간 일본정부와 법원은 한일청구권협정을 내세워 피해자에 대한 사과와 보상을 거부해왔다. 그러나 대법원은 판결을 통해 한일청구권협정에서 개인 청구권 소멸 주장을 부정하였다. 그럼에도 여전히 일본 정부는 공식적으로 청구권 소멸을 주장하고 있어서 정치적 해법이 요구되는 상황이다.

국제 워크숍 주최측은 5.24 대법원판결을 통한 새로운 환경 변화의 대응책을 국제 워크숍에 반영하기 위해 종합토론의 기회를 활용하기로 했다. 그 결과 워크숍은 한국 정부의 역할, 한국 지방자치단체의 역할, 일본과 중국, 독일 등 각국 전쟁피해진상규명 과정을 종합적으로 논의하고 해법을 제시하는 자리가 되었다.

세미나실을 가득 메운 유족들은 특히 국내 최초로 광주광역시의회에서 성사시킨 '여자근로정신대 피해 지원 조례안'의 성과와 미쓰비시 중공업과 지난한 투쟁을 벌이고 있는 '근로정신대할머니와 함께 하는 시민모임'의 발표에 깊은 감동을 받았다는 소감을 밝혔다.

남효순 교수의 토론 내용에서 나타난 바와 같이 대법원 5.24 판결은 역사적 판결이지만 다시금 긴 소송 과정을 거쳐야 하는 어려운 과정이다. 이미 70대 고령에 접어든 유족들이 소송에 의지해 문제를 해결한다는 것은 불가능하다. 대일과거청산문제 해결을 위해서는 법원에게 무거운 짐을 넘기지 말고 국회와 정부, 지자체가 힘을 합해야 하며 국제연대의 강고한 끈을 놓지 말아야 할 것으로 보인다. 이날 모인 전문가들의 관심과 혜안이 실질적으로 대일과거청산문제를 해결하는데 빛을 발휘하기를 기대한다.

또한 국제워크숍이 이뤄지는 세미나실 주변에서 일제강제동원 피해자 사진전시회도 함께 진행했으며, 21일부터 27일까지는 국회도서관 나비정원(도서관 2층)으로 장소를 옮겨 사진전시회를 계속 진행했다. 위원회 측은 국제 워크숍의 종합토론내용과 자료, 사진 등 추가 자료를 포함한 결과보고서를 발간할 예정이라고 한다. 결과보고서 발간 및 배포 관련 소식도 연구회 카페를 통해 확인할 수 있다.

워크숍 세부 일정

식순	구분	내용	
식전행사 10:00~10:30	사회	정혜경(조사2과장)	
	인사 말씀	박인환(위원장)	
	축사	이인제(선진통일당 대표), 이용섭(민주통합당), 정선태(법제처장)	
	환영 사	이명수(선진통일당)	
1부 10:30~12:00	내용	발표자	제목
	사회	정혜경(조사2과장)	
	경과 보고	허광무(조사1과장)	위원회 진상조사의 성과와 과제
	기조 발제	한상도(건국대 사학과 교수)	일제강점하 강제동원피해 진상규명 의 역사적 의의와 당위성
	주제 발표	이명수(선진통일당 의원)	대일과거청산, 시효란 없다-아시아 평화를 위한 한국정부의 역할
		김선호(광주광역시 교육의원)	한국 지방정부 차원의 강제동원 지원 사례와 향후 과제
2부 13:20~13:40	사회	하종문(한신대학교 사학과 교수)	
	주제 발표	히구치 유이치(樋口雄一) : 재일조선인 운동사연구회장, 고려박물관장	전후 일본의 한국인 강제동원피해 미 보상과 문제점
		도노히라 요시히코(殿平善彦) : 강제연 행·강제노동희생자를 생각하는 홋카 이도포럼 공동대표 / 一乘寺 주지	전후 조선인 유골실태 및 일본인 유골 수습 사례
	주제 발표	두안 웨핑(段月萍) : 전 난징대학살조 난동포기념관 부관장	남경대학살과 중국의 진상규명 노력
		귄터 자트호프(Günter Saathoff) : 독 일 '기억, 책임 그리고 미래' 재단 이사	과거사 극복 : 국가사회주의와 화해를 향한 긴 여정-'기억, 책임 그리고 미 래' 재단의 활동과 그 국제협력기구들 *원고 대체
3부[종합토론] 14:00~15:40	사회	이치수((사)한국국정연구원장)	
	〈토론자〉 - 이상돈(중앙대학교 법학과 교수) - 남효순(서울대 법학과 교수) - 이강렬(국민일보 논설위원) - 신주백(연세대학교 HK연구교수) - 이국언(근로정신대 할머니와 함께 하는 시민모임 사무국장)		

정혜경
(2012. 6. 제12호)

전후(戰後) 최초, 한국 정부(위원회)와 국회가
공인한 일본 강제동원 기업은 287개(당시 기업 기준 299개)
- 정부와 국회, 우리 연구회(研究會)의 공동 작업 -

지난 8월 29일(수) 오전 10시, 일본대사관 앞에서는 일본 강제동원 기업 제3차 명단 발표 기자회견이 있었다. 2011년 9월부터 이명수(李明洙) 의원(충남 아산)이 위원회(국무총리 소속 대일항쟁기 강제동원피해조사 및 국외강제동원희생자 등 지원위원회)의 자료 협조를 받아 우리 연구회가 공동 분석하여 발표하는 '일본 강제동원 기업 명단'의 종결(終結)을 선언하는 자리였다.

이날 위원회에서도 보도자료를 내고 그간 발표된 '일본 강제동원기업(현존)'의 구체적인 실태를 발표했다. 이로써 287개(299개) 기업은 한국 정부와 국회가 공인(公認)한 '전범기업'이 되었다. 또한 이들 기업이 생산 판매하고 있는 화장품(가네보), 자동차(미쓰시다, 닛산), 구두(리갈), 주류(기린 맥주), 화학조미료(아지노모토), 과자(모리나가), 가전제품(파나소닉) 등도 세상에 알려지게 되었다.

이명수 의원이 일본 강제동원 기업 명단을 발표하게 된 계기는 미쓰비시(三菱)중공업이 근로정신대(勤勞挺身隊)피해자들에 대한 사과와 보상은 거부하면서, 한국 공기업을 통해 연간 수천 억 원의 입찰 수익을 거두고 있음을 부당하다고 판단하였기 때문이다. '후생연금(厚生年金) 99엔 사건'으로 잘 알려진 미쓰비시중공업의 행태는 국내 언론을 통해 대대적으로 보도되었고, 많은 국민들이 공분(公憤)했다. 그러나 모두들 그저 분노로 그쳤다. 분노를 분노로 그치지 않고 문제 해결을 위해 직접 나선 사람은 대통령도, 국무총리도 아닌 한 명의 국회의원이었다.

이명수 의원은 2010년 8월 27일 이들 기업의 입찰 제한을 명시한 「국가를 당사자로 하는 계약에 관한 법률」 개정안을 발의하고, 국회 재정위원회

경제재정소위원회와 기획재정부간 'WTO정부조달협정상 개방 대상 공공기관이 아닌 7개 중앙부처, 전국기초자치단체, 교육청과 초중고교, 263개 공공기관 등에서 과거사 미청산 일본기업에 대한 국가발주 입찰을 제한해 불이익을 주기로' 합의가 이루어지자 명단 공개로 이어간 것이다.

위원회는 명단을 제공하고, 우리 연구회가 분석하는 방식을 거쳐 의원실이 순차적으로 3회에 걸쳐 명단을 발표했다.

■ **명단 작성의 주요 근거자료**
 - 조선인노무자공탁금 관계 자료(일본 기업 생산, 일본 법무성 소장)
 - 조선인노무자조사결과(일본 정부 생산, 일본 후생성 소장)
 - 후생연금대장(일본정부 생산, 일본 후생성 소장)
 - 조선인 재일자산보고서철(일본 기업 생산, 일본공문서관 소장)
 - 각현별 군수회사 일람(일본 정부 생산, 아시아역사자료센터 소장)
 - 광산명감(일본 정부 생산)
 - 특고월보(일본 정부 생산)
 - 일본 지역별 진상조사단 조사 결과(지역별 조사보고서) 등 300여종의 연구서
 - 위원회 피해조사 결과
 - 현지 신문 및 홈페이지

이 작업은 30여 년이 넘는 조사 및 연구 역사를 가지고 있는 일본에서는 할 수 없는 일이다. 일본은 국내 학계와 비교할 수 없을 정도의 많은 연구자와 활동가가 있지만 한국과 같은 공식 정부 기구가 없기 때문이다.

이명수 의원은 기자회견을 통해 향후 과제[입찰 제한의 강력한 실천을 통한 역사 정의 실현]와 구체적인 실천 계획[7.1자 발의한 입법안 '일제강제동원 피해진상조사와 유해봉환 및 지원 등에 관한 법률안' 통과]을 발표했다.

위원회도 보도자료를 통해 287개(299개) 현존기업의 실태를 소개하고, 향

후 '기업별 작업장별 콘텐츠 구축 사업'을 추진해 기업별 강제동원 실태를 공개한다는 계획을 발표했다.

일본 강제동원 기업 명단 발표는 한국 정부(위원회)의 공식적인 조사 결과와 학계(일제강제동원&평화연구회)의 분석, 검증을 거쳐 한국 국회가 공개, 확정했다는 점에서 의미가 있다. 또한 67년간 강제동원관련 기업 스스로 하지 못하는 과거청산의 방법을 제시해 길을 열어주었다는 점도 주목할 부분이다.

❖ 287개 기업(당시 기업명 기준 299개)의 명단과 주요 실태는 연구회 카페 공지사항 참조

정혜경
(2012. 8. 제14호)

열쇠는 시민교육이다!

'일본군위안부(慰安婦) 강제동원의 근거를 찾아라!'

올해는 늦더위가 유난했다. 늦더위에 한 몫을 한 것은 일본 유력 정치인들의 '위안부 발언'이었다. 이전에는 일본 사회에서 '망언(妄言)'으로 비난의 대상이었으나 지금은 '소신(所信) 발언'으로 인정받는 말. 주제는 독도와 강제동원의 부정이다.

일본이 이미 고노 담화를 통해 인정한 사실을 전면 부정하거나 흔들어대는 이유에 대해 한국에서도 논의가 분분하다. 그러나 중요한 것은 이에 대한 대응 방향이다.

일본이 '강제동원의 근거 없다'고 하니, 정부의 책임 있는 부서와 관계 부처는 '일본군위안부 강제동원의 근거를 찾으라!'고 한다. 일본 정부와 군(軍)이 직접 동원한 공문서를 찾아내자는 것이다.

물론 찾아야 한다. 그리고 그간 열심히 찾았다. 1990년대에 이미 요시미 요시아키(吉見義明) 교수 등은 자료집으로 발간했으며, 이 자료를 활용한 박사학위논문도 나왔다. 일본의 전쟁책임자료센터를 중심으로 연구자와 활동가들은 여전히 자료를 발굴하고 있다. 한국의 주요 관련 기관에도 자료는 일정하게 축적되어 있다. 송신도 할머니의 소송 과정에서 일본 법정은 '일본의 강제동원 사실'은 인정했다. 다만 책임을 인정하지 않는 것이다.

참으로 답답하다. 우리 입장에서 보면 너무 명확한 것을 부정하고 나서니 답답하다. 그렇다면 이렇게 소모적인 논쟁을 계속해야 하는가. 더욱 확실한 자료를 찾아내면 인정하는가. 아니다. 문제는 시민교육이다.

강제동원 관련 공문서를 찾아내는 작업은 해야 한다. 지속적으로 해야 한다. 그러나 자료발굴은 기초 작업일 뿐이다. 꿰어맞추는 일이 뒤 따라야 한다. 자료를 분석하여 연구하고, 이를 대중이 공유할 수 있게 소화해서 전달하는 시민교육으로 이어져야 한다.

2012년 9월에는 그런 점에서 의미 있는 일이 두 가지 있었다.

하나는 '이야기해주세요'이다.

사진과 영화, 콘서트로 이어진 '일본군위안부피해여성과 함께 하는 이야기해주세요. 전쟁·평화·여성'이라는 제목의 행사였다. 용산아트홀과 전시장에서 만난 일본군위안부 문제는 그저 애잔하고 슬픈 이야기만은 아니었다. 전쟁이 없는 평화로운 세상을 지키기 위해 무엇이 필요한가를 생각하는 기회였다.

무엇을 해야 하는가. 그저 일본군위안부피해자들의 이야기를 듣는 것이 아니라 이제는 우리가 이야기해야 한다. 어른들은 아이들에게 성폭력 피해를 막기 위해 'NO!'를 하도록 가르친다. 이제는 우리가 이야기해야 한다. 무슨 이야기를 해야 할지 생각하도록 도와주는 기회였다. 이 기회는 계속 이어진다고 한다.

평화는 그저 주어지는 선물이 아니다. 세계 도처에서 일어나는 전쟁이 이를 증명하고 있다. 많은 비용을 지불하며 힘겹게 지켜내야 가능하다. 영화를 만들고 사진전을 꾸려나가는 안해룡 감독 등 예술가들에게 눈을 돌려보자.

두 번째 의미 있는 일은 일제강제동원&평화연구회의 돌잔치이다. 그런데 이들의 잔치상은 특이하다. 샴페인과 케익이 보이지 않는다. 멋진 기념사진도 없다. 그러나 꽤 괜찮은 상을 차렸다. 일본 홋카이도(北海道) 아시베쓰(芦別)에서 열린 유골발굴작업에 실행단체로 참여하고 『강제동원을 말한다 – 명부편(2)』을 발간했다.

'강제동원의 근거가 있는가!'는 연구와 실천 앞에서 무의미한 논쟁이자 우문(愚問)일 뿐이다.

일본 정부와 기업이 직접 생산한 수많은 문서(文書)와 경험 당사자의 구술 기록은 어제 오늘 하늘에서 떨어지지 않았다. 일본 정부와 기업이 생산한 문서는 산처럼 높게 쌓여 있지만 손대려 하는 이들이 적었다. 정리와 분석에 들어가는 수고로움이 크기 때문이다. 피해 당사자의 육성(肉聲)은 생생하지만 문서가 아니라는 이유로 홀대하기도 했다. 강제동원의 현장(現場)은 아직 남아 있으나 찾으려 하지 않았다.

박경식(朴慶植) 선생의 연구서 『조선인 강제연행의 기록』을 '기념비적'이라 평가하는 이유 단지 최초의 연구서여서가 아니다. 문서기록과 구술기록, 현장답사 경험을 농축했기 때문이다. 일제강제동원&평화연구회가 가는 길도 이를 토대로 하고 있다.

현장답사, 자료 발굴(문헌, 구술), 세미나, 총서 발간, 시민사회와 공유, 평화를 위해 함께 가는 길이다.

연구총서 2권 표지

정혜경
(2012. 9. 제15호)

2012년 5월 24일.

대일청구권(對日請求權) 관련한 한국 대법원의 역사적 판결이 나온 날이다. 일본 기업을 상대로 한 손해배상 청구소송에서 최초로 승소 취지의 판결이 언도된 날이었다. 1997년에 일본 지방법원에 제기했다가 일본 최고재판소에서 최종 청구기각 판결을 받았던 구 일본제철과 미쓰비시중공업(三菱重工業)에 대한 손해배상 청구 소송이, 한국 대법원을 통해 법정에서 환생한 날이다.

일본의 법원이 청구기각 판결을 내린 이유는 1965년 한일청구권 협정을 통해 손해 청구권이 소멸되었다는 것이었다. 또한 식민지배가 합법적이라는 규범적 인식을 전제로, 국가총동원법과 국민징용령을 한반도와 원고 등에게 적용하는 것이 유효하다고 평가한 부분이 포함되어 있었다.

2012.5.24. 한국의 대법원(1부)은 원심판결을 파기하고 고등법원으로 환송했다. 한국 대법원이 일본 법원과 다른 판결을 내린 이유는 '일본국의 판결은 한국에서 의미가 없다'와 '한일청구권협정을 통해 개인 권리는 소멸된 것이 아니다'이다.

대법원이 일본국의 판결을 수용하지 않은 전제는 '일본의 판결이 일제강점기의 강제동원 자체를 불법이라 보고 있는 대한민국 헌법의 핵심적 가치와 정면으로 충돌하므로 그 효력 승인이 불가(不可)'하다는 이유였다.

5.24 판결은 '개인 청구권'에 대해 최초로 피해자의 손을 들어준 판결이었다. 판결이 나자 피해자와 유족들은 환호했다.

최초로 얻은 쾌거였다. 오랫 동안 소송을 담당했던 변호인단도 대형 로

펌을 이긴 유능한 변호사로 주목받았다. '모든 것이 해결되었다. 이제는 일본 기업을 상대로 한 소송'이라고 자신감을 보였다. '근로정신대 할머니와 함께 하는 시민모임'의 협상단이 미쓰비시중공업과 3년에 걸친 협상을 깨고 소송으로 돌아선 배경에 5.24 판결의 영향을 부정할 수 없다.

물론 대법원판결로 모든 것이 해결될 수는 없다. 시작에 불과하다.

5.24 판결 직후부터 대법원판결에 대해 '피해자들에게 권리가 있음을' 선언했다는 점에서 의미를 부여하지만, 실효를 위해서는 정치적 해결을 도모해야 한다는 의견이 적지 않았다. 피해 당사자는 물론 유족의 나이도 70대에 접어든 상황에서 지리한 소송을 이끄는 것이 실익이 있는가 하는 문제제기도 없지 않다. 심지어 '대법원판결이 오히려 문제를 복잡하게 만들'었다는 법조인들의 우려(?)도 들려왔다.

서울대 법대 교수이며 대일항쟁기 강제동원피해조사 및 국외강제동원희생자 등 지원위원회(이하 위원회) 위원인 남효순 교수는 2012년 6월 20일 국회에서 열린 심포지엄(위원회와 이명수 의원 공동 주최 '일제강점하 강제동원진상규명의 향후 과제')에서 한국 정부 및 사회의 역할이 뒷받침되어야 한다는 점을 강조했다. 한국 정부와 사회가 더욱 적극적으로 판결의 집행이 가능하도록 나서야 한다는 내용이었다. '한일 양 정부가 각자 전쟁과 관련된 모든 입법은 피해자 문제를 위해서는 효력이 없다고 인정'하고, 새로운 조약을 체결해야 하며, 이를 위해 시민사회가 분위기를 조성해나가야 한다고 주장했다.

2012. 5. 24. 이후 상황은 그리 녹록치 않았다.

대법원판결에 따른 고등법원 재판은 기일 잡기도 쉽지 않고, 개별 기업을 대상으로 한 소송은 사회의 관심을 끌지 못하고 있다. 피해자 사회의 호응도 그닥 적극적이지 않았다. 두 세 명의 변호인단과 10여 명 내외의 원고단이 모였을 뿐이다. 1990년대에 이금주 회장이 이끌던 천인소(千人訴)와 비교하면 초라하기 그지없다.

그 이유는 무엇인가.

대법원판결의 후속 조치가 전혀 뒤따르지 못했기 때문이다. 고령의 유족들이 소송에 희망을 걸기에는 너무 지쳤기 때문이다.

물론 이명수 의원실과 위원회가 '강제동원 현존기업 목록'을 발표해 국민적 관심을 유도했으나 강제동원기업에 대한 한국 공공기관의 입찰은 줄어들지 않고 있다. 대일과거청산운동이 사회적으로 확산되어야 함에도 상황은 그렇지 못했다. 오히려 위원회가 해 오던 대외협력 업무(국내외 시민단체와 공동조사 및 협력·지원 업무)가 연말을 기해 사라졌다.

그리고 2013년 5월 24일.

2012년 10월에 미쓰비시중공업을 상대로 제기한 광주지방법원 소송이 1차 심리재판이 열렸다. 1999년 3월 1일. 나고야(名古屋)지방재판소에 제소를 해 14년만인 2008년 11월 일본 최고재판소로부터 패소판결을 받고 눈물을 뿌린 할머니들이 제기한 소송이다.

우연히도 대법원판결이 난 날과 같은 날에 열리는 역사적인 1차 심리재판을 위해 시민모임은 정성을 다해 준비해왔다. 십 수년간 소송을 지원했고, 지금도 수천 킬로가 넘는 도쿄(東京)와 나고야를 오가며 금요행동집회를 계속했던 나고야지원단은 물론, 비록 회사는 다르지만 후지코시강재(不二越鋼材) 지원단의 동지들까지 초대해 역사적인 새날을 기념하기로 했다.

그러나 일본 지원단 동지들은 비행기를 타지 못했다. 22일 절차상의 문제로 재판을 개시하기 어렵다는 사실을 알게 되었기 때문이다. 대법원 법원행정처가 국제송달절차를 통해 1월 일본 측에 소장(訴狀)을 전달했으나 1차 심리를 이틀 앞둔 22일까지 피고인 미쓰비시측의 송달 보고서가 도착하지 않았다. 소송이 연기된 것을 알고 황급히 행사를 취소한 시민모임은 23일에 기자회견을 열어 재판 연기 사태에 대해 미쓰비시와 한국 정부에 항의 의견을 밝혔다.

그런데 재판은 열렸다. 무슨 사연인가. 23일에 미쓰비시측이 답변서를 보내왔기 때문이다. 아마 미쓰비시측의 김빼기 작전이었나 보다. 어렵게 받은 피고측의 답변서는 "원고들의 청구는 이유 없이 기각되어야 한다"는 내용이었다.

2013년 5월 24일

SNS에는 근로정신대피해자 할머니들과 시민모임 회원들의 불끈 쥔 주먹 사진들이 올라왔다.

2012년 5월 24일의 환호성은 불끈 쥔 주먹만으로 이어갈 수 없다. 분노만으로는 부족하다. 그러나 분노조차 하지 않으면 환호성은 그저 많은 판례 가운데 하나로 남을 뿐이다.

일제시기 일본의 침략전쟁으로 소녀들이 당한 피해는 21세기에 다른 모습으로 재현될 수 있다. 5월 23일에 발표한 시민모임의 기자회견문 제목은 "한국 정부의 '직무 유기'가 미쓰비시의 '나쁜 용기'를 부추기고 있다!"이다.

"창피한 줄 알아야지!" 5월에 하늘을 향해 날아오른 전직 대통령이 남긴 말이다. 한국 정부, 미쓰비시. 창피한 줄 알라!

정혜경
(2013. 5. 제23호)

왜 강제동원 피해자와 유족의 눈을 가리려 하는가

18년 박정희(朴正熙) 정권을 역사는 독재정권이라 평가한다. 세계 유수의 언론에서도 평가는 마찬가지이다. 박정희는 세계 독재자 반열에서 높은 자리를 차지하고 있다.

독재정권 아래에서 민주적 절차와 과정은 무의미하다. 독재자가 통치를 하는 과정에서 국민들에게 의견을 물을 필요가 없다. 독재자에게 국민은 유권자가 아니기 때문이다.

한일청구권협정(韓日請求權協定)을 체결할 때에도 마찬가지였다. 협정 체결 과정은 알려지지 않았다. 밀약(密約)이 난무했다. 피해당사자들에게 정확한 정보는 제공하지 않았다. 그들의 의견 따위는 필요 없었다. 그들의 목숨값은 흥정의 대상이었다. 그들은 협상 과정에서 철저히 무시되었다. 청구권 자금 사용 방향 결정도 정부의 몫이었다. 1965년의 일이다.

2013년.

피해자와 유족들이 처한 현실은 어떠한가. 국내에는 십여 개의 단체가 있고, 그들을 돕겠다는 의지를 가진 이들이 있다. 소송이 진행되고 있다.

그렇다면, 피해자와 유족들은 이런 단체와 지원가들을 통해 자신들의 권리와 관련해 정확한 정보에 접하고 있는가. 그들의 의견은 공개적인 과정을 통해 투명하게 수렴되고 반영되는가.

이와 관련해 드는 의문점은 두 가지이다.

의문 하나 : 지난 7월 16일 국회의원회관에서 '올바른 재단 설립 촉구 대책위원회' 주관으로 개최하려던 행사는 무산되었다. 최봉태 변호사를 기조(基調) 발표자로, 8명의 토론자와 1명의 주제발표자를 준비한 행사였다. 이

행사가 무산된 이유 가운데 하나는 안내장에 기재된 패널의 대부분이 자신이 포함된 것을 몰랐기 때문이다. 두 번째는 모든 피해자와 유족들에게 알리지 않은 채 특정인들만 모이도록 했기 때문이다. 이 과정에서 장소를 준비했던 국회의원실(김민기)이 불필요한 오해를 받기도 했다. 공청회 안내장을 보면, 수십 명(전·현직 국회의원과 공직자, 교수, 전문가, 시민사회단체, 유족단체 등)이 발기위원 후보자로 이름을 올리고 있다. 물론 당사자 의사와 무관하게 만든 명단이라고 한다.

이들은 왜 패널 당사자는 물론 이해당사자인 강제동원 피해자와 유족에게도 알리지 않고 일부 유족들을 불러서 행사를 개최하려고 했을까.

의문 둘 : 현행법(국무총리 소속 대일항쟁기 강제동원피해조사 및 국외강제동원희생자 등 지원특별법 제37조)에 의하면, 정부는 '강제동원으로 사망한 자를 추도하고 역사적 의미를 되새겨 평화와 인권을 신장하기 위한 사업을 시행하거나 이 사업을 수행할 목적으로 설립되는 재단에 필요한 비용을 예산의 범위에서 지원하거나 기금을 출연할 수 있'도록 되어 있다.

법 조문에 따르면, 강제동원 재단은 정부가 법에 의해 설립하는 재단이 아니라 민간이 설립하고, 정부로부터 일정한 비용을 지원받는 공공성을 지향하는 민간재단이다. 또한 재단은 사망자를 추도하고 평화와 인권을 신장하기 위한 공익사업을 하는 곳이다.

그러나 현재 일부 유족 대표들이 장완익, 최봉태 변호사 등 대한변호사협회 소속 변호사의 도움을 받아 설립하려는 재단에 대해 피해자와 유족은 물론, 일본의 활동가나 관심 있는 연구자들이 알고 있는 정보는 거리가 있다. 첫째는 정부재단 출범설이다. '국무총리 소속 또는 안전행정부 소속의 정부 재단이 금년 중에 발족한다는 것이 사실이냐'는 문의를 자주 받는다. 둘째는 재단이 피해자와 유족들에게 보상금을 지급할 목적으로 설립된다는 내용이다.

이 두 가지 내용은 18대 국회에서 이용섭 의원이 발의하였으나 정부와 일부 유족들의 반대로 통과되지 못하고 자동 폐기된 법안에 담긴 내용일 뿐이다. 그럼에도 유족 사회는 현행법과 다른 정보를 공유하고 있다.

정확하지 않은 정보를 놓고 유족 사회에 무수한 억측이 난무하면서 혼란이 가중되고 있다. 항간에 나도는 '재단이 줄 보상금을 많이 받기 위해 대상자를 남방(南方) 사망자로 한정하거나 사할린(樺太)이나 원폭(原爆)피해는 제외해야 한다'는 이야기, '상임위원 연봉 1억원 설'은 유족 사회의 혼란 정도를 보여주는 사례이다. 일부 유족들은 사실무근과 억측에 근거해 유족집회에서 언성을 높이고, 국회의원실과 안전행정부, 위원회 등을 찾아다니며 격하게 항의하기도 한다. 현행법에 따라 업무를 수행하는 입장에서 보면, 당혹스러울 수밖에 없다. 피해자와 유족들은 왜 사실무근의 정보를 믿고, 기대감을 높이며 혼란스러워하는가.

두 가지 의문점에 대해 답해야 할 사람은 누구인가.

피해자와 유족들이 자신의 권리에 대한 정보를 얻을 수 있는 창구는 단체가 보내오는 안내장이나 언론 기사, 유족을 대상으로 하는 각종 행사이다. 이들에게 관련된 정보를 제공하는 사람들은 단체장들이나 비유족(非遺族) 그룹(유관단체, 변호사, '올바른 재단 설립 촉구 대책위원회' 등)이다. 의문을 풀어줄 사람들이다.

이들 정보제공자 가운데에는 비록 소수이기는 하지만 지금도 유족을 상대로 금품을 거두고 있거나 과거 불미스러운 사건을 일으킨 사람도 있다. 재단이 설립되면 10배로 돌려준다는 명목으로 협동조합원을 모으는 사람도 있다. 명함만 있을 뿐 회원이 없는 정체불명의 단체장도 있다.

모든 구성원이 문제가 있는 것은 아니다. 십 수 년 이상 사비를 털어가며 강제동원피해자 지원활동을 해 온 법조인들도 있다. 이들의 헌신으로 2012년의 대법원 판결이 나왔고, 2013년 한국 법원에서 일본 기업 상대의 소송에서 승소할 수 있었다. 비록 유족은 아니지만 도움을 주기 위해 나선 사람들도 있다.

문제는 구성원이 아니라 이들이 유포하는 정보의 내용이다. 이들이 유포하는 정보에는 허위사실이나 과장된 내용이 상당수 포함되어 있다. 이들 중 일부는 최근 언론을 통해 '재단 설립이 지체되면 유족에게 돌아가야 할 예산이 사라진다'는 말을 공공연히 퍼트리고 있다. 이 기사 내용만 보면, 마치 '유족들이 1인당 받도록 보상금이 책정되어 있는' 듯 오해할 수 있다. 정부는 보상금을 예산으로 책정한 바 없다. 올해 마련된 예산은 보상금이 아니라 '운영비'일 뿐이다.

그런데 왜 이들은 허위사실을 제공해서 유족 사회를 혼란스럽게 하는가. 왜 정확한 정보를 제공하지 않는가. 왜 민주적인 절차와 과정을 거치지 않고 비밀리에 하려 하는가.

그들의 학력과 경력을 볼 때 단순한 실수라 생각하기는 어렵지만, 잘못 알고 저지른 실수라면 바로 잡으면 그만이다. 그러나 실수가 아니라면 특정한 목적과 의도를 의심하지 않을 수 없다. 그에 대한 책임은 정보제공자들이 져야 한다.

강제동원 피해자와 유족들은 재단을 가질 권리가 있다. 한일 양국 정부와 수혜(受惠)기업이 기금을 출연해 재단을 설립하고, 피해자와 유족들의 복지사업과 평화와 인권을 신장하기 위한 각종 사업을 시행하며, 독일의 '기업, 책임, 그리고 미래재단'과 같이 운영하라고 요구할 권리가 있다. 한국 정부가 나서서 일본 정부와 수혜기업을 대상으로 기금 출연을 위한 외교적 협상을 하도록 당당히 요구할 권리도 있다.

피해자와 유족들이 정부재단 대신 민간재단이라도 설립하겠다면, 자신들의 의사를 공개적인 장에서 자유롭게 피력하고 논의를 모을 수 있어야 한다. 한국 사회의 역할은 피해자와 유족들에게 특정한 목적과 방향을 강요하고, 정보를 통제하는 일이 아니다. 피해자와 유족들이 '우리의 재단은 어떤 목적과 내용을 가진 재단이면 좋을지, 어떻게 운영할지' 등등에 대한 논의를 모으도록 장(場)을 마련해주고, 합의된 내용이 실현될 수 있도록 돕는 것이다. 모든 과정과 절차는 투명하고 민주적이어야 한다. 상식이다.

2013년 여름은 유난히 무덥다. 찜통에 들어앉은 듯 하다. 이 무더위가 작렬하는 여름에 주말마다 청계광장이나 서울광장에는 수 만 명의 시민들이 모여 촛불을 든다. 휴가지로 캠핑장으로 갈 시기에 이들이 무더위에 시원한 부채가 아니라 뜨거운 촛불을 드는 이유는 국정원 선거개입 부정선거를 규탄하기 위해서이다. 단지 정의감 때문이 아니다. 보편적인 가치를 공유하며 제대로 살기 위해서이다. 아이를 데리고 나온 이들은 '아이들에게 상식과 정의가 바로 선 사회를 물려주고 싶어서'라고 한다.

1961년 박정희 소장이 쿠데타를 일으켜 1979년 피살될 때까지 18년 통치 기간이 한국사회에 남긴 폐해 중 가장 큰 것은 '과정이 어떻든 결과만 좋으면 된다'라고 생각한다. 근면과 성실을 내세웠지만, 정작 결과가 좋지 않으면 모든 과정은 불성실하고 나태한 행태로 평가받았다. 눈속임과 거짓일지라도 결과만 좋으면 모든 과정에서 발생한 부정은 덮어졌다. 그 이후부터 한국 사회에서 정의=능력으로 평가되고 있다. 그 후유증은 여전히 남아 있다.

2013년에 강제동원 피해자들이 또 다른 피해자가 되지 않기 위해서는 '강제동원 피해자와 유족'이 아닌 사람들이 할 일이 더 많아 보인다. 1965년은 1965년이어야 한다. 2013년을 1965년으로 되돌리는 것은 몰상식한 짓이다. 먼저 집 나간 '상식(常識)'부터 데려올 일이다.

❖ 2021년 사무처장이 부임하면서 '상임위원 연봉 1억원 설'은 현실이 되었다. 그러나 '재단이 피해자와 유족들에게 주겠다던 보상금'은 찾을 수 없다. 그리고 재단 설립 당시 피해자 사회를 대상으로 '재단이 설립되면 기금을 출연하려고 일본 기업과 시민들이 준비한 돈이 적지 않다' '재단을 만들면 1인당 보상금을 추가로 받을 수 있다'고 선동했던 명망가들의 목소리도 들을 수 없다.

정혜경
(2013. 8. 제26호)

'조선인 징용자 우체국 통장 수만 개'에 예입된 금액을 돌려받는 방법

지난 9월 7일 일본 교도통신(共同通信)은 "징용 노동을 한 조선인 명의의 우체국 통장 수만 개가 당사자 동의 없이 일본 유초(郵貯)은행 후쿠오카현(福岡縣) 후쿠오카시 저금사무센터에 보관 중인 것이 확인되었다"고 보도했다. 이 보도를 받아 한국 언론은 일제히 '조선인 징용자 우체국 통장 수만 개'라는 제목의 기사를 쏟아냈다.

교도통신 기사의 내용을 보면, 후쿠오카시 저금사무센터에 있는 통장의 존재는 수량이나 잔액 합계, 정리 완료 시점 등이 아직 확인되지 않았다. 그 동안의 예에 따르면, 확인되었다 하더라도 내역을 언론에 공개할 가능성은 드물다.

조선인 노무자 관련 우편저금에 관해서는 이번 보도가 처음이 아니다. 이미 2010년 8월에도 '일본 식민지 우편저금 1천 900만 계좌 남았다'는 교도통신발 기사를 근거로 한국 언론들은 앞다투어 기사를 쏟아냈다. 그러나 보도한 내용이나 전문가 논평의 대부분은 사실을 오도하거나 과장된 경우, '조선인 우편저금 통장'이라는 주제에 부합되지 않는 내용이 대부분이다. 우편저금의 명의자는 '징용자'만이 아닌데도 징용자라는 용어를 쓰는데 주저함이 없다.

이번 기회를 통해 조선인 노무자의 저금에 대해 살펴보고, 저금의 조선인 명의자가 권리를 행사할 수 있는 방법을 생각해보자.

1. 왜 강제동원된 조선인 명의(名義)의 저금통장이 일본에 있는가.

한국 정부가 파악한 강제동원된 조선인(연인원 872만명)의 중복인원을 제외한 실제 동원수는 204만명 정도이다. 이 가운데 20만 9천 명 정도 되는 군인(징병, 지원병)을 제외하면, 180만 명 정도가 한반도, 일본, 남사할린, 중국, 만주, 남양군도, 동남아시아 등지에 노무자와 군무원으로 동원되었고, 대부분은 특정한 기업에 소속되어 있었다.

이들의 임금은 법적 규정에 따라 규모가 정해져 있었고, 국민징용 대상자의 경우에는 임금과 원호금이 규정되어 있었다. 일본 당국은 임금통제령을 통해 임금의 상한선을 제한하기는 했으나 근로보국대를 제외한 피동원자에 대해서는 임금을 지급하도록 규정했다. 그러나 강제동원된 조선인 가운데 임금을 제대로 지급받은 경우는 드물다. 현재 공개된 기업 자료를 분석한 연구자(모리야 요시히코 守屋敬彦 등)에 의해 확인된 결과이다.

그렇다면 강제동원된 조선인들은 왜 법적으로 보장된 임금을 지급받지 못했는가. 이유는 세 가지이다. 첫째는 부족한 전비(戰費)를 채우기 위해 저금이라는 방법을 통해 임금 지불을 유예(猶豫)했기 때문이다. 둘째는 탈출을 방지하기 위해 임금을 제대로 지불하지 않았기 때문이다. 세째는, 각종 명목으로 원천 공제했기 때문이다.

이미 1990년대 모리야 요시히코의 연구에서 밝혀진 바에 따르면, 일본 당국과 기업은 모집과정에서 해당 기업이 지불한 각종 비용을 조선인 노무자 개인에게 빚으로 부과하는 등 터무니없는 폭리를 취하기까지 했다. 저금제도는 인신매매와 동일한 방법으로 동원하고, 소요 비용을 조선인에게 부과하는 것에 그치지 않은 대표적인 사례이다.

조선인의 급여명세서(給與明細書)에는 다양한 저금 내역이 기재되어 있는데, 그 가운데 하나가 우편저금이다. 2010년 일본 정부가 한국 정부에 넘겨준 조선인공탁금자료에 의하면, 저금의 종류는 거치(据置)저금, 국민저금, 국민저축, 국민저축조합예금, 국채저금, 규약저금, 광원저금, 근검예금 등 다양하다. 즉 우편저금통장은 조선인들의 유일한 저금통장이 아니라 많은 저금통장 가운데 하나일 뿐이다.

2. 우편저금이란

우편저금은 크게 군사우편저금과 외지우편저금으로 구성된다.

군사우편저금은 구 야전우편국 또는 구 해군군용우편소(약 400국)에서 담당하던 우편저금이다. 우편국을 운영할 수 없었던 전방에서 사용한 방법이다. 통장기호(예: 戰いよ艦ろい 등)를 통해 소속 부대 및 예금지역을 식별하게 되어 있다. 군인이 아니더라도 군에 소속된 민간인(군무원이나 일본군위안부 등)도 군사우편저금을 이용했다.

외지우편저금은 구(舊) 외지(外地) 등(조선, 대만, 관동주, 사할린, 지시마, 남양, 오키나와)에 있던 우편국으로 예금된 우편저금이다. 통장기호(예: 台いよ連ろい 등)로써 예금지역 및 예금취급국을 식별하게 되어 있다.

2009년 3월 기준 일본 정부[우정성(郵政省) 산하 우편저금·간이생명보험관리기구]가 공식적으로 밝힌 저금 잔고는 다음과 같다.

저금종류		계좌 수 (만 건)	현재 재고 (백만 엔)	원장原簿 유무
군사우편저금		70	2,152	O
외지우편저금	조 선	1,439	1,581	X
	대 만	241	124	X
	관동주(중국)	89	221	X
	사 할 린 쿠 릴 열 도	59	190	X(일부는 O)
	남양제도	11	36	O
	오키나와	27	113	O
	합계	1,866	2,265	-
총합계		1,936	4,417	-

이같이 일본 정부가 공개한 우편저금 내역에는 조선인의 저금만 들어 있는 것이 아니다. 조선인의 계좌라 하더라도 '강제동원된 조선인'의 계좌만 있는 것도 아니다.

1940년 2월 8일자 경성일보에는 '강제저축 범위 확대'라는 제목의 기사가 있다. 도쿄발 기사인데, 대장성 대신의 발언을 소개하고 있다. 매달 할당된 저금액이 달성되었는지 도별로 성과를 발표하고 독려하는 기사도 자주 찾을 수 있다. 아시아태평양전쟁을 치르는데 필요한 전쟁 비용을 위해 강제동원된 조선인은 물론 제국 일본의 전 영역은 모두 지역별로 시기별로 할당받은 저금액 목표를 달성해야 했다.

또한 명의가 일본명으로 되어 있어 외지우편저금에 관해서는 원장(原簿)이 거의 없기 때문에, 일본인과 그 이외의 국적을 가진 사람을 구별하기 곤란하다는 어려움도 있다.

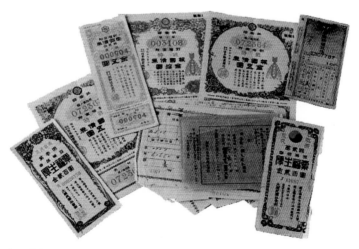

각종 채권과 저금통장들(『재일한인역사자료관 도록 —사진으로 보는 재일코리안 100년』, 67쪽)

3. 강제동원된 조선인들의 물적 권리(우편저금)를 되돌려 받는 방법은 무엇인가.

우편저금은 1965년 한일청구권협정 논의 대상에 포함된 내용이다. 그러므로 일본정부는 한일청구권협정으로 지급 의무가 없다고 주장하고 있다. 일본 정부는 오직 한일청구권협정 당시 논의에 포함하지 않은 사할린 동포의 저금에 대해서만 책임을 인정하고 '사할린 잔류 한반도 출신자의 (우편)저금은 확정 채무로서 우편저금법상 지불의무가 있으므로 소련적 보유자 및 무국적자에게 이자를 계산하여 지불할 방침'을 표명한 적이 있다. 물론 사할린 동포의 우편저금 문제는 아직 해결되지 않았지만 일본 정부는 그 외 지역에 대해서 일관되게 청구권 소멸을 주장하고 있다. 한국 정부는 1970년대 보상 제도를 통해 일부 저금통장의 명의자에 대해서 지급했다. 지급한 물적 피해(저금, 채권 등) 보상금 총액은 총 74,967건 66억 2,209만원이다.

또한 1970년대 한국 정부의 보상이 충분하지 않았다는 이유로 2007년에 마련한 위로금(慰勞金) 제도에 따라 공탁금 등 미불금을 극히 일부 피해자들에게 지급했다.(국무총리 소속 대일항쟁기 강제동원피해조사 및 국외강제동원희생자 등 지원위원회)

그런데 최근 알려진 저금통장의 존재는 1965년이나 1970년대에 파악되지 않았다. 1970년대 한국 정부가 물적 피해를 보상해줄 당시에 수만 개 저금통장의 주인이 자신의 권리를 주장할 수 없었다. 그러므로 저금통장 명의자는 지금이라도 권리를 주장할 수 있다.

권리를 주장하고 저금을 되돌려 받는 방법은 무엇일까.

첫째, 일본 정부는 후쿠오카시의 저금통장을 포함해 이미 존재를 공개한 1,870만 계좌 가운데 조선인의 계좌 정보를 모두 한국 정부에 제공해야 한다. 명의가 일본명으로 되어 있어 외지우편저금에 관해서는 원부(原簿)가 거의 없기 때문에, 일본인과 그 이외의 국적을 가진 사람을 구별하기 곤란하다는 점이 있다. 결국 제공 대상은 1870만 계좌 전체가 되어야 할 것이다.

현재 한국 정부(위원회)가 일본 정부에 조회를 의뢰하는 방식으로 저금통장 명의자를 확인하는 작업을 하고 있다. 당시 통장에 기재된 인적 정보(이름, 창씨명, 생년월일 등)와 위원회에 신고한 인적 정보가 다른 경우가 다수 발생하고 있으므로 현재와 같은 조회 작업을 통해 확인되는 경우는 드물다.

둘째, 한국 정부는 일본 정부로부터 제공받은 계좌 정보를, 한국 정부(위원회)가 확보한 모든 정보와 교차 분석해서 통장 명의자를 확인한 후 당사자 및 가족에게 통보해주어야 한다. 이 교차분석작업은 일본 정부는 불가능하지만 한국 정부(위원회)의 소장 자료를 대상으로 한다면 가능하다.

셋째, 한국 정부는 이 가운데 강제동원 피해자에 대해서는 현행법에 규정한 미수금 근거에 따라 지급할지 여부를 검토해야 한다. 현행법에 따르면 피해자에게 지급해야하는 미수금은 '급료, 여러 가지 수당, 조위금 또는 부조료 등'(특별법 제2조 3항)이다. 우편저금이 미수금에 해당하는지 여부에 대한 논의가 필요하다.

현행법에서는 인적 피해와 관련된 물적 피해만을 위로금으로 지급하고 있다. 설사 통장이 있다 하더라도 인적 피해를 입증하지 못한 경우에는 지급할 수 없도록 되어 있다. 이러한 문제를 보완하기 위해 18대 국회에서는 인적 피해와 관련성이 없는 전체 물적 피해를 보전하는 내용의 법안 발의가 여러 차례 있었으나 모두 폐기되었다.

또한 통장 명의자(가족 포함)가 한국 정부로부터 현행법에 따른 미수금을 되돌려 받았다 해서 70여년이 다 되도록 사인의 물적 재산을 은닉한 일본 정부에게 면죄부가 가능할지에 대해서는 법조계가 판단할 문제이다.

강제동원된 조선인의 우편저금 문제를 해결하는데 가장 큰 걸림돌이 있다. 걸림돌은 일본 정부가 아니라 한국 정부에 있다. 2005년부터 위원회는 일본 정부를 상대로 공탁금은 물론, 우편저금과 후생연금 등 각종 물적 피해 관련 자료 제공을 요구해왔다. 그리고 공탁금기록에 관해서는 확보해 지급했다. 그런데 우편저금통장의 내역 정보를 요구하고, 만약 자료를 확보한다면 분석해서 명의자를 확인, 통보하고, 미수금을 지불해야 할 위원회는 올해 연말로 문을 닫는다. 지원금 신청 기간도 이미 2012년 6월 30일로 마감되었다. 신청 기간을 마감한 것은 부당하다는 취지의 국민권익위원회 결정(2013.5.7)이 내려졌지만 아무런 후속 조치는 이루어지지 않고 있다.

강제동원 피해자의 권리를 회복하는 데 걸림돌이다. 걸림돌을 치우지 않으면 손해 보는 사람은 누구인가? 피해자이다. 걸림돌은 치우면 그만이다. 누가 치워야 하나? 해답은 명확하다.

정혜경
(2013.9. 제27호)

일본군위안부(日本軍慰安婦), 정신대(挺身隊), 근로정신대(勤勞挺身隊)

최근 일요신문 1117호(2013.10.8일자)에는 '정부 위안부 e-역사관 잘못된 정보 수년째 방치'라는 제목의 기사가 실렸다.

기사 내용의 핵심은, 여성가족부가 운영하는 '위안부 e-역사관(www.hermuseum.go.kr)'이 '보국대가 위안부를 동원했다'는 오류와 함께 '근로정신대를 위안부로 오인하게 만들었다' 는 두 가지이다.

기사에 의하면, '위안부 e-역사관'의 오류는 이전부터 제기되었다. 9월 5일 새누리당 이명수 의원이 여성가족부에 '위안부 e-역사관'의 오류를 지적하는 공문을 발송했고, 이에 대해 여성가족부측은 '문제가 된 부분은 삭제했다'고 답했으나 여전히 남아 있다고 한다.

위안부 e-역사관 오류의 상세한 내용은 일요신문 기사(http://www.ilyo.co.kr/detail.php?number=64931&thread=01r02)를 참조하길 바라고, 여기에서 이야기하고 싶은 점은 위안부와 근로정신대의 용어 혼용 문제이다.

'위안부 e-역사관'은 2006년에 한국정신대문제대책협의회와 한국정신대연구소에서 제공받은 자료로 만들었다고 하는데, 문제의 '위안부 e-역사관'에 들어가 보면, 근로정신대 소녀들 사진 2장이 '일본군위안부 용어해설' 코너에 배치되어 있다. 일문(日文)과 영문(英文)판에도 동일하다.

* 이 사이트는 이후 폐쇄를 거쳐 수정 내용을 올렸다.

일본군위안부, 정신대, 그리고 근로정신대

2007년 11월 동북아역사재단이 서대문형무소역사관에서 개최한 전시회 '한-독 성노예전'에는 근로정신대 소녀들의 사진이 위안부로 전시되고 있었다. 관련 정부기관(위원회)의 문제기에도 아랑곳 하지 않던 주최 측은 언론의 질타가 쏟아진 후에야 반응을 보였다. 근로정신대와 일본군위안부를 구분하지 못한 결과였다.

이런 상황은 시간이 지나도 해결되지 못하고 있다. 최근에 있었던 두 가지 사례를 보자.

하나는, 최근 서경덕 교수가 "관련 단체와 전문가에게 자료 요청을 하고 학자들의 검증을 거쳐" 만들어 유튜브Youtube를 통해 전 세계에 공개한 동영상(한국인이 알아야 할 역사이야기)이다. 이 동영상의 첫 화면은 나고야(名古屋) 미쓰비시(三菱)중공업으로 간 근로정신대 소녀들 사진이다. 이 동영상은 '위안부 e-역사관'을 참고로 만들었다고 한다.

또 다른 하나는, 최근에 가장 뜨거운 역사전쟁을 주도하고 있는 교학사 교과서에서 위안부 관련 기술이다. 근로정신대에서 일부 여성들이 위안부가 동원되었다는 내용이다.

> 일제는 1944년 여자정신근로령을 발표하고 12세에서 40세까지의 여성들을 침략전쟁에 동원하였다. 동원된 여성들은 일본과 한국의 군수 공장에서 일하였다. 일부 여성들은 중국, 동남아 일대, 필리핀 등지로 끌려가 일본군 위안부로 희생당하였다.(교학사 교과서)

그러나 유감스럽게도 이러한 교과서 기술은 교학사 교과서에 국한하지 않는다. 대부분의 교과서 기술이 큰 차이를 보이지 않고 있다. 교학사 교과서 문제가 역사전쟁으로 평가받는 이유는, 가장 보편적인 내용을 담아야 하는 교과서 기술을 가지고 오히려 역사 왜곡 수단으로 활용하고 편향된 인식을 반영했기 때문이다. 그런데 위안부 관련 기술에서 다른 출판사의 교과서가 교학사 교과서와 큰 차이를 보이지 않고 있다면, 이는 심각한 문제이다.

'한국정신대문제대책협의회'

무슨 성격의 단체인가. 역사에 관심 가진 사람들 사이에 모르는 사람은 거의 없을 것이다.

'한국정신대문제대책협의회(이하 정대협)'는 국제적으로도 널리 알려진 단체이자 매주 1회 이상 한국 언론에 이름이 나올 정도의 명망성을 가진 대표적 단체이다. 공식 홈페이지https://www.womenandwar.net에는 단체의 목적을 '일본제국주의의 만행에 의해 저질러진 일본군 '위안부' 문제의 해결을 통해서 일본군성노예 피해자(생존자)들의 명예회복, 전시하 여성에게 가해지는 성폭력 방지, 일본의 군국주의 부활 저지, 아시아와 세계평화에 이바지함'이라고 명시하고 있다. 설사 구체적인 설립 목적을 모른다 해도, '정대협=일본군위안부'라는 인식이 일반적이다.

한국정신대연구소(http://www.truetruth.org)도 마찬가지이다. 홈페이지에서 '한국정신대연구소는 일제강점시기 일본군 '위안부' 문제의 올바른 해결을 위해 반드시 선행되어야 할 조사, 연구 목적으로 1990년 7월에 발족'하였다고 밝히고 있다. 이외에도 '정신대할머니와 함께 하는 시민 모임'을 비롯해 지방의 여러 위안부 관련 단체들의 명칭에서 '정신대'는 자연스럽다.

* 현재 한국정신대문제대책협의회는 정의기억연대로 명칭 변경

이들 단체들이 명칭에 '정신대'를 넣은 이유는 짐작할 수 있다. 1990년대 초반 일본군위안부 문제가 본격적으로 사회에 알려졌을 때는 '정신대'라는 용어가 일반적이었기 때문이다.

정신대란 무엇인가. '일본 국가(천황)를 위해 솔선해서 몸 바치는 부대'라는 의미로 일제가 인력 동원을 적극적으로 하기 위해 만든 용어이다. 성별에 무관하게 모든 계층에 적용된 포괄적이고 상징적인 용어이다. 노무자나

군인, 군무원은 물론 노무자에 해당하는 근로정신대나 일본군위안부도 다 포함하는 개념이다.

해방 후 한국 사회에 '정신대 = 일본군 위안부'가 확산된 연원은 일제 말기에 있다. 일본군위안부를 동원하는 과정에서 당국이 사용한 용어는 '정신대'였다. 동원과정에서 여성들에게 위안부로 동원한다는 점을 감추기 위해 '정신대'라는 용어를 사용했다. '위안부로 가자'는 데 쉽게 따라 나설 소녀들은 없을 것이기 때문이다. 당국은 '공장에 일하러' 또는 '정신대로 간다'는 식의 사기와 기만으로 소녀들을 전쟁터로 끌어냈다.

그 후 집을 떠난 소녀들이 전쟁터에서 겪은 참상이 조금씩 한국사회에 알려지면서 '정신대'는 기피 대상이 되었다. 이러한 상황은 해방 후에도 이어져 한국 사회에서 정신대=일본군위안부라는 인식이 자연스럽게 자리 잡게 되었고, 1990년대 초, 일본군위안부 문제를 한국 사회에 제기하는 과정에서 '정신대할머니 = 일본군위안부피해자'라는 등식이 확립되었다.

이들 단체가 일본군위안부 문제 해결을 위해 그간 기울인 노력과 거둔 성과는 거론할 필요도 없이 지대하다. 그러나 이제는 명칭 문제에 대해 한번 생각해 볼 필요가 있다.

왜 구분해야 하는가

오랫동안 한국 언론은 물론, 심지어 위안부문제를 지원하는 이들 조차 공식 석상에서 '정신대 할머니'라고 불러왔다. 비록 위안부라는 단어는 없지만 '광의의 위안부'를 지칭하는 것으로 받아들여졌기 때문이다. 정감 있는 용어로 들리기도 한다.

그러나 이제는 냉철하게 바라봐야 한다.

우리가 일본군위안부와 근로정신대를 구분해야 하는 이유는 두 가지이다.

첫째, 역사적 사실을 정확히 알기 위해 노력해야 하기 때문이다. 교학사 교과서를 반대하고 비판하는 이유와 동일하다. 이 문제는 근로정신대와 일본군위안부 피해자에 대한 평가의 문제가 아니다. 양자는 일본의 침략전쟁으로 인해 여성들이 당한 피해라는 점에서 동일하다. 중요한 점은 '무엇이 역사적 사실인가'이다.

둘째, 용어의 혼용으로 인해 피해를 당하는 사람들이 있기 때문이다. 군수공장으로 동원된 근로정신대 피해자들이 주인공이다.

'정신대'라는 용어가 한국 사회에서 '일본군위안부'와 동일한 의미로 수용, 확산되면서 '일본에서 일하다 온' '일하기 위해 집을 떠나야 했던' 여성 동원 피해자 전체가 사회적 편견과 차별에 시달리는 결과를 낳았다.

근로정신대 피해자는 자신의 경험을 가족들에게 조차 설명하기 어려운 처지에 놓였으나 한국 정부나 사회는 이 문제를 방기했다. 피해는 상상 이상이다. 가족으로부터 버림을 받고 생계를 이어가기 어려운 처지에 놓인 사람들이 대다수였고, 배우자에게 폭력을 당하는 피해자도 계셨다. 심지어 한국 정부(위원회)가 조사하는 과정에서 가족들에게 '발각'되어 쫓겨 난 기막힌 경우도 있었다. 이들은 아무 잘못도 없이 가족과 사회로부터 "가증스럽게 평생을 속이고 살았다"는 비난과 '거짓말쟁이'라는 손가락질을 당해야 했다.

근로정신대 할머니들은 일본이라는 국가의 권력에 의해 군수공장에 끌려간 피해자이자 아동학대의 피해자이다. 열 두어 살 소녀의 조그만 손으로 어른 기준에 맞춰진 기계를 작동하고 비행기 부품을 만들었다. 영양실조 상태에서 12시간 이상 노동은 아이들이 감당할 수준 이상이었다.

이들은 사회와 가족으로부터 '거짓말쟁이'로 손가락질을 당할 이유가 없다. 근로정신대피해자들은 일본 정부와 기업에게는 물론이고, 한국 정부와 사회로부터 위로를 받아야 할 이들이다. 그런데 오히려 2중의 피해를 받고 있다.

'무엇 때문에?'

'우리의 무관심 때문에!'

혹시 오랫동안 사용한 용어라서, 혹은 큰 틀에서 보면 일본군위안부와 근로정신대는 모두 아시아태평양전쟁기에 동원된 식민지 조선의 여성들이기 때문에 등등…

여러 이유로 한국 사회가 눈 감고 있는 한, 오해와 편견으로 인해 고통받는 이들의 상처는 치유될 수 없다. 나도 모르는 사이 역사왜곡에 공범이 될 수도 있다.

정혜경
(2013. 10. 제28호)

2014년 1월의 단상(斷想)
- 강제동원 특별법 개정에 즈음하여 -

세밑을 코앞에 두고 국정원 선거 개입 사건으로 파행을 걷던 국회가 마지막 법안 처리를 위해 임시국회를 열었다. 2013년 12월 19일 목요일 오후 3시 반 경, 국회의장이 '대일항쟁기 강제동원 피해조사 및 국외 강제동원 희생자 등 지원에 관한 특별법' 개정안 상정을 숨 가쁘게 내리 읽었다. 이름이 참으로 길기도 한 개정법안은 재석 의원 239명 중, 찬성 234, 반대 1, 기권4의 표결로 가결되었다. 1분 남짓의 시간이었다.

활동 기간 연장으로 점철된 위원회

2004년 '일제강점기 강제동원 피해 진상규명에 관한 특별법'에 의해 국무총리 소속으로 설치된 위원회는 당초 2년의 활동 기간으로 피해 진상조사의 업무를 개시하였다. 그러나 연인원 780여 만명의 강제동원 피해자를 2년 만에 조사한다는 것은 구상 그 자체가 불가능한 일이었다. 그럼에도 불구하고 2년의 기한을 둔 것은 한시라도 지체 없이 피해 진상규명에 매진해 달라는 유족의 간절함이 있었기 때문이다. 이미 피해자 유족도 이순(耳順)과 고희(古稀)의 고령에 접어든지라 무한정 조사결과를 기다리게 할 수만도 없는 상황이 있었다.

유족의 바람은 바람일 뿐, 현실은 그리 녹록치 않았다. 강제동원을 입증할 수 있는 관련 자료의 부족과 학계의 관련 연구 또한 지지부진한 상황인지라 진상규명은 쉽지 않았기 때문이다. 순식간에 위원회의 활동기한이 다가오는 일이 일상처럼 반복되었다. 위원회는 최초의 연장 개정안(2007.3.23)과 대일항쟁기 특별법 제정 및 구법 폐지(2010.3.22)로 활동 기간을 연장한 후, 또다시 2회의 연장 개정안(2011.5.30, 2011.8.4)과 국회 동의를 구하는 두 차례의 연장 동의안 발의, 그리고 이번에 3차 연장 개정안(2013.12.30) 등 거의 연장으로 점철된 경로를 거치게 되었다.

위원회 기간 연장 처리 현황

회수	법안 발의	변경내용	비고
1	2007.3.23.	2007.3.25. → 2009.3.25.	연장 개정
2	-	2009.3.25. → 2009.9.25.	위원회 의결
3	—	2009.9.25. → 2010.3.25.	위원회 의결
4	2010.3.22.	2010.3.25. → 2011.12.31.	신법 제정
5	2011.5.30.	조사 2011.2.28. → 2011.11.30. 신청 2011.6.30. → 2011.11.30.	연장 개정
6	2011.8.4.	기간 2011.12.3. → 2012.12.31. 조사 2011.11.30. → 2012.2.29. 신청 2011.11.30. → 2012.6.30.	연장 개정
7	2012.11.22.	2012.12.31. → 2013.6.30.	국회 동의
8	2013.6.25.	2013.6.30. → 2013.12.31.	국회 동의
9	2013.12.30	2013.12.31. → 2015.6.30.	연장 개정

※ 그 후 2015. 6. 25 위원회를 6개월간 연장한다는 국회 동의로 위원회는 2015. 6. 30 → 2015. 12. 31로 연장된 후 해체됐다.

그런데 이번 개정법안의 배경은 특별하다. 따라서 이전과는 근본적으로 달라야 했다. 즉, 이전의 수많은 연장 법안들이 피해자 유족들의 바람을 신속하게 해결해 주기 위해 위원회 활동기한을 연장한 것이라면, 이번의 것은 경우가 다르기 때문이다. 좀 더 자세히 살펴보자.

당초 진상규명 특별법('일제강점기 강제동원 피해 진상규명 등에 관한 특별법')으로 출발한 강제동원 진상규명은 태평양전쟁 국외 희생자 지원법('태평양전쟁전후 국외 강제동원희생자 등 지원에 관한 특별법')과 통합되어 대일항쟁기 특별법으로 재탄생하면서 기존 사건에 대한 조속한 처리를 목표로 하였다. 그리하여 2012년 4월에 22만 6천여 건의 피해신고를 모두 조사완료하였고, 이어서 2013년말에 지원금 지급도 일단락이 되었던 것이다. 이번 개정은 최초 신청된 피해신고와 지원금 지급의 '일단의' 마무리 작업 이후 취해진 법적 조치인 것이다.

이렇듯 일련의 강제동원 피해 진상규명 작업을 마무리한 시점에서의 조치인지라, 그동안 우리를 옭아매고 있던 문제점들, 예컨대 한반도내 강제동원에 대한 피해지원, 미수금의 범주, 헌법재판소 부작위 위헌판결의 군대위안부·원폭피해·사할린문제 등을 근본적으로 극복하는 제안이 법안에 담겨 있어야 한다. 강제동원 피해자 총수의 3%에 지나지 않은 개별 피해조사도 전면적으로 재검토되어야 한다(『일제 강제동원 동원규모 등에 관한 용역』, 2013년).

그러나 개정법안은 실로 실망스럽기 짝이 없다. 위로금 등 지원금 지급대상만이 지급 신청을 다시 할 수 있도록 하고(제27조 제2항), 이를 처리할 정도의 존속기간을 설정(제19조 제1항)하는 것이 개정내용의 전부이다. 그로 인한 결과가 심히 염려스럽다. 왜냐하면 지원금 지급대상만을 신청대상으로 제한함으로써 우리 스스로가 일제의 강제동원 피해를 '축소 왜곡'시키는 결과를 초래할 수 있기 때문이다. 최초의 신고접수와 '일단의' 피해자 지원을 완료한 이 시점에서, 위원회에 대해 문제점을 해결하기는커녕 굳이 그 입지를 더욱 좁히는 법적 조치를 취했어야 했나 개탄스럽기까지 하다.

진상규명을 통해 유족을 위로하고 국민화합에 기여하기를

위원회의 업무는 비단 피해 신청과 지원금 지급에만 국한된 것이 아니다. 현행 특별법 제8조에 따르면 위원회가 수행해야 할 과제는 11가지에 이른다. 그 중 대표적인 업무를 몇 가지 소개하자면, '강제동원 피해와 관련된 국내외 자료의 수집·분석', '유해의 조사와 발굴·수습·봉환', '사료관 및 추도공간 조성' 등을 꼽을 수 있다.

마땅히 국가가 해야 할 책무이다. 해방 후 70여 년의 세월이 흘렀지만 이제라도 할 수 있으니 다행스러운 일이다. 피해 당사자가 생존해 있으므로 필요한 증언도 녹취할 수 있다. 일본군 '위안부' 할머니의 증언도 채록하여 발간하였다(『들리나요?-열두 소녀의 이야기-』2013년). 한국 정부가 발간한 15권째 강제동원 피해 구술기록집이다. 아직 기회는 있다. 늦지 않았다.

일본 정부로부터 인도받은 수십만 명분의 각종명부와 공탁금자료, 그리고 지난 해 세간을 떠들썩하게 했던 '일정시 피징용자명부'도 위원회가 인도받아 분석하고 있다.

그 뿐만이 아니다. 강제동원된 현지에서 사망하여 고국으로 돌아오지 못하고 있는 희생자를 조사, 발굴·수습하여 국내로 봉환하는 사업도 진행하고 있다. 지난해에는 한국 정부 최초로 사할린 강제동원 한인 희생자의 유해를 수습하여 국내로 봉환하였다. 가족의 행방을 애타게 찾고 있는 국내 유족과 유골봉환에 대비해 시작된 사할린 한인묘 현황파악 사업도 4년째로 접어든다. 이미 1만여 명에 이르는 정보를 채집하고 있다. 일본으로부터는 유텐사(祐天寺)에 안장된 423위의 군인·군속 유골을 봉환하였고, 향후 노무자 유골의 봉환을 한·일 정부차원에서 준비중이다. 기타 남방지역에 동원된 군인·군속 유해에 대해서도 앞으로 조사와 발굴, 봉환이 이어져야 한다.

진상규명과 연결되는 이 모든 과제들이 기한을 정해 놓고 해결될 수 있다고 생각한다면, 단세포적인 발상을 넘어 우매한 것이다. 개정법안을 보고 개탄하는 두 번째 이유이다.

잘 알려진 바와 같이 이스라엘은 1953년에 '야드바셈(Yad Vashem:이름을 기억하라)'을 조직한 이래 지금까지도 독일 나치에 의해 희생당한 600여만 명의 유대인들을 조사하고 있다. 그 결과 가해국 독일은 2000년에 '기억, 책임 그리고 미래'재단을 설립, 피해자에 대한 사죄와 보상, 의료 및 생활지원, 교육, 연구 등 재발방지를 위한 활동을 하고 있다. 피해국의 치밀한 진상규명-가해국의 재단을 통한 사죄와 보상. 우리에게 시사하는 바가 매우 크다.

그렇다. 국가는 단 한 명의 국민도 파악하지 않으면 안 된다. 설령 그 사람의 가족과 친척들이 그 이름을 잊었다 할지라도 국가는 그래서는 안 된다. 한 사람의 강제동원 피해자도 놓치지 않고 조사하는 이유도 동일하다. 단 한 명이라도 우리 국민에게 피해가 발생했다면 철저한 진상규명과 그에 응당한 조치가 필요한 것이다. 왜냐하면 영화 속 어떤 명배우의 절규처럼 "국가란 (곧) 국민"이기 때문이다.

우경화와 역사 왜곡의 구렁에 빠진 작금(昨今)의 일본 정부를 보면, 강제동원 피해 진상규명은 지금까지도 그랬지만 앞으로도 험난하고 고된 작업이 될 것 같다. 그러나 '맨땅에 헤딩'격으로 시작한 진상규명이 23만 명에 육박하는 피해기록을 생산해 냈으니, 하면 된다. 다행히도 한국 내는 물론이고 일본에서도, 사할린에서도, 심지어 태평양 저편 미국에서도 양식 있고 성실한 수 많은 시민들이 응원하며 힘을 보태주고 있다. 실은 위원회의 그간의 진상규명도 이 모두가 한마음이 되어 일궈낸 성과이다.

앞으로는 이들만이 아니라 일제에 의해 피해를 입은 아시아 제국(諸國)들과 연대하여 사실(史實)을 확인하고 기록하는 작업이 필요하다. '강제동원& 평화 포럼' 같은 국제기구도 생각할 만하다. 이럴 지언데, 우리 스스로가 진실을 외면하거나, 왜곡하거나, 축소해서는 안 된다. 지금 우리 정부는, 우리 위원회는 그 기로에 서 있다. 2014년을 맞이하여, 또다시 습관처럼 반복되는 연장 개정법안을 앞에 두고 자꾸 그런 생각이 든다.

허광무
(2014. 1. 제31호)

원자폭탄과 한국인 희생자
- 8월 9일, 나가사키 한국인 원폭희생자 '조조집회'에 참가하고서 -

"태풍 할룽이 일본 오키나와 부근에 접근중이며 주말에는 제주도에 간접적으로
영향을 줄 것으로…"

출국을 코앞에 두고 태풍이 느린 속도로 일본 규슈(九州)지역을 향해 이동
중이란다. 내가 방문하는 곳이 나가사키시(長崎市). 바로 규슈지역에 해당한
다. 8월초에 태풍이라니? 예년보다 빠른 시기에 많은 태풍이 형성되는 이
상 현상에 이맛살을 찌푸리며, 인천공항으로 향하는 버스 안에서 차창밖의
먹구름을 걱정스럽게 올려봤다. '비행기가 뜰 수 있으려나…?'

해마다 8월 6일과 8월 9일이 되면, 일본 각지는 물론 세계 각국에서 원
자폭탄에 희생당한 피해자를 애도하러 많은 사람들이 히로시마시(廣島市)와
나가사키시에 모인다. 나는 재작년에 히로시마시를 방문하여 처음으로 한
국인 희생자 추도제에 참가한 적이 있다. 다음 날에는 히로시마시가 주관
하는 추도 행사에도 발걸음을 옮겼다. 행사가 거행되는 행사장 주변에는
갖가지 패널들이 전시되어 있고, 여기저기서 그룹별로 원폭투하의 의미를
되새기는 작은 행사들이 열렸다. 나는 설치된 패널들과 전단지 등을 주의
깊게 살펴보았다. 내용인즉 히로시마시에 참상을 불러온 원자폭탄이 이러
한 것이었으며, 피해 상황은 이러하였다는 설명이 주된 내용이었다. 그런
데, 왜 무고한 시민들이 그토록 처참한 상황에 이르게 되었는지, 한결같이
그 중요한 설명이 빠져 있었다. 다시 말해서, 1945년 8월 6일 이전의 역사
가 사라지고 없었던 것이다. 그곳에는 아시아·태평양전쟁을 일으킨 일본
은 없고, 원폭피해국, 전쟁피해국으로 둔갑한 일본만이 자리하고 있었다.

나가사키 평화자료관 전경(허광무 촬영)

그런 쓸쓸한 히로시마의 방문을 기억하며, 나가사키시의 추도행사는 어떠할지 사뭇 궁금했다.

다행히도 후쿠오카(福岡)행 비행기는 예정 시간대로 활주로를 이륙했다. 그리고 약 한 시간 남짓의 비행. 정말로 거리상으로는 가까운 이웃임에 틀림없다. 나가사키 시내까지는 공항에서 버스로 이동했는데, 터미널에 다카자네 야스노리(高實康稔, 1939~2017) 나가사키대학 명예교수가 마중나와 있었다. 다카자네 교수는 '나가사키 재일조선인의 인권을 지키는 모임'(이하, '인권 모임'으로 약칭) 대표이자 '오카 마사하루(岡 正治)기념 나가사키 평화자료관' 대표이기도 하다. 해마다 조선인 원폭희생자 추도제도 주관하고 있다. 나는 일전에 조선인 강제동원 피해실태와 원폭 피해를 조사하기 위해 나가사키시를 방문했을 때 신세를 졌는데, 그 때부터 친분을 쌓으며 조사 연구에 협조를 얻고 있다.

"잘 오셨습니다. 기상 상황을 걱정했는데, 오시는데 힘들지는 않았는지요?" 중절모에 하얀 수염이 너무나 잘 어울리는 노교수의 인사에 감사하다고 답례했다.

숙소까지 도보로 이동하며 그간의 안부를 잠시 나눈 다음, 다카자네 교수는 일정에 대

다카자네 교수님(2011년 위원회 방문 당시 모습)

해 설명했다. 내일 예정된 추도제는 아침 일찍 거행되는 만큼 오늘은 잠자리에 빨리 드는 것이 좋겠다고 당부한다. 이름하야 '조조집회(早朝集會)'. 조선인 원폭희생자 추도제를 통상 그렇게 부르는 모양이다. 정식으로는 '나가사키 원폭 조선인 희생자 추도 조조집회'이다.

'인권 모임'을 결성한 오카 마사하루 목사가 제안한 것이라는 설명이 있었다. 오카 목사는 생전에 일제에 의한 조선 식민지 지배와 전쟁책임, 조선인의 인권유린에 대해 끊임없이 문제제기를 해 온 선각 중의 한명이다. '조조집회'는 회원들의 추도제 참가에 지장이 없도록 출근 시간대를 고려한 결과 만들어진 것이라고 한다. 교수님의 조언대로 석식을 마치기가 무섭게 숙소에서 간단하게 여장을 풀고 곧바로 잠자리에 들었다. 늦잠 방지를 위한 알람을 여러 개 설치하는 것도 잊지 않았다.

69년 전 나가사키시에 원폭이 투하되었던 바로 그 8월 9일, 다카자네 교수가 행사장으로 안내하기 위해 숙소로 찾아왔다. 손에는 우산이 두 개 들려 있었다.

"가고시마현(鹿兒島縣) 남단까지 태풍 11호(할롱)가 접근하여 우천에 대비하여 갖고 왔습니다." 비는 아직 내리지 않지만 하늘을 뒤덮은 먹구름이 빨려 가듯 한쪽으로 빠르게 흘러간다. 심상치 않다. 시각은 오전 6시를 막 지나고 있었다.

추도비 주위를 정리하는 다카자네 교수. 추도비 왼쪽 흰색모자의 신사(허광무 촬영)

　원폭이 투하된 폭심지 인근은 나가사키 평화공원과 원폭공원으로 조성
되어 있는데, 조선인 추도비는 원폭공원에서 '나가사키 원폭자료관'으로 연
결되는 계단 옆에 건립되어 있다. 높이가 1m남짓 될까. 검고 작은 돌비석
정면에는 '추도'라는 커다란 글씨와 그보다 반 정도 작은 크기의 '나가사키
원폭 조선인 희생자' 라는 글씨가 새겨져 있다. 뒷면에는 "강제연행과 징용
으로 중노동을 당하다 피폭사(被爆死)한 조선인과 그 가족을 위하여"라는 비
문이 있다.

　추도비 앞에 당도하자, 다카자네 교수는 허리를 숙여 주위에 떨어져 있
던 휴지와 낙엽 등을 줍기 시작했다. 시바타 도시아키(柴田利明) 사무국장은
접수 테이블을 설치하고 모두에게 나눠줄 유인물을 올려놓았다. 누가 뭐랄
것도 없이 묵묵히 알아서 척척 해낸다. 오랫동안 호흡을 맞춰온 두 사람인
지라 말이 필요 없나 보다.

하나 둘, 사람들이 선생님 주변에 모여 들었다. 7시 30분. 드디어 올해의 '조조집회'가 시작되었다. 식순을 설명하는 시바타 국장의 목소리가 마이크를 타고 일대에 울려 퍼지자, 식에 참가하기 위해 모인 시민들이 일제히 자세를 바로 잡았다. 『나가사키신문』에 의하면, 이날 모인 참가자들은 약 250여 명. 이들은 추도제 참가를 위해 일본 각지에서 모였으며 대부분 일본인이었다. 그중에는 내가 현장 조사 시 방문했던 지역의 연구자와 시민단체 회장님도 보였다. 강제동원과 원폭 피해보상 소송을 오랜 기간 지원한 낯익은 변호사의 얼굴도 보였다. 추도제에 참가하겠다는 일념으로 악천후 속에 새벽 첫 비행기에 올랐다고 한다. 어린 아기를 안은 아빠와 교복을 입은 여학생, 백발이 성성한 어르신도 있었다.

'조조집회'는 전 한국원폭피해자협회 곽귀훈 회장의 추도사를 시작으로 한인대표 추도사 및 다카자네 대표의 메시지로 이어지고 마지막으로 내 소개와 인사말이 있었다. 아이의 칭얼대는 울림조차 없는 경건한 분위기. 식이 진행되는 동안 300명에 육박하는 참가자 그 누구도 자세 하나 흐트리지 않고 각자의 자리에서 이야기에 귀를 기울였다. 공식적인 식순이 모두 끝나자, 참가자 전원이 손에 손에 꽃을 들고 추도비에 헌화하며 희생자의 넋을 위로했다. 한 시간 남짓의 '조조집회'는 이리하여 조용히 막을 내렸다.

반가운 선생님들과의 작별을 고하고 서 있는 나에게 다카자네 교수가 다가왔다.

"덕분에 추도제를 뜻깊게 지낼 수 있었습니다. 감사합니다."

당치도 않은 말씀. 손수 초대까지 해 주고, 추도제에서 인사할 수 있는 영광도 얻었는데, 오히려 내가 감사해야 할 판이다.

"비가 오면 어쩔까 정말로 걱정이 많았는데… 하아, 정말 다행입니다."

다카자네 교수가 하늘을 쳐다보며 말하자, 나도 구름이 심란하게 움직이는 하늘에 눈길을 돌렸다. 그 후 태풍은 규슈를 지나 시코쿠(四國)지역에 상륙하였으며, 나가사키에 이웃하는 후쿠오카 등지에서는 많은 양의 비와 바람이 있었다고 한다. 그런데, 희한하게도 나가사키에는 비도 바람도 크게 불지 않았다.

"저기, 나가사키시가 주관하는 추도제의 모습은 어떤가요? 제가 일전에 히로시마를 방문했을 때는 전쟁에 대한 반성, 자기 성찰이라고 할까? 그런 건 없고, 오로지 일본의 피해와 반핵평화 얘기만 있던데요….."

지난 기억을 떠올리며 다카자네 교수에게 묻자, "여기도 매 한가지"라며 짧은 한숨을 내쉰다. 그 답변을 내 눈으로도 직접 확인하기 위해 나가사키시가 주관하는 추도제에 참가하고 싶었지만, 마침 지역 선생님들과의 교류회가 준비되어 있었기에 가볼 수는 없었다.

그날 오후에는 시바타 사무국장의 안내로 내가 조사했던 강제동원 조선인 징용공들의 주요 작업장과 숙소를 돌아보았다. 시바타 국장의 명쾌한 해설과 해박한 지식에는 내내 혀를 내둘렀다. 긴 하루일정을 마치고 '평화자료관'으로 돌아오는 차내에서 다카자네 교수에게 이번 방문의 감상을 얘기했다.

"원래 '조조집회'에는 오늘과 같은 정도의 회원들이 참석을 하는지요?"

"대개는 그렇습니다만, 300명을 보통 넘어섭니다. 그런데, 오늘은 태풍 때문에 많은 분들이 오지 못할 거라고 생각했습니다. 실제 항상 참석했던 몇몇 분이 보이지 않은 걸 보면 지역에 따라 태풍으로 참석이 어려웠던 것 같습니다. 하지만 예상외로 이렇게 많이 참석하여…, 안도했습니다."

'조조집회' 추도제 모습(허광무 촬영)

　안도는 단순히 많은 사람이 추도제에 모습을 보였기 때문만은 아닌 듯 싶었다. 중학생, 대학생 등 젊은 사람들이 다수 참가했다는 점, '평화자료관'에도 수많은 젊은 일본인 학생들이 방문하여 일본제국의 전쟁 만행에 관심을 보였다는 점 등에서 오는 활력, 자신감에서 오는 안도이기도 한 것 같았다.

　"내가 원래 '아침형'이 아니라서 '조조집회'를 준비하려면 좀 힘이 듭니다. 그러나 오카 목사님의 유지(遺志)를 잊지 않고 해마다 참가하는 회원들을 보면 보람도 있고 용기도 납니다."

　최근들어 일본 우익이 강제동원 사실무근을 선동하며 추도비 등을 철거하는 만행을 자행하고 있는데 원폭 추도비도 염려된다고 하자, 그렇지 않아도 '인권 모임'에도 협박이 있었다고 한다. 그러나, 그 따위 협박에 물러설 우리가 아니라며 목소리에 힘이 들어갔다.

"반기문 유엔 사무총장님도 나가사키를 다녀가시며 한국인 원폭희생자를 추도하셨습니다. 그런 상황인지라 함부로 (추도비를 해) 하지는 못할 겁니다."

국제사회의 관심과 한국 정부의 관심이 역사를 진지하게 대하는 이런 분들에게 힘이 되고 있다는 현실을 보고, 한국에서 끊임없는 관심과 노력이 있어야 할 이유를 다시금 깨달았다. 나의 방문도 그런 의미에서 보탬이 되었으면 하고 마음속으로 빌면서, 교수님의 하얀 수염을 존경스럽게 바라보았다.

"나가사키, '인권 모임' 파이팅!! 내년에 또 만납시다."

❖ 2017.4.7. 다카자네 야스노리 선생님은 심부전으로 세상을 떠났습니다. 향년 77세. 선생님의 숭고한 역사인식과 소신에 찬 행동에는 새삼 숙연해집니다. 하얀 수염에 트렌치코트, 우산을 들고 맞이해 주신 선생님의 모습이 아직도 눈에 선합니다. 다시 한번 두 손 모아 선생님의 명복을 빕니다.

허광무
(2014. 9. 제35호)

지금 만나러 갑니다.
- 히로시마 항운주식회사에 동원된 할아버지 -

아시아 태평양전쟁 당시 원폭이 투하된 히로시마시(廣島市)에는 군 관련 주요 회사들이 다수 있었다. 대표적인 회사를 꼽으라고 하면, 단연 미쓰비시(三菱)중공업 히로시마(廣島)조선소가 아닐까 싶다. 1923년생의 젊은 청년들이 '연령징용'이라는 이름으로 히로시마조선소로 동원되었다. 대개 경성을 포함한 경기도 지역 일대에서 집중적으로 동원되었는데, 그 수는 수천 명에 이른다. 이어서 꼽을 수 있는 회사라면 도요(東洋)공업주식회사를 들 수 있을 것이다. 히로시마시 동부에 위치한 이 회사는 99식 소총을 제작하던 군수회사였다. 패전 후에는 '마쓰다(Mazuda)' 자동차로 대변신을 한 뒤 세계 굴지의 자동차 메이커로 자리매김하고 있다. 이곳에도 경성과 경기도 일대에서 조선 청년들이 동원되었다. 2015년 지금, 두 회사는 전시기와 동일한 자리에서 히로시마시의 경제를 책임지고 있다.

그런데, 그다지 인지도가 높지 않은 회사로서 히로시마 항운주식회사라는 것이 있다. 주로 히로시마시로 공급되는 각종 부품, 식량, 연료, 목재 등을 하역하고 운송하는 업무를 담당하고 있었다. 나가사키시(長崎市)에도 나가사키 항운주식회사가 있었는데, 이 경우에는 조선인 명부가 존재하고 있어서 그 실체가 진작부터 알려졌다. 거기에 비하면 히로시마 항운주식회사는 알려진 바가 거의 없다. 이름만 보면 두 회사는 서로 밀접하게 관련하고 있을 것 같은데, 이에 대해서도 알려진 바가 거의 없다.

이 회사로 강제동원되었다고 주장하는 사람이 있다. 일본어 발음뿐만 아니라 한자까지도 정확하게 설명하며, 심지어 숙소 주소까지 알려 준다. 어찌된 것인가? 궁금증을 참을 길이 없어서 생존자를 찾아 전라남도 고흥으로 향했다.

남해의 쏟아지는 햇살을 정수리로 느끼며 생존자댁에 도착한 것은 6월의 어느 날 오후. 할아버지는 사전에 전화로 몇 마디 여쭤봤던 이야기를, 작정을 한 듯 상세하게 풀어놓기 시작했다. 일본으로 '징용'을 가야한다며 할아버지가 면의 통보를 받은 것이 17세가 되던 1945년 봄의 일이었다. 그리하여 면 사무소에 집결하자 고흥군에서 모인 사람이 대략 120명 정도. 할아버지와 동년배인 1929년생들이었다. 그런데 일본으로 건너가기 위해 여수항에 모이자, 함께 끌려가는 사람들이 고흥군에 국한된 것이 아님을 알았다. 그곳에는 보성군, 순천군, 화순군 출신들도 보였다.

일사천리로 당시를 회상하는 할아버지의 한 마디 한 마디에 신경을 집중하다보니 어느 새 한 시간이 훌쩍 지나갔다.

"주소가 어떠냐 하면 히로시마시(廣島市) 우지나마찌(宇品町) 고초오메(五丁目), 우품정(宇品町)이지요잉. 히로시마 고운(港運) 가부시키가이샤(株式會社). 항운주식회사라 그 말이여. 그 주소를 따가지고 고향에다 편지도 하고 그러거든…"

고향 부모에게 편지를 보내다 보니 숙소가 있었던 당시 주소를 지금도 선명하게 기억하고 있었던 것이다. 할아버지가 상세하게 기억한 주소지는 히로시마시에 투하된 원자폭탄의 폭심지로부터 약 4.5km 떨어진 곳에 위치한 지역이다. 숙소는 원자폭탄에 피해를 입은 시내지역에 해당되지만, 할아버지는 원폭에 직접 피폭되지는 않았다. 하역작업장이 항상 일정하지 않았고, 원폭투하가 있었던 당일은 폭심지 근방이 아니었기 때문이다. 그렇지만 폭풍(爆風)으로 기울어진 숙소에 기거하며 약 한 달간 시체를 화장하는 작업에 투입되었다. 히로시마 시내를 거의 전부 다 돌아다녔다. 잔여 방사능에 노출되는 간접 피폭의 피해를 입었을 가능성이 크다.

"어르신, 혹시 일본정부가 만든 원호법에 의해 지원받을 수 있다는 거 아세요?"

슬그머니 '피폭자 건강수첩' 신청에 대해 말을 꺼냈다. "그런 거 몰라. 성 가서서 그만둘래"라는 답변이 되돌아 왔다. 기구(器具)에 의존하지 않고도 의사소통이 충분할 정도로 정정한 할아버지는 미간을 찌푸리며 손사래를 쳤다. 한눈에 보기에도 건강하신 것 같아 마음은 놓이지만, 그래도 할아버 지가 찾을 수 있는 권리이기에 주저 않고 설명을 이어갔다. 그러자 한번 생 각해 보겠노라는 답변에 명함을 손에 쥐어 드렸다.

전남 화순군의 피해자 자택(허광무 촬영)

이후 할아버지의 증언대로 화순군에서도 히로시마 항운에 동원된 생존 자를 발견할 수 있었다. 그다지 알려지지 않은 작업장이지만 언제, 어디에 서, 얼마만큼의 인원이 동원되었는지 그 실태가 드디어 보이기 시작했다.

모두 '피폭자 원호법(《일본》원자폭탄피폭자에 대한 원호에 관한 법률)'의 대상이 된다. 하지만, 피해자 대부분이 이미 80대 후반에 접어든 상황이라 생존자가 많지 않다. 많이 늦었다. 그러나, 고흥의 할아버지를 만난 이후 그래도 아직 기회는 있다는 희망이 보였다. 그렇다. 알려진 강제동원 피해의 실태보다 여전히 알려지지 않은 진실이 더 많다. 그 진실을 알려줄 피해 당사자가 이야기를 들어줄 이의 방문을 기다리고 있는데, 이미 늦었다고 체념할 때가 아니다. 머뭇머뭇 지체할 여유도 없다.

"어르신, 지금 광준데요, 지금부터 댁을 방문하려거든요? 어디 가지 마시고 댁에 계세요. 곧 찾아 뵐게요."

화순군에서 동원된 다른 생존자를 향한 발걸음이 분주하다. 흘러내리는 카메라끈을 어깨에 걸치며 휴대폰을 손에 쥔 채 버스에 올라탔다. 70년 만에 드러나는 실체… 이제 곧 만나러 갑니다.

허광무
(2015. 9. 제41호)

역사교과서 국정화, 한때의 추억?

필자 주 필자는 역사 전공자로서, 역사학은 진실을 규명하려 노력하는 학문이라고 오랫동안 배워왔고 가르쳐왔다. 굳이 조선의 사관(史官)을 떠올리지 않아도, 역사는 결코 힘의 논리에 따라 좌우되지 않음을, 딱히 내세울 것은 없어도 꺾이지 않는 꼿꼿함이 역사학자의 존재 이유임을 마음에 깊이 새기고 있었다. 2015년 박근혜 정부에서는 역사교과서 국정화를 추진하였다. 이 글은 당시의 국정교과서 회오리바람을 비판한 것이지만, 그러한 바람이 한때의 소란으로 그치지 않을 것이라는 우려에 다시 돌아보게 된다. 이하의 내용은 뉴스레터 42호(2015년 11월 1일자)에 수록된 글을 일부 수정한 것이다.

2015년 10월 정부에서는 중학교 역사 교과서와 고등학교 한국사 교과서의 국정화를 추진한다고 발표하였다. 연구자와 교육자들의 지속적인 반대와 사회 전반의 우려에도 불구하고 국정 교과서를 만들려는 이유를 교육부에서는 '역사교과서가 검정제 도입 이후… 자유민주주의에 기초한 건전한 국가관과 균형있는 역사인식을 기르는 데 기여하지 못한 채 지속적인 이념 논쟁과 편향성 논란을 일으켜 왔기 때문'이라고 하였다. 역사교과서의 국정화야말로 자유민주주의 이념에 정면으로 배치되는 것임을 모르고 하는 말인지 황당할 따름이다.

국정화란 무엇인가. 권력을 쥐고 있는 세력이 자신에게 유리하도록 역사를 해석하고 국민 모두가 그 단 하나의 해석만을 받아들이도록 강제하는 것이다. 심지어 정부는 그렇게 추진하는 국정교과서를 '올바른 역사 교과서'라고 표현한다. 국정이라는 용어에 대한 국민의 거부감이 큰 것을 알고 바꾼 용어가 그것이다. 올바른 역사라는 표현도 어불성설이거니와, 진실 여부와 무관하게 자신이 믿고 싶은 대로 서술하면 올바른 역사가 된다고 생각하는 것일까.

좀처럼 국정 현안에 분명한 모습을 보이지 않던 박근혜 대통령이 역사교과서의 국정화만큼은 신념인 듯 결연한 표정으로 강조한다. 그는 취임 초부터 올바른 국가관, 균형잡힌 역사의식을 강조하면서 국정교과서의 당위성을 줄곧 강조해 온 터다. 그래서일까. 새누리당은 올해를 대한민국 역사 바로 세우기 원년으로 삼겠다면서 이를 당론으로 채택하였다. 그동안 검정제 하에서 '좌편향 집필자'들의 주관적 역사관이 별다른 여과없이 교과서에 반영되었기 때문에 정치적 중립성 회복을 위해 국정화가 필요하다는 것이다. 나아가 새누리당 김무성 대표는 국사학자들의 90%가 좌파로 전환되었고, 좌파의 사슬이 강해서 어쩔 수 없이 국정 교과서로 갈 수밖에 없다고 한다. 근거도 없이 사람들을 편가르기하고 선동하는 그 말은 그러니까 역사학자의 말은 믿어서는 안된다는 뜻이리라. 얼핏 코미디처럼 들리는 그 말은, 그가 역사가 얼마나 무서운 것인지를 알기 때문에 하는 말처럼 들린다. 스스로 떳떳하지 못하므로 진실이 규명되면 안된다는 판단에서 하는 말일게다.

그는 급기야 역사전쟁이 시작되었다고 하여 국민을 상대로 전쟁을 선포하였다. 절대 물러설 수 없는, 꼭 이겨야만 하는 전쟁이라고 선동하면서. 현실을 이념대립의 국면으로 몰고 가려 한다. 그러면서 현재의 검정 한국사 교과서들은 소위 '자학사관'에 빠져 있다고 비판하였다. 익숙한 용어다. 자학사관은 1995년 일본 사회당 정부가 식민 지배를 반성하면서 '무라야마 담화'를 내놓자 이에 반발한 일본 극우세력이 사용한 용어다. 또 나치시절의 홀로코스트를 부정하는 독일의 역사수정주의자들이 의도적으로 사용한 용어다. 그러한 용어를 군이 우리 사회에 끌고 와서 내놓은 이유가 무엇일까.

이들이 모처럼 한목소리를 내는 데는, 무엇보다 그들의 권력 장악에 방해가 되는 엄존하는 과거의 역사가 큰 몫을 차지하고 있을 것이다. 역사의 어두운 부분이나 과오에 대해서는 언급하지 말라는, 그러니까 우리가 자국 자본주의의 발전을 위해 조선을 강점한 일본제국주의의 지배를 받았다는 사실, 그 시절 민족을 배반하고 일신의 안일을 꾀한 친일세력이 존재했고 그들은 지금도 거대한 세력을 유지하고 있다는 사실, 대한민국 정부 수립 이후 오랫동안 독재가 행해졌다는 사실 같은 건 떠올리지 말자는 거다. 이제 국정화를 통해 '부끄러운' 과거는 돌아보지 말고 '균형 잡힌' 시각으로 밝은 미래만 꿈꾸는 '올바른' 역사교과서를 만들자는 거다.

대통령의 역사교과서 국정화 발언은 이른바 뉴라이트 세력이 10여 년에 걸쳐 집요하게 몰고 온 역사전쟁의 결과물이다. 식민지근대화론을 시작으로 한 뉴라이트 운동이 이명박 정부에서 정치세력화 하고 현 정부에서 교과서 국정화라는 결실을 맺게 된 것이다.

2005년 1월 출발한 교과서포럼은 자학사관이 지배하고 있는 지적 흐름을 바꾸겠다고 하면서, 당시 학교에서 쓰던 검정 교과서를 좌편향 교과서로 규정하였다. 뉴라이트 사관은 일본이 한국 근대화의 초석을 마련했다고 하는 식민지근대화론, 이승만 대통령이 대한민국을 건국했다고 하는 정부수립=건국론, 박정희 대통령이 경제발전의 기적을 이루었다고 하는 산업화론의 세가지로 요약된다. 그에 맞추어 2008년 5월 뉴라이트 계열의 교과서포럼은 『대안교과서 한국근현대사』를 출판하여, 식민지근대화론을 인정하고 이승만을 건국의 아버지로 서술하고 5·16 군사쿠데타를 미화하여 논란을 빚었다. 박 대통령이 이 책의 출판기념회에 참석하여 적극 지지하는 발언을 한 것은 널리 알려진 사실이다.

2011년 교과서포럼의 핵심 인물들이 주축이 되어 발족한 것이 한국현대사학회다. 이 단체는 개정 교육과정에서 민주주의를 자유민주주의라고 바꾸는 등 뉴라이트 사관을 반영하는 데 성공하였다. 이들은 2013년 교학사의 고등학교 『한국사』 교과서를 집필하여 역사적 사실의 오류투성이라는 비판을 받으면서도 검정을 통과하였으나, 채택률 0%라는 쓴맛을 보았다. 2015년 10월 한국사 교과서의 국정화 발표는 교학사 교과서가 시장에서 완패하자 교학사 판 교과서를 국정화하고 나머지 7종의 교과서는 모두 폐기하겠다는 이야기다. 이는 결국 해방 후 70년에 걸친 역사학계의 노력과 우리 사회가 달성해 온 민주화의 성과를 외면하고 친일용호 교과서, 독재 미화 교과서를 만들어내겠다는 선언이다.

현재 중고등학교의 역사 교과서 발행은 검정 형식으로 진행되고 있지만, 여기에는 이미 국가의 교과서 통제가 촘촘하게 작동하고 있다. 교육부에서 제시한 교육과정과 집필 기준에 맞추어 서술해야 하고, 검정 심사를 통과해도 다시 내용의 수정, 보완 지시에 따르는 까다로운 과정을 거쳐야 한다. 따라서 교과서에서 이승만, 박정희 전 대통령을 폄훼하거나 북한 체제를 긍정한다는 건 현실적으로 불가능한 일이다.

예컨대 교육부의 2009년 한국사 교과서 집필 기준을 보면, '대한민국 정부는 유엔으로부터 한반도의 유일한 합법정부로 승인받은 사실에 유의한다'고 되어 있다. 따라서 어느 교과서든 초대 대통령인 이승만의 정부수립 업적을 다루지 않을 수가 없다. 박정희 정부에 대해서도 '산업화를 통해 이룩한 경제 발전의 성과와 과제…저개발 국가였던 우리나라가 정부 주도의 경제개발계획을 기반으로 이룩한 경제발전의 과정을 서술한다'는 지침이 있기 때문에 박정희 정부 기간의 경제성장은 현대사에서 가장 비중있게 다룰 수밖에 없다.

정부에서는 특히 북한에 관련된 서술이 긍정적이라고 집중적으로 부각시켰다. 검정교과서들이 북한에 관한 서술을 교과서에 포함시킨 이유 역시 집필기준 때문이다. 교육부는 '분단 이후 북한의 변화과정을 서술하고 오늘날 북한의 세습체제 및 경제정책의 실패, 국제적 고립에 따른 체제 위기와 북한 주민의 인권문제 등을 서술한다'는 기준을 제시하였다. 그리고 이를 교육하기 위한 학습요소로서 '주체사상과 세습체제, 천리마운동, 7·4 남북공동성명, 이산가족 상봉, 남북한 동시 유엔 가입, 남북 기본합의서, 6·15 남북공동선언, 탈북자'를 포함시키도록 명시하였다. 현재의 교과서들은 이 집필 기준에 잘 따랐기 때문에 검정을 통과할 수 있었다.

그런데도 교육부는 현행 검정 교과서들이 학생들에게 무비판적으로 북한의 주체사상을 주입하고 있는 것처럼 언론에 발표하였다. 곳곳에 걸려 있는 새누리당의 현수막에는 이렇게 적혀 있다. "김일성 주체사상을 우리 아이들이 배우고 있습니다." 그렇다. 더 정확히 말하면 김일성 주체사상을 우리 아이들이 비판적으로 배우고 있다. 교육부의 가이드 라인에 따라 집필한 검정교과서이기 때문이다. 그중에도 뉴라이트 인사들이 만든 교학사 교과서는 주체사상을 자세히 소개하고 있다. 그런데도 이렇게 자극적인 문구를 내걸어 마치 검정 교과서들이 주체사상을 찬양하는 친북교과서인 듯한 인상을 갖도록 유도하고 의도적으로 국민을 기만하고자 하였다. 그들의 주장에 의하면 우리 사회는 주체사상을 교과서에 넣어 서술하게 하고 검정한 교육부, 그런 교육부를 방치한 대통령과 국가정보원을 탄핵하고 처벌해야 하는 상황에 처해 있는 것이다.

정작 정부의 용역을 받은 한 국책연구소에서는 중학교 역사교과서가 북한 체제에 대해 부정적으로 서술하고 있고 분량도 적은 편이라 남북의 입장을 이해할 수 있게 보완해야 한다는 분석 결과를 내놓았다. 교과서 표지조차 접한 적이 없으면서도 무책임하게 엄한 소리를 내는 사람들에게 국정교과서 아닌 현재의 검정교과서로 제발 우리 역사 좀 새로 보고 배우라고, 그리고 있는 그대로 판단하라고 권하고 싶다.

국정화 추진 세력이 이렇게 사실을 호도하는 걸 보면 이들이 내놓으려는 교과서가 얼마나 편협한 시각으로 역사를 왜곡할지 짐작하고도 남는다. 있었던 일을 없었던 것처럼 외면하거나 정치적인 의도로 사실을 왜곡하거나 없었던 일을 날조하는 일이 비일비재할 것이다. 여기에 그치지 않고 다양한 역사적 사고와 건전한 시민의식을 마비시키고, 합리적인 역사교육을 방해하여 교육현장을 혼란스럽게 하고, 학문의 자유와 표현의 자유를 제한하게 될 것이다.

이미 1992년 헌법재판소에서는 한국사만큼은 국정보다 검정이 바람직하다는 견해를 밝힌 바 있다. '국사의 경우 어떤 학설이 옳다고 확정할 수 없고 다양한 견해가 나름대로 설득력을 지니고 있는 경우에는 다양한 견해를 소개하는 것이 바람직하다'는 것이 그 내용이다. 중앙정부의 일방적인 결정에 의해 획일화를 강제하는 것은 자유민주주의 기본 이념에 부합하는 조처라고 하기 어렵다는 말도 덧붙였다. 심지어 교과서 편찬의 주체가 되는 국사편찬위원회에서도 '국정 교과서는 독재의 정당성을 강화하고 교육적 목적은 달성하지 못했다'고 하여 실패한 정책으로 평가한 바 있다.

대부분의 역사학자들이 정치적 성향을 떠나 학교별로 지역별로 학회별로 집필 거부에 이어 교과서 국정화에 관련된 모든 과정에 불참할 것임을 연이어 선언하고 있다. 대학생들의 국정화 반대 움직임은 물론, 고등학생들이 검은 넥타이를 매고 '대한민국 역사교육은 죽었다'고 외치고 있고, 일본 시민들마저 반대 성명을 내고 있다. 역사의 시계를 거꾸로 돌리려는 정부의 행태에 대한 신랄한 비판들이다.

역사는 필요에 따라 조작할 수 있는 것이 아니다. 역사학은 진실을 찾아가는 과정이고, 끝내는 진실을 밝히는 역사는 빼앗으려 해도 빼앗을 수 없는, 가리려 해도 가릴 수 없는 무서운 존재다. 작금의 정치권의 국정화 움직임은 그것을 알고 있기에 진실이 밝혀지지 않고 알려지지 않도록 막고 싶은 것일 게다. 이를 통해 과거에 대한 인식뿐만 아니라 현실에 대한 판단도, 미래에 대한 구상마저도 집권자의 의도에 맞추어 국정화하려는 시도인 것이다.

분노가 치밀어 오르고, 국정교과서로 배운 세대로서 우리 학생들에게 이러한 움직임을 보여주는 것이 미안하기 그지없다. 그러나 결코 절망스럽진 않다. 국정화 추진의 몸짓은 조만간 큰 후회를 낳을 것이다. 어느 한 사람이 빗나간 효심으로 가족의 신원을 하기엔, 혹은 개인의 권력을 지키기 위한 구명의 기회로 이용하기엔 역사의 물결은 참으로 도도하고 준엄하다. '교과서'는 국정화할 수 있어도 '역사'를 국정화할 수는 없다.

이상의
(2015. 11. 제42호)

부평의 '인천육군조병창' 그리고 '캠프마켓'

필자 주 인천 부평의 한복판에는 넓은 미군기지가 자리잡고 있다. 미군은 눈에 띄지 않지만 담장 높이 가시철망을 두르고 한국인의 통행을 엄격히 제한하고 있다. 이곳은 아시아·태평양전쟁기 일제가 설치한 무기공장 '인천육군조병창'이 있던 캠프마켓이다. 캠프마켓은 2022년 완전 반환을 앞두고 일부 지역이 개방되면서, 그 공간이 지니는 역사적 의미와 그곳에 남아있는 여러 건물들의 보존, 활용 문제를 둘러싸고 지역 내에서 갈등을 겪고 있다. 이 글에서는 인천육군조병창의 역사와 캠프마켓 공간이 지니는 역사적 의미에 대해 적었다.* 이하의 내용은 뉴스레터 47호(2016년 9월 1일자)에 수록된 글을 일부 수정한 것이다.

인천육군조병창(상단)과 미쓰비시제강·사택(하단)의 모습(노브 파예, 1948년)

1938년 총동원체제를 선포한 일제는 조선을 대륙침략을 위한 병참기지로 삼는 정책을 발표하였다. 병참기지화정책의 일환으로 일본 육군은 조선에

---

* 이와 관련해서는 이상의, 「아시아·태평양전쟁기 일제의 '인천조병창' 운영과 조선인 학생동원」, 『인천학연구』 25, 인천대 인천학연구원, 2016; 이상의, 「구술로 보는 일제하의 강제동원과 '인천조병창'」, 『동방학지』 188, 2019 참조.

조병창을 건설하기로 결정하였다. 흔히 부평조병창이라 불리는 인천육군조병창은 이 시기에 설치된 것으로, 중국 봉천(현재의 심양)에 있던 남만조병창(南滿造兵廠)과 함께 일본 육군이 드물게 일본 본토 밖에 설치한 시설이다.

조선을 중국 진출의 징검다리로 운용한 것은 일본 본토보다 한반도에서 전장(戰場)에 군수물자를 조달하는 편이 안전하고 편리했기 때문이다. 육군 조병창은 육군에서 사용하는 각종 병기를 생산하는 기관으로서, 자체 생산과 더불어 육군관리공장인 민간군수공장에서도 하청생산을 하였다. 따라서 조병창이 있는 주변 지역은 대개 조병창을 중심으로 병기제조를 위한 네트워크를 형성하게 되었다. 1940년대 부평 일대에서 금속·기계공업이 활발해진 이유이기도 하다.

당시 일본 육군은 조선 내의 조병창 설치 지역으로 부평을 선택하였다. 공업이 발달한 대표 지역인 서울과 인천의 중간에 위치해 있으면서 인천항에서 멀지 않고, 경인선을 이용하여 곧바로 물자를 운송할 수 있는 지역이었기 때문이다. 게다가 부평평야가 있어 넓은 면적을 한꺼번에 확보할 수 있었다. 일본 육군은 이곳에 백만평에 이르는 조병창을 설치하여 무기를 생산하고 중일전쟁을 치르고 있는 전선으로 그것을 공급하고자 하였다.

인천조병창은 1939년부터 공사를 시작하였다. 동쪽은 원통천, 서쪽 호봉산 산줄기, 남쪽 경인선 철도, 북쪽은 백마장 입구에서 관통도로를 경계로 한 넓은 지역을 수용하여 공사를 진행하였다. 공사는 시미즈구미[淸水組]를 비롯한 일본의 5개 건설업체들이 맡았다. 이 공사에 필요한 노동력은 인근의 경기도 김포와 강화를 비롯하여, 조선의 전 지역에서 시, 군 단위의 근로보국대 형식으로 청장년들을 동원하여 투입하였다. 조병창 건설 관련 내용을 기밀로 유지하기 위해 조병창에는 일본군 헌병대와 육군 1개 연대가 상주하여 수비를 담당하면서 외부인의 출입을 철저히 통제하였다.

인천조병창은 1941년 5월 5일 총검공장과 기능공양성소를 우선 준공하여 개창식을 가졌다. 그 산하에는 부평의 제1제조소와 평양제조소가 있었고, 제1제조소 아래에는 3개의 공장이 있어, 각 공장마다 총탄과 총, 총검, 군도 등 각종 무기의 생산 공정을 단계별로 구분하여 담당하고 있었다. 부평의 제1제조소와 평양제조소, 민간 하청공장에서 생산하던 병기는 매달 소총 4천정, 총검 2만개, 소총탄환 70만발, 포탄 3만발, 군도 2만자루에 달했고, 차량 2백량과 20만엔에 달하는 피혁·마제품을 생산하였다. 전쟁이 막바지로 갈수록 생산량이 증가해 1945년에는 구구식소총의 생산량이 두배로 늘어 8천정이 되었다.

이외에도 1944~45년간 250척의 배를 만들었고, 1945년에 200개의 무전기를 만들었다. 뿐만 아니라 인천의 조선기계제작소에 외주를 주어 비밀리에 잠수정도 만들었다. 1942년 말 현재 조병창 관련 공장에서 무기를 만들기 위해 사용한 선반이 6천 5백대에 달하였으며, 1942~45년간 생산총액은 1억 1,330만엔에 이르렀다.

조병창은 넓은 터의 양쪽에 정문과 후문이 있었으며, 주위는 철문으로 된 출입구를 제외하고는 모두 담장을 쌓아 올렸고, 출입구와 커다란 공장건물의 모퉁이마다 헌병이 총을 들고 지키고 있었다. 기계를 돌리는 과정에서 부상자가 끊임없이 발생했으므로 조병창 정문 안쪽으로 대형 병원도 있었다. 철길이 부평역에서 휘어져 조병창 내부까지 연결되어 있어, 기차로 나무와 중국 동전 같은 원료를 실어 오고 완성된 무기를 실어 나갔다.

건물마다 지하시설이 있어서, 공습 사이렌이 울리면 그곳에 숨거나 무기를 보관하거나 무기를 점검하는 시설로 활용하였다. 뿐만 아니라 해방 직전 미군의 공습이 잦아지면서 일본 내에서의 조병창 운영이 원활하지 않게되자 일본 육군은 일부 시설을 부평으로 옮겼다. 부평 일대에는 그 시절 공습을 피할 수 있는 조병창을 확장하고자 지하시설을 만들고, 조병창 주변 야산에 방어진지를 구축하기 위해서 사방에 굴을 뚫었던 흔적이 지금도 즐비하다

조병창에서의 무기생산을 위해 조선 전역에서 금속품 공출이 이어졌다. 한국인 대부분에게 일제의 수탈의 상징으로 기억되는 놋그릇의 공출이 바로 그것이다. 식기를 비롯해 제기, 세숫대야, 징, 절에 있는 범종에 이르기까지 다양한 금속품이 철로가 연결된 조병창 후문 쪽에 산더미처럼 쌓여 있었다. 이것을 용광로에 녹여 탄환 등의 무기를 만드는 원료로 사용하였다.

조병창 기능자양성소 기숙사 건물 앞의 양성공들. 1944년 촬영한 사진으로, 대부분 14~16세의 어린 모습이다.(이범영 기증, 국립강제동원역사관 소장)

조병창의 간부진은 대개 일본육사 출신 군인이었다. 조병창장과 제1제조소장, 제2공장장, 제3공장장은 일본인이었으며, 제1공장장은 조선인 육군 소좌 채병덕이었다. 채병덕은 6·25전쟁 발발 당시 육군총참모장을 지낸

인물로서, 조병창에 동원되었던 사람들은 고위직 조선인이었던 그의 이름 大島秉德을 대부분 기억하고 있었다.

인천조병창은 국내 강제동원의 가장 대표적인 장소다. 조선의 전역에서 1만명 넘는 남녀노소가 이곳으로 동원되었다. 성인 뿐만 아니라 13살 아이를 비롯하여 '국민학교' 졸업생과 중학생, 대학생에 이르기까지 학생들의 비중도 적지 않았다. 특히 1944년부터 수업을 정지한 채 인천과 서울 지역 학생들을 작업장으로 동원한 '통년동원'의 첫 번째 사례가 바로 이곳이다. 인천기계공고와 서울기계공고, 제물포고, 인천고, 인천여고, 박문여고 학생들이 대상이 되었다. 이후 경기고와 용산고, 지금의 고려대인 보성전문 학생 등도 동원되었다.

동원된 사람들은 무기 제조에 관련된 일을 하였다. 쇠를 녹여 강판을 만들고, 무기 제조에 필요한 다양한 부속을 만들고, 나무를 쪄서 총신과 칼자루를 만들고, 부속을 다듬고, 부속들을 조립하고, 완성된 무기의 성능을 검사하는 각각의 부서에서 공정을 철저히 세분해서 각자가 맡은 한가지 작업만 끊임없이 반복하였다. 무기 제조법을 익히지 못하고 무기 생산 현황을 파악하지 못하도록 하기 위해 다른 사람들이 하는 일을 지켜보거나 다른 건물에 출입하는 것은 철저히 금지되어 있었으며, 규율이 매우 엄격하였다.

조병창은 일본 육군이 철저히 관리하고 있었지만, 그 안에서 조선인의 저항은 끊이지 않았다. 가장 많은 경우는 헌병의 단속을 피해 목숨을 걸고 탈출한 사람들이다. 다수가 동원된 인천기계공고 학생들은 조병창에서 생산량을 늘리기 위해 기숙사 생활을 강요하자 단체로 자유공원에 모여 저항하고, 폭력적인 일본인 간부에게 개인적으로 보복을 하기도 했다. 학교에서 집단으로 동원된 보성전문 학생들은 무기 생산을 늦추기 위해 태업을 했다. 그러자 조선총독부에서 폐교를 운운하는 사태가 벌어져 제1공장장

채병덕과 교수들, 지역 유지들이 나서서 겨우 무마하였다.

무엇보다 완성된 무기나 무기 제조법을 확보해서 민족해방운동 전선에 보태고자 했던 사람들이 적지 않았다. 서울 창천교회에 다니던 청년들이 무기제조법을 빼내서 조선총독과 일본인 고위관리를 암살할 계획으로 조병창에 들어갔다가 발각되는 등 조병창 안에서는 다양한 방식의 저항과 민족해방운동이 끊임없이 시도되었다.

조병창 주변에는 동원된 사람들을 수용하기 위한 새로운 주택단지와 마을이 형성되어 갔다. 영단주택이라 불리는 산곡동의 줄사택이 그것이다. 그 옆에는 국민학교 졸업생 일부를 긴급히 기능자로 양성해 무기를 생산하도록 하기 위한 기능자양성소 시설이 있었다. 지금은 평화촌이라 불리는 곳이 지역 내에서 한동안 다다구미라 불렸던 것도 조병창의 확장공사를 맡았던 일본 건설업체 다다구미의 사무소가 있던 자리이기 때문이다.

조병창의 건설과 더불어 부평 지역에는 다수의 금속·기계공업 공장들이 들어서서 조병창의 민간 하청공장으로 성장하였다. 부평이 조병창을 중심으로 한 거대한 군수공업의 중심지로 형성되었던 것이다. 많은 군수공장과 토목건축 업체가 한꺼번에 들어서면서 부평은 조선인 강제동원의 상징적인 장소가 되었다.

해방 후 인천육군조병창은 인천항에 상륙한 미군에 의해 접수되었다. 6.25전쟁 중 북한군과의 교전이 벌어졌던 이곳에 미군의 주한육군지원사령부 애스컴이 들어서고, 1970년대 초반 미군이 이전하면서 캠프마켓은 그 규모가 대폭 축소되었지만 현재도 여전히 방대하다. 인천 지역사회는 캠프마켓이 도시 한복판을 차지하고 있어 교통망 구축이 어렵고 환경오염도 유발된다며 지난 1995년부터 기지 이전을 요구해 왔고, 마침내 그것이 실현되기에 이르렀다.

그런데 캠프마켓 이전이 당초 계획되었던 2016년 말에서 2018년 이후로 연기되고 다시 2022년 완전 철수를 계획하고 있다. 부평 한복판의 이 너른 땅이 1939년 이후 지금까지 80년 넘는 기간동안, 정확히는 그 이전 일본군의 사격훈련장으로 사용되던 때부터 100년 넘는 세월동안 우리에게는 금단의 땅으로 존재하다가 이제야 반환 과정에 놓여있다.

최근 존폐 논란이 일고 있는 조병창 병원 건물의 본래 모습(위, 노브 파예, 1948년)과 현재 모습(아래, 연합뉴스 2020년 12월 9일자)

이러한 캠프마켓은 역설적이게도 현재 일제의 침략전쟁의 흔적인 조병창의 구조를 확인할 수 있는 유일한 곳이다. 전쟁이 끝난 후 일본은 자국

내 6개의 조병창 중 미군기지로 사용되고 있는 한 곳을 제외하고는 모두 철거하거나 다른 용도로 개조해 일부 건물만이 남아 있다. 2차대전기 가해국이었던 자신들의 흔적을 지우고, 대외적으로 평화적인 이미지를 연출하기 위한 의도적인 조치였다.

그에 비해 캠프마켓은 해방 후부터 미군기지로 사용되어 오면서 그 시설이 크게 바뀌지 않았고, 따라서 그곳에서는 일제의 침략전쟁 흔적을 상당부분 그대로 확인할 수 있다. 인천육군조병창은 일제가 조선에서 병참기지화 정책을 실시한 대표적인 시설이고, 강제동원과 물자동원, 아동노동과 만연한 산업재해, 그리고 그에 대한 한국인의 저항의 역사를 보여주는 대표적인 장소다. 나아가 한국 현대사에서 한미관계의 실체를 보여주는 현장이며, 6·25전쟁의 흔적이 곳곳에 남아있는 곳이기도 하다. 그 원형을 잘 보존하고 역사성을 살린다면, 이곳은 공간 그 자체로서 우리가, 일본이, 나아가 세계 여러 나라가 침략전쟁과 그로 인한 인권유린의 역사를 반성하고 인류가 지향해야 할 보편의 가치를 성찰하고 배우는 역사의 장이 될 것이다.

이상의
(2016. 9. 제47호)

학도징용, 징용학도

필자주 학도징용과 징용학도, 모두 낯선 말이다. 일제는 학도지원병 동원을 기피한 조선인 대학생이나 고등전문학생을 징벌하고자 그들을 징용하였는데 이를 학도징용이라 한다. 그렇게 징용된 학생들을 징용학도 또는 應徵學徒라고 불렀다. 영문학자 이석기와 역사학자 한우근, 민주화운동가 계훈제 등도 징용학도였다. 이 글에서는 학도징용의 배경과 동원 사례를 조명하여, 또 다른 형식의 징용에 대해 소개하고자 한다.* 이하의 내용은 뉴스레터 49호(2017년 4월 19일자)에 수록된 글을 일부 수정한 것이다.

1943년 10월 조선총독부는 조선인 학도지원병의 모집계획을 발표하였다. 조선인 대학생과 전문학교 학생을 대상으로 육군특별지원병을 모집하니 1개월 이내에 지원하라는 내용이었다. 태평양전쟁이 한창인 때 일제의 침략 전쟁에 '지원'해 목숨을 거는 일은 누구에게도 내키지 않는 일이었다. 그러나 학도지원병은 당시의 사회 분위기상 학생들에게 선택이 아닌 의무로서 요구되고 있었다. 다수의 학생들은 당황하고 분노한 가운데 사회적으로 조장된 분위기에 떠밀려 지원을 하거나 가족들을 향해 쏟아지는 주변의 비난과 행정상의 불이익을 이기지 못해 지원하기도 하였다.

그런데 학도지원병 동원의 결과는 일제가 목표했던 바에 크게 미달하였다. 근 한달간 조선 사회가 공권력과 언론, 명망가를 활용하여 지원병을 독려하면서 기피자를 꼼꼼히 색출하고 가족을 압박했지만, 여전히 적지 않은 학생들이 지원을 거부하였다. 패전의 기색이 역력한 상황에서 사회적 영향력이 있는 지식인 대학생들이 학도지원병 모집을 거부한다는 것은 일제

---

* 이와 관련해서는 이상의, 「태평양전쟁기 조선인 전문학생·대학생의 학도지원병 동원 거부와 '학도징용'」, 『역사교육』 141, 역사교육연구회, 2017 ; 이상의, 「태평양전쟁기 조선인 '징용학도'의 동원과 노무관리-계훈제의 회고록 「植民地 野話」를 중심으로」, 『한국민족운동사연구』 90, 한국민족운동사학회, 2017 참조.

의 전쟁 참여를 기피하는 것으로서, 그것이 미치는 파장이 적지 않았다.

조선총독부는 학도지원병 거부에 대해 '그릇된 美英思想과 共産思想이 침입하여 반도의 순진한 청년들의 지향을 그르치게 한 결과'이자 '책임관념이 없고 인내력이 부족한 이조 5백년의 유물'이라고 비판하면서 그 영향을 차단하고자 하였다. 1943년 11월 20일 학도병 지원서 제출이 마감되자, 총독부는 바로 비지원자에 대한 징용을 단행하고자 11월 28일 각 도지사 명의로 徵用令書를 발부하였다. 학도징용이었다.

징용령서에는 '지정된 시간에 지정된 장소로 출두하지 않을 경우 국가총동원법 규정에 의거하여 1년 이하의 징역 또는 1천엔 이하의 벌금'에 처한다는 단서가 붙어 있었다. 학도지원병에 응하지 않으면 징용이 되고, 징용에 응하지 않으면 법에 의해 처벌받는 구조로, 애초부터 학도지원병의 '지원' 여부는 선택이 아닌 의무로서 징병과 같은 성격으로 추진되었던 것이다.

학도지원병 거부자에 대한 징용이 행해지자 학생들은 징용을 피해 다시 도주하기도 하였지만, 일부에서는 학도지원병을 피할 수만 있다면 어떤 일이든 하겠다고 하는 분위기도 존재하였다. 일본군의 이름으로 출정하거나 목숨이 위태로운 전쟁터에 나가는 것은 어떻게든 피하고자 하는 심산이었다. 학도지원병 모집에 응하기는 했으나 적성검사를 기피하여 자동 탈락된 사람 역시 학도징용의 대상이 되었다. 일본에 머물면서 지원을 기피했던 학생들도 검문 끝에 징용되는 경우가 많았다.

학도징용은 1943년 12월, 그리고 1944년 1월과 2월, 세 차례에 걸쳐 진행되었고, 공식적인 동원 외에도 지원병 거부자가 발견될 때면 수시로 징용하였다. 징용학도 혹은 응징학도라 불렸던 이들은 1개 차수 인원이 최소 120명, 최대 200명이었고, 최소 세 차례에 걸쳐 동원되었음을 감안하면, 적어도 400명 이상이 징용되었을 것으로 추정된다. 이들 중에는 경성제대, 연희전문, 보성전문을 비롯하여, 일본 도쿄제대, 게이오대, 와세다대, 메이지대 등에서 유학하던 재학생과 졸업생이 상당수 포함되어 있었다.

징용학도들은 동원 후 집중적으로 정신훈련을 받았다. 일제는 학도지원병 거부자들을 '非國民' '不逞鮮人'이라고 하면서 이들에 대한 황국신민 재교육의 필요성을 강조하였다. 일정 기간 엄격한 집단생활을 통해 몸과 마음을 완전히 황국신민으로 수양시킨 후 국가총동원법에 의거하여 중요한 군수산업 부문에 일제히 배치시킨다는 계획이었다. 정신훈련 기간은 2주간이었고, 장소는 경기도 양주군 노해면 신공덕리에 있는 제1육군병지원자훈련소였다. 훈련 내용은 훈화, 교련, 작업으로서, 정신과 신체 양면을 철저히 단련시켜 국체의 본의를 투철하게 한다는 목표를 제시하고 있었다.

훈련소에서는 식사시간을 제외한 모든 시간에 그야말로 '격한 연성'이 끊임없이 반복되었다. 그중에도 정신교육 시간에는 차가운 강당 마루에 앉아 '천황'에 충성스럽지 못한 죄를 회개하도록 하였고, 옆 사람과 거리를 두고 앉아 시험을 보듯 교육칙어를 암기해야 했다. 이 시간에는 훈련소 소장 海田要, 보성전문 교장 金性洙, 국민총력연맹 연성부장 大家虎之助, 每日新報 사장 金川聖, 문인 香山光郎(이광수), 종로경방단장 夏山茂(조병상) 등이 번갈아 강사로 등장하였다. 이들은 학도지원병에 이어 차선의 길로 들어서기 위한 국체의 정신, 생사를 초월해 '천황'에게 귀일하는 정신, 內鮮一體의 습득에 대한 설교를 이어갔다.

저녁시간에 행해진 반성과 일기 지도는 정신적 고문에 가까웠다. 매일 집에 보내는 편지와 작문을 써서 자신의 죄를 고백하고 일제의 통치에 대한 감사를 표명해야 했다. 이른바 사회의 불순분자, '사상범'에 대한 정신 재단련 과정이자 엄격한 징벌 과정이었다.

지원병훈련소에서는 일반 지원병 훈련 때와는 달리 징용학도의 훈련을 담당할 조교로 宋堯讚을 비롯한 '백전연마의 교관들'을 배치하였다.* 훈련소의 조교는 주로 조선인 지원병 중에서 뽑았는데, 징용학도에 대한 훈련을 조선인을 통해, 그것도 평소 이들에게 상대적으로 열등의식을 가지고 있던 사람들을 통해 시행하도록 하는, 일제의 전형적인 식민지 통치방식에 따른 것이었다. 조교들은 2주의 짧은 기간동안 징용학도를 황국신민으로 만든다는 임무를 지니고, 그들의 '세계관, 인생관을 전환'시키고자 혹독한 훈련을 실시하여 징용학도들의 뇌리에 깊은 인상을 남겼다.

2주간의 훈련을 마친 징용학도들은 공장으로 배치되었다. 일제하에는 함경남도에 속해 있던 원산의 조선총독부 교통국 소속 철도공장이나 오노다(小野田)시멘트의 함경남도 문천 천내공장, 강원도 삼척공장, 평안북도 승호리공장, 황해도에 있는 조선시멘트의 해주공장 및 조선 아사노(朝野) 봉산공장 등으로 배정되었다. 1차로 동원된 학생들은 주로 교통국 원산철도공장에 배치되었고, 2차 동원자의 경우는 출신 지역별로 삼척, 사리원, 평양으로 각각 배치되었다.

공장 측에서는 교육 수준이 높은 징용학도들이 일반 노무자들에게 사상적인 영향을 미칠 것을 우려하여 이들의 숙소와 작업장을 노무자들과 격리시켜 별도로 관리했다. 공장에서 징용학도들의 생활은 훈련소에서처럼 아침 기상 이후부터 밤에 소등할 때까지 노동과 더불어 정신훈련을 끊임없이 반복하는 강도 높은 일정으로 유지되었다.

징용학도들은 엄격하고 철저한 감시를 받고 있었다. 그들의 '연성' 책임자는 퇴역한 일본군 위관급 장교였고, 조교는 일본인 예비역 하사관으로서

---

* 징용학도 대부분이 그들을 가장 견디기 힘들게 했던 조교로 선명하게 기억하고 있는 사람이 송요찬이다. 그는 1918년생으로 1939년 지원병으로 나가 일본군 하사관이 되었다. 해방 후 군사영어학교를 졸업하고 1946년 한국군 장교가 되어, 제주 4·3 진압, 오대산 공비토벌, 지리산 공비토벌 등에 참여하였다. 수도사단장, 야전군사령관 등을 거쳐 육군참모총장을 지냈고, 5·16 직후 내각수반 겸 국방부장관, 외교부장관, 경제기획원장관 등을 역임하였다.

징용학도들의 관리, 감시, 출결 확인에서부터 운동을 하거나 숙소에서 공장까지 인솔하는 등의 모든 일을 담당하고 있었다. 이들 일본인 관리자의 눈에 벗어나는 사람은 공장 인근의 경찰서에 구금되었으므로 징용학도들은 이들의 말에 복종할 수밖에 없었으며, 정신적으로 위축되고 일상적으로 공포감을 느끼고 있었다.

훈련소에서와 마찬가지로 편지와 일기에 대한 검열도 계속되었다. 오노다시멘트 공장의 경우 우편물의 발신 대상을 가족에 한정하였고 모든 우편물을 검열하였다. 원산경찰서에서는 원산철도공장에 배치된 징용학도들의 필적을 감정하기 위해 공공연히 필적을 수거해갔다. 열악한 시설의 숙소에 수용되어 외출은 금지되었고, 언제나 집단으로 움직이면서 규칙에 따른 생활 속에서 징용학도들은 창살없는 형무소 생활을 해야만 했다.

육체노동에 익숙하지 않은 이들에게 배정된 작업은 고되고 위험하여 대부분 노무자들이 기피하는 노동이었다. 징용학도 다수가 배치된 시멘트공장의 경우, 이들이 하는 일은 석회암을 발파하는 작업에서부터 석회암을 분쇄하고 '도록꼬'에 실어 운반하는 일, 시멘트 가루치기, 포대 운반, 용광로 수리, 일본인 사택 변소 오물 수거 등으로 육체적 한계와 정신적인 모멸감을 느끼게 하는 것이었다.

징용학도들은 모두 북부지방에 있는 작업장으로 배치되었으므로, 작업과정에서 구멍이 숭숭난 옷을 입고 추위에 떨던 일이 기억에 남는다고 술회하는 사람이 있다. 그리고 대개의 사람들에게는 음식이 너무 적어 배고팠던 것이 가장 힘들었던 기억으로 남아 있다. 아침·저녁은 기름을 짜고 나온 콩 찌꺼기에 쌀을 약간 섞어 단단하게 만든 대두밥이었고 점심은 주먹밥 1개로, 양이 적어 날마다 허기지는 게 고통스러웠다. 맨 처음 징용학도들이 배치된 교통국의 원산철도공장에서는 아침 식사시 보리, 콩깻묵,

귀리 등을 섞은 밥을 반합에 받아 그 중 반만 조식으로 먹고 나머지 반은 공장에 가져가 중식으로 먹었다. 기아를 면할 정도의 '형편없는' 식사였다.

영양부족과 과로가 지속되면서 징용학도들은 영양실조나 결핵 등 각종 질병에 걸렸고, 먼지가 많고 위험한 작업환경으로 인해 폐병에 걸리거나 부상을 당하는 등 희생자가 속출하였다. 오노다시멘트 천내공장의 경우, 1944년 2월 말에 배치된 29명의 징용학도들이 4개월간 노역한 후 6월 말 현재의 상태를 보면, 대부분이 설사와 폐병을 앓고 있었다. 이들 중 하루도 아프지 않고 작업장에 개근한 사람은 4명에 불과했다. 작업장에 배치된 지 2개월 만에 이들의 폐와 장의 문제가 심각하게 드러났는데, 석회수 성분을 흡수하고 끊임없이 석회석 먼지를 호흡했기 때문으로 보인다. 도착 3개월째인 5월 한 달간 질병으로 인한 29명의 결근일수가 총 113일에 달하였고, 6월에는 폐의 이상으로 4명이 상경하거나 귀가하여 요양을 해야 했으며, 입원한 사람, 사고를 당한 사람, 휴가를 받은 사람 등 질병과 사고로 인한 결근자가 빠른 속도로 늘어났다.

이러한 작업환경으로 인해 징용학도들은 노동현장에 배치된 이후 언제 쓰러질지 모를 정도의 공포 속에서 비인간적인 삶을 살았다. 이에 오노다 시멘트 천내공장에서 몇 명의 징용학도가 해방되기 보름 전에 화물열차를 타고 서울역으로 탈출하는 등, 드물지만 과감히 탈출을 시도하여 성공한 경우도 있었다. 그러나 열악한 작업환경에 처해 있으면서도 징용학도들은 그에 저항하기가 쉽지 않았다. 이들에 대한 철저한 감시와 감독이 행해지고 있었기 때문이다.

징용학도는 아직 그 존재가 제대로 알려지지 않았다. 그러나 조선총독이 이들의 훈련과정과 노동현장을 수 차례 방문한 데서 알 수 있듯이, 일제의 침략전쟁에 반대하던 이들은 일제에게 장기간에 걸친 황민화정책의 실패를 입증하는 사례로서 매우 부담스러운 존재로 주목되고 있었다. 곧 징용학도는 아시아·태평양전쟁기 일본제국주의가 자국과 식민지의 물적 자원은 물론이고 사람에 이르기까지 최대한 소진시켜 간 총동원정책에 신념을 가지고 거부했던 상징적인 의미를 지니는 존재였다. 학도징용은 이러한 조선인 지식인을 사회에서 격리시키고, 가혹한 노동을 통해 그들의 신체를 억압하고 감시하여 저항의식을 말살시키고자 추진된 정책이다. 일제의 전시 총동원정책은 그러한 통제와 억압, 격리를 통해서만 유지될 수 있었던 것이다.

이상의
(2017. 4. 제49호)

헌법에서 '근로'를 '노동'으로 바꾸어야 할까?

필자 주 대통령 직접선거를 내용으로 하는 1987년의 개헌은 6월항쟁의 결과였다. 이후 31년 만인 2018년 다시 개헌이 시도되었다. 그때 제출된 개헌안 중에는 헌법에 있는 '근로(勤勞)'라는 단어를 '노동(勞動)'으로 바꾸는 내용이 포함되어 있었다. 그에 앞서 청와대에서는 노동자의 기본권을 획기적으로 강화하기 위한 취지에서 발의된 것이라고 발표한 바 있다. 1948년 헌법이 제정된 이래 처음 제기된 내용이다. '근로'를 '노동'으로 바꾼다는 건 무슨 의미일까. 이 글에서는 '근로'라는 용어의 의미가 역사적으로 어떻게 변질되어 왔는지에 대해 살펴본다.* 이하의 내용은 뉴스레터 54호(2018년 7월 10일자)에 수록된 글을 일부 수정한 것이다.

위에서 언급한 청와대의 발표 당일, 한 방송국에서는 이에 대해 이른바 팩트체크를 했다. 그 주요 내용을 적어본다.

국립국어원에 따르면 '근로'는 부지런한 것, '노동'은 일하는 것에 방점이 찍혀 있다. 근로는 삼국사기에도 등장한다. 1895년 『국민소학독본』에서 이미 '나라를 위한다'는 현대적 개념으로 사용되었고, 일제강점기에 새로 만들어지거나 뜻이 바뀐 것은 아니다. 1930~40년대 일제가 '근로'를 '식민지배 논리'로 악용한 측면이 있지만, 독립운동 진영에서도 '근로정신'을 강조했다. 해방 후에도 이념의 구분없이 근로라는 말을 썼으며, 제헌 헌법에도 '근로'의 개념이 들어갔다.

군사독재 시기에 본격적으로 '좌우 이념'의 개념이 더해져, 1963년 '노동절'이 '근로자의 날'로 바뀌게 되었다. 이후 '노동'이라는 표현이 크게 줄고, 1970~80년대에는 '근로'를 압도적으로 많이 사용했으며, 6월항쟁 이후에 그 격차가 다시 좁혀졌다. 그동안 '근로'에 담긴 애국주의가 지나치게 강조된 면이 있고, 반면 자기주도적인 '노동'의 의미가 가려져 왔다.**

---

* 이와 관련해서는 이상의, 「일제지배 말기의 파시즘적 勞動觀과 '勞資一體論'」, 『동방학지』 118, 연세대학교 국학연구원, 2002 참조.
**JTBC 뉴스룸 2018년 3월 20일자

의미있는 분석이다. 내용도 훌륭하다. 그런데 한 가지 부언하고 싶다. 분명 '근로'는 우리 역사에서 매우 가치있는 기록인『조선왕조실록』에도 자주 등장하여 노동과 같은 의미로 사용되었다. 백성도 근로를 하고 노동을 하였고, 정승도 근로하고 노동하였다. 뿐만 아니라 일제강점기 1930년대까지 조선인도 일본인도 사회주의자도 친일파도 근로하고 노동하고 노무하고 작업해왔다. '노동'을 대신하는 다양한 용어가 혼용되었으며, 노동자를 가리키는 말에도 노무자, 종업자, 근로자 등의 다양한 표현이 혼재하고 있었다.

그런데 '국민징용령'이 발포된 이후 특히 신체제가 강조된 1940년부터는 상황이 달라졌다. 기왕의 노동이나 노무 같은 용어가 사라지고 그 자리를 '근로'가 대신하였다. 노동관 대신 근로관이라 칭하고, 노무관리를 근로관리라고 불렀으며, 노무과의 명칭을 근로과로 바꾸고, 근로신체제 등의 용어를 사용한 것이 그것이다. 마치 일본식으로 성을 바꾸어야 했던 것처럼, 우리말을 사용하면 안되었던 것처럼, 그 시기에는 정책적으로 '노동'을 사용하지 말고 '근로'라고 표현해야 할 것 같은 분위기가 만들어졌다. 왜일까.

세계대공황의 충격에 닥친 일본은 또다시 침략전쟁을 통해 위기를 벗어나고자 하였다. 전쟁은 1931년의 만주사변에서 1937년의 중일전쟁, 1941년의 태평양전쟁으로 점차 확대되어 갔다. 전쟁을 지속할 자본과 자원이 충분하지 않았던 일제에게 자국과 식민지의 구성원들은 중요한 인적자원이었다.

그러나 그들에게 전쟁을 위해 노동력을 제공하고 때로는 목숨까지 바칠 것을 요구하는 건 쉽지 않은 일이었다. 이에 일제는 새로운 개념의 노동관을 주입하고자 하였다. 근로라는 용어에 새로운 개념을 부여하고 점차 그 개념을 일반화하여 새로운 노동관을 부식시키고자 하였다.

새롭게 강조된 근로의 개념은 임금을 전제하지 않고 봉사의 차원에서 부지런히 일하는 것을 의미하였다. 여기에서 봉사의 대상은 천황으로 상징되던 일본 국가였다. 곧 일제는 근로의 본질을 '황국신민의 봉사활동'이라 하여 국가적인 행위로 규정하였다. 더욱이 봉사란 자율적인 헌신의 개념이 아니라 국가가 강조되고 국민이 강조되던 일제 파시즘 체제하에서 나온 황국신민의 의무로서의 개념이었다.

따라서 남녀노소를 불문하고 일할 능력이 있는 사람은 모두 전쟁을 위한 일제의 노동력 동원에 응해 근로보국(勤勞報國)해야 했다. 이 과정에서 각자의 위치에서 최고도로 능률을 발휘하고 질서에 따르고 복종하고 협동하여 산업의 효율을 높일 것을 강조하였다. 그리고 이것은 이른바 황국신민이 지켜야 할 근로관, '황국근로관(皇國勤勞觀)'으로 호칭되었다.

황국근로관은 노동의 개념을 '고통의 근로에서 환희의 근로로' 바꾸어 받아들이도록 요구하였다. 근로가 환희로 되기 위해서는 기왕의 자본주의적 노동관을 버리고 국가봉사 관념에 즉한 노무 자세를 가져야 한다고 하였다. 곧 임금을 얻기 위한 자본주의의 고통의 노동과 달리 '일본적 의미의 노동'은 국가와 황실을 위한 것으로서, 독일적인 창조와 이탈리아적인 단결을 포함하되 그것을 일본식 최고이념으로 종합한 것이라고 하였다. 그러므로 죄를 범하고 에덴동산을 쫓겨난 아담과 이브의 고통의 노동과 황실을 중심으로 종합한 노동인 근로는 완전히 다르다고 강조하였다. '국체의 본의와 천황에게 봉사하는 마음의 구현'이 일본적 노동의 의의라고 하면서, 거기에는 하등의 사심이 없고 일 그것이 기쁨이고 감사라고 하였다.

일제는 노동은 상품이 아니라 국가에 대한 충성이고 의무이며, 인격성의 표현으로서 초경제적 가치를 가진다고 강변하였다. 이러한 일제의 지배 하에서 더욱이 전시의 통제 하에서 노동을 상품 혹은 이념으로 보는 자유주의나 사회주의는 당연히 거부되어야 했다.

이러한 가치관에서 자연스레 일체의 노동력은 '국력' 곧 일제의 전쟁을 위해 존재해야 하는 것으로 규정되었다. 이에 모든 사람들의 경제생활은 공익을 위한 것이어야 하고, 국력의 발전에 기여하도록 운영되어야 한다는 노동윤리가 제기되었다. 노동은 팔고 사는 상품이 아니라 '국민의 봉사'이므로, 노동자는 결코 자본가와 대립해서는 안되고 자본가의 지도 아래 생산을 담당하여야 했다. 그래야만 전쟁 수행에 필요한 노무질서를 확립시킬 수 있었기 때문이다.

이 일제의 파시즘적 노동관은 이른바 '국민개로'라는 이름 아래 노동력을 동원하고, 나아가 징용을 무난하게 시행하여 전쟁을 치르기 위한 이데올로기로서 마련된 것이었다.요컨대 황국근로관은 전시하의 노동력 문제를 해결하기 위해 고안된 이데올로기로서, 노동력의 총동원을 지향하고 의무화한 것이었다.

해방 이후 우리 사회에서는 친일세력에 대한 반성의 과정이 무마되었던 것처럼 일제에 의해 개념화된 파시즘적 용어에 대한 고민을 거치지 못했다. 이후 '근로'는 관행적으로 사용되다가 그러한 정서에 익숙하고 통치의 효율성을 강조하던 세력에 의해 그 의미가 고스란히 재생되고 재활용되었다. 1963년 노동절이 '근로자의 날'로 바뀐 것이 그 사례다. 그리고 우리 사회는 그러한 용어를 21세기에도 여전히 헌법을 비롯한 여러 곳에서 공식용어로 못박아 사용하고 있다.

20대 학생들에게 묻는다. 졸업하고 취업하면 여러분은 어떤 사람이 되나요? 직장인이요, 사회인이요, 근로자요. 노동자는 등장하지 않는다. 근로자는 어떤 사람이고 노동자는 어떤 사람인지 묻는다. 대부분 근로자는 사무실에 앉아 정신노동을 하는 사람이고, 노동자는 사무실 밖에서 육체노동을 하는 사람이라고 답한다. 하긴, 우린 대부분 노동자가 되면서도, 정규교육을 통해 노동자는 어떤 존재인지, 노동자에게는 어떠한 권리가 있는지를 학습한 적이 한 번도 없다.

다시 생각해본다. 헌법에서 '근로'를 '노동'으로 바꾸어야 할까? 당연히 바꾸어야 한다. 독일의 하켄크로이츠는 나치에 의해 침략의 상징으로 사용되었고, 일본의 욱일기 역시 일제에 의해 침략의 상징으로 사용되었다. 따라서 이미 오염된 전범기가 된 그 문양과 깃발은 설령 그 이전에 다른 의미로 활용된 적이 있다 해도 2차대전 이후에는 그것을 사용하면 침략과 살상의 역사를 미화하고 추앙하는 범죄가 되는 것과 같은 이치다.

그래도 '근로'라는 용어에 마음이 끌린다면 그간의 언어 습관에서 오는 익숙함 때문일 것이다. 다만 그 습관은 어느 세력의 고도의 정치적 이데올로기에 의해 의도적으로 형성되고 재현되어 온 것임을 기억해야 할 것이다. 언어는 눈에 보이지 않지만 말과 글을 통해 사람들의 의식을 규정하게 되므로 깃발보다 문양보다 더욱 더 신중하게 사용해야 할 것이다.

새롭게 개정될 헌법 33조 1항의 내용을 그려 본다. "노동자는 노동조건의 향상을 위하여 자주적인 단결권, 단체교섭권 및 단체행동권을 가진다." 지극히 자연스럽다. 만시지탄의 감이 있을 뿐이다.

이상의
(2018. 7. 제54호)

일제강제동원 진상규명, 남북한의 공동 과제다.

안해룡 촬영(2018.3.18)

"오키나와(沖縄)의 남부 마부니(摩文仁)에 있는 평화기념공원 안에 있는 '평화의 비'에는 오키나와전에서 숨진 조선 출신 사망자들의 이름이 새겨져 있다. 출신지를 기초로 남과 북으로 나뉘어져 있다. 작년에 새롭게 새겨진 15명을 포함해 모두 462명의 이름이 새겨져 있다."

다큐영화감독 안해룡(安海龍)이 SNS에 올린 사진과 설명문이다. 이 가운데 82명은 북한 출신자로 기재되어 있다. 추도시설에 남한과 북한으로 출신지를 구분해서 각명한 것은 드문 일이다.

마부니의 조선인 각명비를 보며, 최근 북측에서 발간한 자료집(일제의 성노예 범죄와 조선인 강제련행진상규명 문헌자료집)을 떠올렸다. 사회과학출판사가 출간한 자료집의 발간 주체는 '조선 일본군 성노예 및 강제련행 피해자문제 대

책위원회(이하 조대위)'이다. 1995년에 나온 일본군위안부피해자 증언집 『짓밟
힌 인생의 웨침』과 2002년에 나온 강제동원 피해자 증언집 『고발』의 통합
증보판 성격의 발간물이다. 1995년과 2002년 증언집의 저자는 '조선 일본
군《위안부》및 강제련행 피해자문제 보상대책위원회'였다. 조대위는 시민
단체의 형태를 취하고 있지만 실제로는 정부기관에 준한다고 알려져 있다.
1992년에 '종군위안부 및 태평양전쟁피해자보상대책위원회'라는 이름으
로 발족한 조대위 홍선옥 위원장은 2004년에 최고인민회의 대의원 및 상
임위원회 부의장 서기장, 조선민주여성동맹 부위원장, 조선여성협회위원
장, 군축평화연구소 통일문제연구실장을 역임했고, 2014년 3월에 제13기
대의원으로서 최고인민회의 상임위원회 서기장이라는 중책을 맡은 인물이
다. 조대위의 위상을 알 수 있다.

**일제의 일본군성노예범죄와
조선인강제련행진상규명
문헌자료집**

사회과학출판사
주체106(2017)

그러나 이 자료집은 '문헌자료집'이라는 책 이름이나 주제별 '진상조사보

고서'라는 장절의 구성과 달리 증언과 주장만이 담겨 있다.

왜 문헌자료집에서 문헌을 찾을 수 없는가. 북측에는 가해자 일본 정부와 기업이 남긴 문헌자료가 없기 때문이다. 한일국교정상화 후 한국 정부는 일본정부가 소장한 자료를 인수했다. 1990년 노태우대통령 방일을 계기로 총 48만 명부자료를 인수했고, 2004년 국무총리 소속 일제강점하진상규명위원회 발족 후 군인군속공탁금 명부, 노무자 등 공탁금명부 등 지속적인 명부 인수가 이루어졌다. 그러나 북측과 일본은 국교가 정상화된 국가가 아니므로 현재 북측은 정부 차원에서 자료를 제공받은 바 없다.

그렇다면 한국 정부가 일본 정부로부터 인수한 명부에는 남한지역 출신 피해자만이 기재되어 있는가. 그렇지 않다. 북한 지역 출신 피해자도 상당수 포함되어 있다. 군인군속 공탁금 문서만을 대상으로 보면, 평남북·함남북·황해지역 출신 피해자 수록 비율은 육군 35.30%(총 58,112명 중 20,518명 수록)이고, 해군이 10.54%(총 39,677명 중 4,185명)이다. 경기와 강원 북부 지역을 제외하고도 육해군 공탁금 문서에 등재된 북한 지역 출신 피해자는 22.9%에 달한다. 이러한 비율은 노무자에게서도 산출 가능하다. 즉 연인원 780만명에 달하는 강제동원 피해자 규모에서 최소한 23% 이상은 북한지역 출신자가 된다.

이러한 피해자 실태는 무엇을 의미하는가. 일제 강제동원 피해 문제는 남측만의 문제가 아니라는 점이다. 또한 조선인 강제동원 진상규명과 피해 문제의 논의 주체는 남북한과 일본이 되어야 한다는 점이다. 23%에 달하는 군인군속공탁금은 북한지역 출신자들이 돌려받아야 할 당연한 권리다.

또한 북측은 2015년 12.28 한일 정부간 일본군위안부 합의에 대해 다양한 방법으로 반대의사를 명확히 했다. 일본 정부는 한국 정부를 상대로 일본군위안부문제가 최종적으로 완결되었다고 주장하지만 엄밀히 말하면 남측피해자만을 상대로 한 반쪽짜리 협의였던 셈이다.

이같이 일본이 저지른 아시아태평양전쟁에 동원된 조선인 피해문제는 남북한 공동의 관심사이며 지속적인 공동대응이 필요한 과제이다. 이제 조선인 강제동원 문제 해결 과정에서 남북한 공동대응의 필요성을 인식했다면, 2018년 현재 남측이 할 수 있는 일은 없는가.

첫째, 대북자료제공이다. 남측이 일본 정부로부터 받은 명부를 북측에 제공한다면, 진상규명과 피해자 권리 회복에 활용할 수 있다. 위원회가 남긴 DB(현재 행정자치부 활용)만으로도, 단 몇 분 만에 북한 본적자들의 명단은 어렵지 않게 정리할 수 있다. 명부 외에 한국 정부가 위원회 시절에 수집 정리한 자료들도 북측 학계 연구 활성화에 기여할 수 있는 자료이다.

둘째, 공동조사이다. 조대위 문헌자료집 제2장 3절의 '과거 일본의 아소탄광에서 감행된 조선인 강제련행 및 강제노동범죄에 대한 진상조사보고서'는 이미 남측의 위원회에서 진상조사보고서를 낸 주제와 동일한 주제이다. 위원회 보고서는 각종 문헌자료와 남측 피해자의 피해조사결과를 반영했으나 북측 피해자의 사례는 포함하지 못했다. 아소광산을 포함해 모든 주제별 진상조사 대상에는 북측 피해자가 포함되어 있으니 공동조사를 통해 진상조사의 완결성을 도모해야 한다. 특히 시베리아포로나 731부대 피해자는 북측 출신자가 다수이므로 공동조사가 불가피한 주제이다.

셋째, 추도순례 및 공동추도행사 개최이다. 2015년 위원회가 발간한 보고서에 의하면, 한반도에는 총 7,467개소의 노무동원 작업장이 있었고, 평남북·함남북·황해도 지역에도 3,400여개소의 노무동원 작업장이 있었다. 연인원 640만명의 국내 동원 피해자 가운데 남한 출신자들의 다수가 북한 지역의 공장과 광산 수력발전소 등 노무동원 작업장으로 동원되었다.

멀리 전라도와 경상도에서 고향을 떠나 북한지역으로 동원된 남한 출신 피해자들은 모두 돌아오지 못했다. 위원회 피해조사 결과, 국내 노무동원 사망자 882명 중 남한 본적자의 북한지역 사망자는 585명이다. 이 중 202명은 유해를 수습하지 못했다. 이들의 유해는 봉환될 가능성이 있는가. 안타깝게도 많은 현장은 한국전쟁 당시 폭격으로 훼손되어 유해 발굴 가능성은 매우 희박하다. 이런 상황에서 최소한 남측의 유가족들에게 현장을 방문해 추도할 수 있는 기회라도 제공할 필요가 있다. 현재 국외지역으로 동원되어 사망한 유가족들은 일본정부의 재정 지원 아래 추도순례를 실시하고 있다. 한반도에 동원되어 사망한 피해유가족들에게도 추도순례의 기회는 동등하게 부여해야 한다.

또한 금강산 신계사 등 남북한이 관계한 종교 시설에서 추도제를 지내는 것도 의미가 있다고 생각한다.

넷째, 일본 지역 노무자 유골봉환이나 도쿄 유텐사에 남겨진 북한 본적자 유골 봉환 등을 공동으로 해결해 나가야 한다. 한일유골협의를 통해 한국정부가 확보한 일본지역 노무자 유골 2700위의 정보에는 북한 본적자가 포함되어 있다.

이상에 언급한 네 가지는 공감대만 형성된다면 당장이라도 실시할 수 있는 사안이다. 최근 평창동계올림픽을 계기로 단일팀 구성과 예술단 방북 공연 등 남북한 교류의 물꼬가 다시 열렸다. 이제는 일회성 사업을 넘어서 지속적인 대일역사현안에 공동 대응하며 성과를 도출해야 한다. 가장 적절한 과제는 바로 함께 가는 조선인 강제동원 진상규명의 길이며, 이를 통해 아시아의 반전평화를 다지는 길이다.

정혜경
(2018. 4. 제53호)

2018년 '욱일기' 논란을 접하면서

최근 뉴스와 신문에서 한일 관계를 둘러 싼 주요 이슈로써 등장했던 것 중의 하나가 바로 '욱일기(旭日旗)' 논란이었다.

잘 알려진 바와 같이 10월 12일 제주에서 개최된 국제 관함식에 참가하는 각 나라의 함대에 대해 우리 해군이 '해상 사열식에서 주최국 한국의 국기와 자국의 국기만을 게양해 달라'는, 사실상의 '욱일기 게양 자제'를 요청하였다. 이에 대해 일본 당국이 반발하면서 논란이 불거졌고 '게양 강행'을 주장하던 일본 당국이 결국 대표단 파견을 취소하면서 일단락이 된 모양새를 취하게 되었다.

이 논란을 통해 '욱일기'가 왜 문제가 되는지, 다시 한번 더 일반에게 알리는 계기가 되었다. 이처럼 '욱일기' 및 일본의 행보가 논란의 대상이 되는 것은, 과거의 잘못을 일본 당국이 인정하지 않는다는 것을 상징하기 때문이다. 이는 독일 및 유럽 사회의 대처와 비교해 볼 때 보다 극명하게 부각 된다. 종전 이후 독일과 유럽 사회는 최근까지도 나치 전범을 철저히 단죄하고 있다. 또한 '하켄크로이츠'와 파시즘을 상징하는 제스처-예를 들어 손을 뻗어 드는 나치식 경례-등을 금지하고 있다. 최근까지도 스포츠 경기에서 '나치식 경례'를 행한 선수와 관중에 대해 제재를 가하는 사례는 나치의 전쟁범죄에 대한 유럽 사회의 인식-반인륜적 전쟁범죄에 대한 반성과 경계-을 단적으로 보여준다. 그러나 패전 이후 일본은 독일과는 달리, 자신들이 자행한 침략전쟁과 반인륜적 전쟁범죄에 대해 반성은커녕, 정당화 및 '왜곡'을 서슴지 않고 있다. 바로 이러한 점에서 우리는 분노하고 그러한 분노가 이번 '욱일기' 논란으로 표출된 것이라 할 수 있다.

물론 과거에도 '욱일기' 관련 논란이 한국 사회에서 없었던 것은 아니나, 이번 논란은 이전보다는 커다란 이슈 거리로 주목과 관심을 받은 듯하다. '만시지탄(晩時之歎)'의 감이 없지는 않으나 당연한 반응으로 생각된다.

그러나 한국 사회 일각에서는, 이번 논란으로 심화된 '욱일기 퇴출' 주장이 '과연 해외 여론의 공감을 얻을 수 있는 정도의 객관적인 것인가'와 같은 회의적인 시각이 존재하는 것도 사실이다. 한 신문사 기자가 쓴 칼럼에는 '한국 사회 곳곳에 현재 진행형으로 남아 있는 감정적인 일제 만악(萬惡) 근원설의 대표적인 예'로 이번 '욱일기' 논란을 거론하고 있다. 1952년 '욱일기'가 해상자위대의 깃발로 선정되었을 때도, 1998년과 2008년 한국에서 개최된 관함식에 '욱일기'를 게양한 일본 함정이 입항하였을 때도 이의를 제기하지 않았기에, 2018년 현재 한국이 이의를 제기하는 것에 대한 '객관적 이유'를 설명할 수 없다고 얘기하면서, '감정이 아닌 사실에 근거한 비판을 해야 한다'고 얘기하고 있다. 이러한 기자의 주장이 100% 틀린 것이라고는 할 수 없다. 이러한 주장이 나타나게 된 배경에는 유사한 '이슈'들이 한 순간의 '반짝 이슈'에만 머물거나, 혹은 또 다른 '이슈를 덮기 위한 이슈'로 사용된 경우가 존재했기 때문이다.

하지만 적절한 주장이라고 할 수 없다. '과거에 이의를 제기하지 않았기 때문에 오늘날 이의를 제기하는 것은 객관적이지 않다'라는 주장은, 일반적 상식으로 인식되는 '전철(前轍)을 밟지 않는다'라는 고사성어와는 달리, 과거의 잘못을 또다시 되풀이하자는 것에 지나지 않기 때문이다.

'객관적인 사실'은 1870년부터 일본군이 군기(軍旗)로 '욱일기'로 사용하면서부터, 그들이 자행한 모든 침략과 학살의 순간에 이 깃발이 일본군의 손에 들려 있었다는 점이다.(육군은 1870년부터, 해군은 1889년부터 사용하였다) 단 6주만에 약 30만 명의 중국인을 학살하고 중국인의 목숨을 가지고 '재미삼아'

자행된 '목 베기 시합'이 벌어진 '난징대학살' 당시에도 난징의 거리에는 '욱일기'가 휘날리고 있었다. 또한 많은 사람들을 '마루타'로 지칭하며 생체실험을 자행한 '731부대'에도 '욱일기'가 펄럭이고 있었다는 것이 엄연한 역사의 진실이다.(특히 '목 베기 시합'이 당시 신문 지상에 '자랑스럽게' 보도된 것은 당시 일본군과 일본 사회의 반인륜적 성격을 단적으로 보여주는 사례이다) 그리고 수많은 식민지 조선의 청년들이 '욱일기'의 깃발 아래 강제동원되었고, 이로 인해 이민족의 침략전쟁에 투입되어 생명을 상실하고, 노동력을 착취당하고, 인권을 유린당하였다는 것 역시 사실이다. 그럼에도 불구하고 일본은 이러한 여러 사실(史實)들을 부인·왜곡하고, 이를 상징하는 '욱일기' 사용을 정당화하고 있는 것이다.

　물론 한국 사회·한국 정부가 반성할 점도 분명하게 존재한다. 한일 양국을 둘러싼 과거사 문제에 대해 지속적인 관심과 체계적인 대응이 많이 부족하였고, '정치적 이해 관계'에 의해 좌지우지되었던 것도 사실이기 때문이다. 더 많은 노력과 관심이 필요하다.

심재욱
(2018. 10. 제55호)

미봉책은 이제 그만!
- 한국의 대일역사문제 해법을 찾아 -

"세상에 한 가지 길만 있는 것은 아닙니다. 소송을 하실 분들은 하시지만 소송으로만 해결되는 문제가 아닙니다. 정부의 역할이 가장 중요합니다. 그리고 금방 해결될 문제도 아닙니다. 금방 해결될 것 같았으면 이제까지 지지부진했겠습니까. 두루두루 정보도 구하고 길게 갈 생각을 하셔야 합니다."

조언을 구하는 유족들에게 늘 했던 대답이다. 이제는 정부와 피해자 사회 모두에게 해당하는 조언이다. 고개를 들어 세상을 보아야 할 때이다. 긴 호흡으로 가야 하는 길이다.

그런데 최근 한국 정부는 이와 역행하는 정책을 발표했다. 2019년 6월 19일, 한국과 일본 기업의 자발적 출연금으로 재원을 조성해 피해자에게 위자료를 주는 방안을 일본 측에 제안(일본 정부가 즉각 거부)한 것이다. 이 제안은 국무총리실 산하 TF의 제안을 토대로 나왔다. 이 내용만을 보면, 한국 정부는 재단 설립으로 모든 문제가 해결될 듯 여긴다. 그러나 재단 설립은 고민해야 하는 여러 과제 가운데 하나이고 소송문제에서 해당 일본 기업 자산 매각이라는 발등의 불을 끄려는 미봉책에 불과하다. 더구나 일본 측이 사전에 여러 번 거부 의사를 밝혔음에도 제안한 것은 해결 의지가 없는 무책임한 던지기로 보인다.

그렇다면 한국 정부는 왜 이러한 제안을 하게 되었을까. 원고단 중심의 선별적 피해자를 대상으로 한 정책 수립이자 인식의 틀 때문이다. 또한 피해자 사회와 무관한 논의로 일관한 결과이다. 한국 정부의 재단 설립 제안의 직접적인 배경인 국무총리실 산하 TF는 피해자 사회의 실정을 모르는 전문가들의 논의의 장이었다. 그러므로 현재 피해자 사회가 재단 설립에 강한 거부감을 가지고 있다는 점도 고려하지 못했다. 30여개의 유족단체 가운데 가장 많은 회원을 거느린 모 단체는 올해에만 두 번이나 세종시 청사 앞에서 '현 재단 폐지, 위원회 재개, 국가기록원이 입수한 신규 자료 공개'를 요구하며 대규모 집회를 벌였다. 유족 단체가 재단 철폐운동을 벌이는 이유는 현 재단(일제강제동원피해자지원재단) 설립 과정을 경험하며 사망자 문제나 미수금 등 피해자 사회가 원하는 다양한 기대치나 요구하는 해결 방안과 무관한 기관이라는 점을 알게 되었기 때문이다. 이같이 6.19 제안은 '피해자 중심주의'를 주장해 온 현 정부의 정책 방향과 괴리가 있는 대안이었고, 12.28 위안부합의의 문제점을 그대로 답습할 것이라는 우려가 적중한 셈이다.

또한 정부의 재단 설립 해법은 일본군위안부의 경우와 달랐다. 미디어오늘 기사(위안부와 강제징용, 해법 다른 정부. http://www.mediatoday.co.kr/news/articleView.html?idxno=200782)에서 장슬기 기자가 지적한 바와 같이 한국 정부는 2018년 11월 화해치유재단을 해산하고 아무런 후속 조치도 취하지 않았다. 이전 정권의 일이라고 하지만 한일정부간 합의의 산물인 재단을 해산한 한국 정부가 다시 재단 설립을 제안한 것은 해결 의지가 약하다는 점을 스스로 자인한 셈이다.

한국 정부의 재단 설립 제안에 대해 소송대리인단과 지원단은 6월 19일 당일에 발표한 입장문에서 "역사적 사실 인정과 진심어린 사과, 배상을 포함해야 하는데 한국 정부 입장은 아무런 내용이 없다"고 지적하면서도 "다만 양국간 협의 개시를 위한 사전 조치로서 긍정적으로 평가할 수 있다"고 정부안 지지 메시지를 담았다. 또한 "양국간 협의가 개시되고 결론이 도출될 때까지 짧지 않은 기간이 소요될 가능성이 있는 상황에서 고령의 생존 강제동원피해자들께 그 시간을 기다리라고만 말씀드릴 수는 없다. 이와 같은 현실적 여건 속에서 한일기업이 먼저 확정된 판결금 상당의 금원을 피해자들에게 지급한 이후, 양국 정부가 다른 피해자들 문제를 포함한 포괄적 협상으로 논의를 확대해나갈 예정이라면 한국정부 입장도 긍정적으로 검토해볼 수 있을 것이다." 여기에서 중요한 점은 한국 정부나 소송대리인단이 논의의 대상으로 삼은 것은 '소송에서 확정 판결을 받은 생존 피해자'이다. 강제동원 피해자 전체를 대상으로 한 정책이나 대응이 아니라는 점이다.

강제동원 피해 권리 문제를 둘러싼 상황 진단 - 오해와 희망고문?

문제 해결을 위해서는 현안에 대한 이해가 필요하다. 먼저 한국 측 상황을 살펴보자. 전체적으로 한국 사회의 가장 큰 문제는 강제동원 자체에 대한 이해 부족과 피해자성의 상실이다. 여전히 학계에서는 노무동원의 경로인 '할당모집, 관알선, 국민징용'을 정부 책임성이 아닌, 강제성의 강화 단계로 잘못 이해하고 있으며, '국민징용'을 1944년에 처음 조선에 실시한 제도(조선인의 저항으로 인해 조선에는 차등 적용)로 기술하고 있다. 국민징용은 1939년에 법을 제정하고 1943년 개정을 통해 대상자를 확대한 제도이다. 일본인도 마찬가지로 1944년에 대상자가 확대되었다. 조선인의 저항으로 조선에 차등 적용된 제도가 아니었다.

또한 한국 사회는 일본 기업들이 중국 강제동원 피해자에게 했던 조치를 한국에게 동일하게 적용해야 한다고 생각한다. 그러나 중국과 일본은 국교 정상화 과정에서 청구권 협정을 맺지 않았고, 일본 법원의 판결도 '화해 권고'였다. 청구권 협정을 체결했던 한일 관계를 그대로 적용하기 어려운 비교 사례이다.

세 번째는 독일 재단의 성격에 대한 오해이다. 피해자 사회를 포함한 많은 관련자들이 가장 이상적으로 생각하는 독일 재단('기억, 책임 그리고 미래' 재단, Stiftung Erinnerung, Verantwortung und Zukunft)은 2000년, 독일 정부와 기업에서 출연한 기금(100억DM)으로 설립되었다. 재단 설립의 배경에는 1998년 미국에서 12개 이상의 독일기업이 제소당하는 등 전범기업을 상대로 한 피해 당사자들의 적극적인 문제 제기가 중요한 동력이 되었다. 재단의 주요 업무는 '피해자 생활지원 · 의료 사회보험 지원 등 지원업무, 강제노동 피해에 대한 역사적 연구 및 교육 지원('강제노동 아카이브 1939~1945' 운영), 역사교육을 통한 인권 의식의 향상, 그밖에 강제노동의 현장을 보존하는 사업(강제수용소 복원) 등이다.

이같이 이 재단은 배상금을 대신 지급하는 기관이 아니다. 생존 피해자에게만 일정한 기한을 정해 작은 금액(한화 약 300만원)을 지급했을 뿐이다. 야드바셈이라는 정부 기관을 통한 이스라엘의 진상규명 성과를 토대로 하고 탄생했으며, 피해자 사회가 소송을 취하하는 조건으로 설립했다. 실제로 이후 관련 소송은 찾을 수 없다. 이러한 성격에 찬동해 2차 세계대전과 무관한 전후 독일기업들도 기금에 참여하게 된 것이다. 그러므로 한국의 피해자 사회가 원하는 배상금의 지급은 독일 재단과 동일한 내용의 재단을 통해서는 이루어질 수 없다.

야드바셈(Yad Vashem, "이름을 기억해"라는 의미의 히브리어)은 1935년 이후 제2차 세계대전 당시 히틀러와 나치에 의해 학살, 희생된 약 600만 명의 유태인들을 추념하고 전 세계와 인류에게 역사적 교훈을 남기기 위해 1953년 이스라엘 국회가 입법을 추진한 상설 조사기구 및 기념시설이다. 지금도 계속 나치의 잔혹행위에 대한 피해사실과 진상규명, 기록보존, 학술연구(Yad Vashem Studies) 등의 종합적 기능을 하고 있는 기관이다. 야드바셈이 축적한 조사 성과가 없었다면, 1998년의 미국의 소송은 불가능했을 것이다. 즉 독일 재단은 이스라엘의 진상규명이 있었기에 가능했던 산물이다.

한국사회는 이러한 구체적인 내용에는 관심을 기울이지 않은 채, 왜 한국에만 이러는 것이냐는 식의 사고로 일관하고 있다. 여기에는 한국 정부는 물론, 연구자와 시민단체를 비롯한 관련자들과 언론의 책임이 매우 크다. 한국 사회가 대일역사문제를 반일감정으로 덮어버리는 현실에서 대일역사문제는 소비되고 있다.

그렇다면 한일정부의 문제는 무엇인가. 양국 정부의 공통점은 무책임하고, 역사문제를 정략적으로 소비한다는 점이다. 일본은 최근 '징용공'은 없다는 인식 아래 노동자라는 용어를 사용하며, 당시 일본이 법을 제정해 운용했던 동원 체제의 역사성을 인정하지 않고 있다. 가해국으로서 일반적으로 보이는 행태이다. 가해국의 양심을 끌어내는 일은 가해국 스스로 하기 어렵다. 그래서 피해국의 노력이 필요하다.

한국 정부는 어떠한가. 현재 한국 정부의 대책은 선별적으로 '저항하는 피해자'를 대상으로 한 미봉책이다. 특히 한국 정부가 내세우는 '투 트랙 전략'은 효용성을 잃은 정책으로 평가되고 있다. 이 문제는 이미 일제강제동원&평화연구회 P's Letter 57호, '핫이슈&연구IN'에서 언급했다. "'투 트랙 전략', 또는 '양면게임 전략'은 상대국 내부에 우리 측에 우호적이며 또는 우리가 조작(manipulation)·동원(mobilization) 가능한 개인과 단체 등의 규모가 크거나 활성화시킬 수 있을 때 작동이 가능한 전략이다. 다시 말해, 일본 내에 우리나라의 입장을 지지하거나 일본정부에 비판적인 개인과 단체, 또는 여론이 어느 정도 형성되어 있을 때에만 효과가 있는 전략이다. 그러나 현재 일본 내 우경화 속도가 더욱 빠르고 보수우익이 메이저 여론을 주도하는 상황인 반면, 야당과 진보계 정당은 지리멸렬하고 한국에 우호적인 세력은 노령화가 심각하며 한류붐의 주류 소비층은 청소년과 소수 계층에 불과하다. 이런 상황에서 한국 정부가 단순히 정경분리 또는 투 트랙 전략 등의 수사적 표현만 내세우며 한일관계를 안이하게 관리하는 한, 한일관계의 개선은 더욱 요원해질 것으로 짐작된다."(오일환, '강제징용 전범기업에 대한 압류 조치, 어떻게 볼 것인가?')

지난해 말의 대법원판결을 계기로 악화로 치닫고 있는 현재 대일역사문제(강제동원 문제)의 특성은 무엇인가. 먼저 그간 한일정부간 추진되었던 일본군위안부 대책과 무관하지 않다는 점을 고려해야 한다. 한국 정부가 화해치유재단의 해산을 일방적으로 선언한 상태에서 '재단'이라는 소재는 사용하기 어려운 카드이다.

승소의 환희는 사라지고 희망고문이 시작되었는가.

강제동원피해자의 미불임금과 위자료가 소송을 통해 해결될 수 없다는 점은 이미 2012년 5월 대법원 판결 직후 법조계가 예상한 점이다. 남효순·석광현·이근관·이동진·천경훈이 지은 『일제강점기 강제징용사건판결의 종합적 연구』(박영사, 2014)에서 저자들은 고령의 피해자를 법정에 세우는 방식으로는 해결되지 않으며 정치적으로 해결해야 하는 문제라는 점을 명확히 했다. 원고단의 승소는 정신적 위안이 될 뿐이고, 실익을 기대하기는 난망하다는 전망이었다. 안타깝게도 이 전망은 빗나가지 않았다. 작년 연말부터 승소 퍼레이드는 이어지고 있으나 실제로 위자료를 받았다는 소식은 들리지 않는다. 위자료를 받기 위한 원고단의 조치(국내 자산 매각 신청)를 둘러싸고 양국간에 첨예한 갈등 국면이 강화되고 있을 뿐이다.

소송을 제기한 측의 목적은 미지급 임금과 위자료를 받기 위함이다. 피고는 일본 기업이었다. 그러나 일본 기업이 미불임금과 위자료를 지급할 것이라고 생각하고 제기한 소송일까. 피고는 일본 기업이지만 이미 소송은 국내의 문제로 자리 잡았다. 해결의 주체는 일본 기업이 아니라 한국 정부가 되어 버린 셈이다.

니시마쓰건설에 대한 중국 강제징용 피해자들이 성공한 이유는 소송의 목표를 해당 기업의 사죄와 보상으로 국한한 점이다. 그러나 현재 한국 소송단은 일본정부와 기업을 넘어 한국 정부로 확산하고, 오히려 해결 주체를 한국 정부로 상정하고 있다. 최근에 제기된 소송에서 피고는 한국 정부이다.

소위 징용소송을 통해 피해자 사회는 두 가지를 얻었다고 생각한다. 하나는 피해자 권리 인식의 중요성이고, 또 다른 하나는 피해자성 상실과 혼란이다. 열심히 소송을 제기하면, '적극적으로 권리를 요구하는 피해자'로써 정부 정책의 고려 대상이 된다는 점을 알게 되었다. 그러나 이와 함께 소송에 올인하는 경향성도 보여주고 있다. 소송을 할 수 있는 자료를 가졌는가 여부가 중요한 잣대가 되어 버린 것이다. 기업을 상대로 소송을 할 수 없는 피해자(군인 군무원, 일본기업 관련 자료가 없는 피해자)는 배제된 정책이 되어 버린 셈이다.

정부에 대한 신뢰를 잃은 피해자 사회

대한민국정부 수립 이후 2004년 위원회 설립 이전까지 정부는 일관되게 피해자 사회를 외면했다. 피해자들의 권리 요구에 대해 '가만히 있으라'로 일관했다. 피해자사회는 2007년 8월 2일 노무현대통령이 국회 본회의를 통과한 보상법안(태평양전쟁전후 국외 강제동원희생자 지원법)을 거부권 행사로 폐기시킨 과정을 경험했다. 거부권 행사 이유는 '사망자 유족: 일시금 5,000만원 연금 월60만원, 귀환생존자: 일시금 3,000만원 연금 월50만원, 귀환생존자 유족: 일시금 2,000만원'을 지급하도록 한 법조문 때문이었다. 한국전쟁 등 보훈정책 수혜대상자보다 높은 강제동원 지원금에 대해 사회적 여론이 뒷받침되지 않았던 것이다. 2007년에 지원금 제도를 마련했으나 제한적으로 운영했고, 위원회 폐지 이후 정부의 창구는 사라졌다.

70년이 넘는 동안 피해자 사회는 정부에 대한 신뢰를 잃었다. 또한 그 과정은 피해자성을 잃어가는 시기이기도 했다. 피해자성이란 진상규명에 대한 의지와 피해가 반복되지 않도록 사회적으로 확산하려는 의지이다. 그러나 정부의 진상규명 의지가 희박하고 그나마 중단된 상황에서 피해자들이 진상규명 의지를 갖기는 어렵다. 여기에 소위 명망가들이 적극 관여하면서 피해자 사회의 분열은 가속화되고 있다. 정보는 범람하지만 내용을 보면, 편향되고 제한적이다.

피해자 사회를 지원한다는 단체와 명망가들은 무책임한 주장과 제안을 남발하고 있다. 그야말로 장밋빛 제안이다. 최근에는 '한국 기업이 이미 재단에 출자할 재원을 확보했다' '대상도 14명의 생존 원고 승소자 만이 아니라 피해자 전체'라는 루머가 돌아다니고 있다.

또한 피해자 권리 범위가 유동적이며 반복적이다. 전체적으로는 일본군위안부피해자 대상의 지원 제도와 동일한 수준의 정부 대책 수립을 요구하는 방향으로 가고 있다. 그러나 이는 국가보훈정책과 조화를 이루지 못하며, 사회적 공감대를 얻기 어렵다.

진상규명 없이 대일역사문제의 실타래는 풀 수 없다

해법은 무엇인가. 진상규명이다. 진상규명 없이 대일역사문제의 실타래는 풀 수 없다. 시급한 상황에서 진상규명을 이야기하다니 한가하다고 생각할 수 있다. 그러나 지난 70년간 진상규명을 했다면 오늘날 이런 상황은 오지 않았을 것이다. 그러므로 지금이라도 진상규명을 한다면, 앞으로 이러한 상황은 줄어들게 할 수 있을 것이다. 늦었다고 여기는 동안, 실천하는 것이 빠른 지름길이다. 이 점에 대해서는 이미 『강제동원&평화총서 제9권 터널의 끝을 향해』에서 제시했다. 이 글을 그 내용에 대한 보완판이다. 책에서 구체적인 내용을 제시했으므로 참고하기 바란다.

대일역사문제 해법의 가장 큰 주체는 한국 정부이다. 한국 정부가 주도하고 학계와 시민사회가 협력하는 방식이 바람직하다. 한국 정부의 역할에서 선행 과제는 정책의 일관성, 지속성, 책임성(한국 정부가 책임지는 모습을 통한 신뢰 회복)이다. 현재와 같이 정부가 해야 할 유골봉환사업을 대북민간사업으로 인식해 민간(민화협)에 일임하는 방식은 새로운 갈등을 양산하는 원인이 되고 있다. 이미 민화협이 봉환한 유골의 대부분은 강제동원과 무관하며, 대북사업 과정에서 내부 문제를 드러냈고, 관련 단체간 주도권 다툼도 진행되고 있다. 정부가 책임을 회피하는 과정에서 양산하는 갈등의 대표 사례이다.

한국 정부는 대일역사문제를 외교 현안으로만 파악하고 즉자적으로 대응하는 과정에서 피해자사회에 준 상처를 인정하는 것에서 출발해야 한다. 이것이 현정부가 내세우는 '피해자 중심주의'의 실천이다. 피해자들의 입장을 먼저 생각하고, 대화를 통해 소통하며 설득하고 포용하려는 노력을 기울이지 않고 시혜적 인식을 가졌던 점도 반성해야 할 문제이다. 피해자의 입장과 의견을 섣불리 판단하고 자의적으로 해석해서 '결정'하고 '통보'한 방식이 가져온 폐해는 이미 경험했다. 대표적인 사례가 '12.28 한일 정부간 일본군 위안부합의'이다.

한국 정부의 실천 과제

한국 정부의 실천 과제의 첫 번째는 정부 차원의 진상규명 기능 회복이다. 강제동원 진상규명 작업은 국가적 책무이자 세계적 추세이다. 조직 규모와 무관한 상설기관을 통해 법에 근거해 인력이나 예산, 외교력과 행정력 등을 토대로 민간 차원에서 할 수 없는 일을 지속적으로 해야 한다.

두 번째 과제는 적극적 자료 수집과 공유를 통한 연구 활성화이다. 자료 수집의 대상지역을 확대(일본, 러시아, 스위스, 영국, 호주 등 국제적십자와 포로 관련 국가 포함)하고 일본의 아시아역사자료센터와 같은 공유 시스템 마련하는 일이다. 이 가운데 자료공유시스템은 단기간의 노력만으로도 충분히 가능하다. 이미 위원회가 DB화한 자료가 있고, 국가기록원의 자료도 풍부하다. 현재 한국 정부가 소장한 정리 자료 가운데 개인정보공개법의 범위 내에서 공개할 수 있는 역사기록물은 차고도 넘친다. 180만 건의 명부는 역사기록물이다. 이를 민간이 공개 활용하는 방식은 어렵지 않다. 기록관리보존용 DB에서 활용용 DB 복사본을 만든 후, 문제가 될 말한 정보를 가린 후 공개하는 방식이다. 현재 한국 IT기술로는 어렵지 않으며 기간도 오래 걸리지 않는다.

이를 토대로 한일정부간 공동 아젠다(노무자 유골 봉환 사업 등)를 설정해 주제별로 해결을 추진하거나 김대중 정부 시절에 시작했던 한일공동역사연구회의 재가동도 필요한 일이다.

학계와 시민들이 할 수 있는 일

연구자로서 학계의 역할을 언급하지 않을 수 없다. 사회적 책임감을 인식해야 한다고 생각한다. 연구자의 사소한 자료 오독이나 선행연구에 대한 무비판적 답습, 검증되지 않은 주장 남발이 미치는 여파를 고민해야 한다. 두 번째는 연구 활성화를 위한 노력이다. 학제적 연구방법론 시도, 관련국 공동연구, 국내 소장 자료 분석이 해당한다. 마지막으로 연구결과를 시민사회와 공유하기 위한 학문적 성과의 대중적 확산노력이 필요하다. 학계의 역할은 연구 활성화에 그치지 않으므로 학계는 연구 성과의 적극적인 활용을 선도해야 한다.

시민사회가 할 수 있는 역할은 무엇이 있을까. 시민들의 관심갖기는 사실에 대한 이해에서 출발한다. 그러므로 올바른 관심을 갖는 것이 가장 중요하다. 아시아태평양전쟁 역사를 학습한 후에 '힘을 길러 일본은 무찌르자'거나 '일본이 사라지면 좋겠다'는 반응이 나온다면, 위험한 일이다. 식민지 경험을 피해의식으로 받아들이는 것도 바람직한 모습은 아니며, 피해의식은 가해국이든 피해국이든 극복해야 할 과제이다.

그러한 점에서 시민들이 아시아태평양전쟁 역사를 객관적이고 건강하게 받아들이기 위한 두 가지 선행과제가 있다. 하나는 학계의 노력이다. 역사교과서 기술의 오류나 대중강좌를 통해 잘못된 내용이 확산되는 책임은 학계에 있으며, 시민들이 관심을 기울일 수 있는 역사문화콘텐츠 개발에 필요한 콘텐츠 생산도 학계의 몫이다. 두번째는 언론과 미디어가 시민사회에 미치는 역할이다. 일본의 국가총동원체제기와 패전 직후 언론과 미디어는 프로파간다의 도구로 활용되었다. 현재 언론의 역할을 돌아볼 잣대라고 생각한다.

정혜경
(2019. 4. 제58호)

역사문화콘텐츠의 경박함, 참으면 안 되는 이유

"이건 일용직 노동자라는 얘기고요. 언제든 해고당할 수 있는. 근데 여기서 해고
당하면 그냥 굶어 죽는 거거든요. 이렇게 되면 어떻게 되냐면 거의 법적으로는 신
분제가 철폐가 됐지만 사실상 노비나 다를 바 없는 취급을 받았을 것이 자명하다
라고 할 수 있죠."

해고의 위험에 처한 일용직 노동자가 해고를 당하지 않기 위해서 열심히
일해야 했다는 사연. 무슨 이야기일까. 제국 일본 시기에 '남양군도'라 불
렀던 중서부태평양에 동원된 조선인의 실태를 표현한 설명이다.

누구의 설명인가. 국내 최고의 인기를 누리고 있는 베스트셀러 작가이자
역사전문강사(설**)가 공영방송의 교양예능프로에서 현장을 설명하는 장면
에 나오는 이야기이다. 연기 전공자다운 출중한 연기력으로 프로그램을 압
도하고 있다.

그렇다면 저 설명은 사실일까.

물론 사실도 아니지만 위험한 설명이다. 이 내용을 그대로 공영방송의
교양예능프로라는 역사문화콘텐츠를 통해 대중에게 전파한다면, 시청자들
은 저 설명을 그대로 받아들일 것이기 때문이다. 더구나 대중들이 방송 프
로그램을 방송 이후에도 다양한 SNS를 통해 지속적으로 접할 수 있다는
점을 생각하면, 저 설명은 '고정불변의 진리'가 될 수 있다.

노동자란 어떤 존재인가. 한국에서 노동자의 한자는 노동자(勞動者)이고,
일본에서는 노동자(勞働者)이다. 가운데 글자가 차이가 있지만 '움직일 동(動)'
이 들어있는 것은 공통점이다. 사전을 찾아보면 '자신의 노동력을 제공하
고 대가로 받은 임금으로 살아가는 사람, worker'이다. 조금 더 상세한 설

명을 보면 다음과 같다.

> "노동자는 자본주의의 사회경제체제하에서 일하는 특정한 사람들을 지칭한다. … 단순히 노동하는 모든 사람을 가리키는 것이 아니고, 자본주의라는 특정한 역사시대에 노동시장이라는 특수한 사회경제구조 안에서 일하는 임금노동자를 의미한다. 다시 말해 옛날의 노예나 농노 또는 농민이 모두 노동하는 사람임에는 틀림이 없으나 노동자라고 하지 않으며, 자본주의 사회에서 노동력의 제공 대가로 임금을 받는 사람들만을 노동자라 부른다."

이같이 노동자는 노예나 농노처럼 사람에게 매인 존재가 아니라 고용주와 계약관계를 통해 임금을 쟁취하는 존재이다. 그러므로 파업과 태업 등을 통한 노동조건과 임금의 개선 요구는 노동자의 당연한 권리행사로서 법으로 보장하고 있다.

그런데 노동자라는 용어를 사용할 수 없었던 시절이 있었다. 1938년 일본이 국가총동원법을 제정 공포해 전시체제기를 확립한 후 일본과 일본의 식민지 및 점령지에서 '노동자'는 사라졌다. 조짐은 이전부터 있었다. 1937년에 일본노동조합인 일본노동총동맹은 '성전(聖戰)에 협력하기 위해 파업 절멸을 선언'하고 1940년에 자진 해산했다. 절대로 파업을 하지 않겠다는 선언이니 노동자의 권리를 스스로 포기한 셈이다. 그 시절에 노동자는 노동자의 권리를 행사하지 못하고 고용주와 계약관계를 유지하지 못한 채 일방적으로 부림을 당했다.

당국이 노동자가 사라진 자리를 채운 것은 노무자와 근로자였다. 노동자가 주체적 개념의 용어인데 비해, 노무자는 수동적 개념의 용어다. 권리는 없고 노동해야 할 의무만 남았다는 의미이기 때문이다. 당시 조선총독부의 노무동원 담당 부서의 이름에서도 '노동'은 없었다. '노무'와 '근로' 뿐이었다. 가끔 문서에서 노동자를 사용하기는 했으나 권리를 가진 노동자를 의미하는 것은 아니었다.

일본이 1944년말 동남아시아와 태평양 등 해외 전쟁터를 모두 잃고 폐색이 짙어 본토결전을 준비하던 1945년 초부터는 노무자 대신 근로자라는 용어가 나타났다. 본토에서 사생결단을 내야 하는 상황이어서 군수물자 생산은 시급한데 인력은 너무도 부족했다. 당국의 입장에서 볼 때, 어렵게 데려온 사람들도 일을 열심히 하지 않는 것처럼 여겨졌다. 노무자라는 말로 의무를 강조하는 것으로는 생산성을 채찍질하기 어려웠다. 그래서 생각한 것이 황국근로관이다.

황국근로관의 핵심은 노동이 '황국민의 봉사활동' 이나 '신도神道 실천'을 위한 '환희'라는 것이다. 당국은 '서양 사람들은 돈을 받아야 일을 하지만 일본 국민은 천황 폐하에 대한 충성심으로 일한다'고 주장하며 도덕적으로 일본이 유럽보다 우월하다고 했다. 부려먹기 위해 내세운 꼼수였지만 힘없는 민중들은 거역할 수 없었다. 이렇게 탄생한 단어가 바로 근로자이다.

'일용직 노동자' 운운하는 역사강사의 설명이 위험한 이유는 한 가지 더 있다. 최근 침략전쟁 당시 사라졌던 '노동자'를 다시 소환한 이가 있다. 일본 아베 내각총리이다. 2018년 11월 1일 아베 총리는 "이번 재판에서 원고가 모집에 응했다고 밝히고 있다는 점에서 '조선반도(한반도) 출신 노동자' 문제라고 말하는 것"이라고 발언했다. 이 발언 이후 일본 정부 당국자들은 '노동자'를 공식 용어로 사용하고 있다. 그동안 일본 정부 당국자가 '모집에 스스로 응했기 때문에 징용이 아니'라고 발언한 적은 여러 번 있었다. 그런데 이번에 아베 총리는 '노동자'를 사용한 이유는 무엇일까. 당시 사용했던 '징용공'이나 '노무자'라는 용어를 부정하기 위한 꼼수라고 생각한다.

2019년 여름, 출간한 『반일종족주의』는 이러한 아베 총리와 일본 정부의 주장을 적극 수용하고 확산한 내용을 담았다. 그리고 노무동원 집필자는

"1944년 9월 이전에는 강제동원이 없었다"고 기술했다.

이같이 일제말기의 강제동원(노무동원)을 부정하기 위해 일본 아베 총리와 정부 당국이 사용하는 용어, 역사부정론자들이 노무동원은 없었고, 돈벌이 노동자가 있었을 뿐이라며 강조한 노동자. 그 노동자를 공영방송 교양 예능프로그램을 통해 다시 만나게 되다니. 방송 스크립터 감수를 하던 나는 기운이 빠졌다.

일제강제동원&평화연구회는 2019년말 『반대를 론하다 – '반일종족주의' 의 역사부정을 넘어』를 출간해 역사부정론 자들의 주장을 실증적으로 비판했다. 아울 러 독자들의 균형적인 역사인식을 위해 '우 리 안의 오류'도 통렬히 지적했다. 그 외에도 『팩트로 보는 본 일제말기 강제동원1 – '남양 군도'의 조선인 노무자』를 통해 중서부태평 양 강제동원에 관한 신문기사와 자료, 사진 을 소개했다. 모두 시민 대상의 대중교양서 이다. 그런데도 이러한 방송스크립터를 접한 상황에서 실망스럽지 않다면 거짓말이다.

『반대를 론하다』 표지

한가지 사례를 더 소개해보자.

> "그 감시를 할 때 심지어 화장실에 간다고 하면 일본군이 따라가서 밖에서 문을
> 잠글 정도로 못 도망가게.. 그 정도로 감시가 심했고."

수송과정에서 당국의 감시 상황을 설명한 대목이다. 저 대목에서 틀린 내용은 무엇인가. '일본군'이다. 저 설명대로 하면, 일본군이 중서부태평양의 집단농장으로 떠나는 이들을, 또는 일본의 탄광으로 떠나는 이들을 수송했다는 의미가 된다.

전쟁은 게임이나 영화 드라마가 아니다. 일본이 저지른 아시아태평양전쟁도 마찬가지다. 일본군이 민간인 구역에서 조선인의 화장실 감시를 할 정도로 한가하지 않았다. 그런 역할은 면서기, 경찰, 관변단체 임원, 동원기업의 담당자 몫이었다. 당시에도 이들이 입은 국민복 때문에 군인으로 오해하는 민중들은 있었다. 특히 위안소로 끌려간 소녀들은 제복 = 군인으로 받아들였다. '제복의 위엄'이 먹히던 시절이었기 때문이다.

그러나 실상은 민중들의 제복 인식과 달랐다. 1937년 중일전쟁을 일으킨 후 1939년에 200만 명이 넘는 일본군이 중국 전선에서 굶주림과 싸우고 있었고, 병력의 부족을 채우기 위해 현역의 의무를 마친 이들이 보충병이라는 이름으로 입대하고 있었다. 중국 전선의 일본군의 절반이 아사했다는 연구 결과가 나올 정도로 절박한 상황이었다. 1941년 12월 대미전쟁을 일으킨 후에는 병력의 부족이 더 심해졌다. 조선인 징병제도를 채택한 이유가 무엇이었겠는가.

일본군이 화장실까지 따라가서 감시한다는 발상은 역사의 문외한이라면 이해할 수 있다. 그동안 일제말기 강제동원을 다루는 많은 역사문화콘텐츠에서 일본군은 고정 출연자였다. 노란색의 군복을 입은 '황군'이 경성 시내에 출몰해 시가전을 벌이는 모습은 박진감 넘치는 장면이다. 영화에서 산골의 외진 집에 가서 소녀를 데리고 위안소로 가는 사람은 어깨에 총칼을 맨 일본군이었다. 모두 사실과 다르지만 당시 역사를 모르는 이가 만들었으니 그럴 수도 있다는 생각을 하곤 했다. 그러나 전문역사강사의 입에서 나오는 것은 이해할 수도 이해해서도 안 되는 일이다. 무책임한 일이기 때문이다.

역사강사는 이런 말로 프로그램의 마무리를 시작한다.

"열받죠 오늘? 몰랐을 땐 몰랐는데 알고 나니 너무 열받죠? 복수하고 싶죠? 뭐가 복수일까요? 잘 사는 게 복수거든요."

시청자들은 열 받았을 것이다. 그러나 복수! 이것은 또 무엇인가. 피해의 역사에서 피해자는 가해자를 복수의 대상으로 여기고 있을까. 그 정도로 피해자들이 경박하다고 느끼는가. 무례한 발상이자 표현이다. 역사강의는 연기가 아니다.

1995년 대학원 시절 강원도 평창에서 만난 노인은 라바울에서 해군설영대로 '무진장' 고생을 한 분이었다. 연합군의 해상 봉쇄로 보급이 끊긴 상황에서 목숨을 잇는 방법은 뱀과 쥐를 잡아먹는 것이었다. 애호박 1개로 1주일을 버티기도 했다. 그런 고생을 한 노인에게 물었다. "당시에 동원한 사람들이 밉지 않으세요" 이 바보같은 질문에 노인의 답은 "그 사람들 탓인가. 시절이 그랬으니까 그랬지요. 전쟁이 아니면 그런 일이 있나요"였다. 무학의 노인은 개인의 문제가 아닌 제도의 문제로 인식하고 있었다. 더구나 노인은 마을의 집을 한 채 구해서 자그마한 향토역사관을 만들었다. 인근 학교 아이들이 소풍을 오기도 한다는 향토역사관은 마당부터 정감있고 예쁘게 꾸며 놓았다. 재정난으로 잠시 문을 닫고 있다는 향토역사관에 들어서니 결혼식 장면과 서당에서 공부하는 모습 등 생활사를 밀납인형을 통해 전시하고 있었다. 노인은 이 향토역사관의 운영비를 위해 마을 노인들과 함께 풍물을 잡으며 공연을 한다고 했다. "내가 배운 건 없지만, 아이들에게 이런 거라도 보여주고 싶다"는 노인에게 '복수심'은 찾을 수 없었다.

이런 사례는 평창의 노인에 한하지 않는다. 실제로 만나본 3천 명에 가까운 강제동원 피해자들은 간혹 "나를 지목한 면서기가 죽이고 싶었다"거나 "왜놈들 지독했다"고 표현하기도 하지만 '과거형'이었다. 특히 가해국 일본에 대해서는 "이젠 전쟁하면 안돼"라는 표현이 대부분이었다.

강제동원 피해만이 아니다. 세월호 피해자들이 원하는 것은 '복수'가 아니라 진상규명과 재발 방지이다. 이것이 바로 우리 사회가 가지고 가야 할 피해자성이라고 생각한다. '진상규명, 피해자와 공감대, 재발 방지 인식 공유'를 통해 또 다른 피해를 막을 수 있다. 이런 역사문화콘텐츠의 경박함과는 차원이 다른 인식이다.

왜 우리는 일본을 비판하는가. 그저 조선의 국권을 빼앗아 식민지로 삼았고 침략전쟁에 아시아태평양 민중을 동원했기 때문이 아니다. 그런 잘못을 저질렀으나 제대로 된 진상규명도, 피해자와 공감도, 재발 방지를 위한 노력도 하지 않기 때문이다. 즉 인류의 보편적 가치를 공유하려는 노력을 외면하기 때문이다.

유명 역사전문강사의 입을 빌어 역사문화콘텐츠를 통해 전파하는 경박함은 또 다른 역사왜곡의 전파이다. 건강한 시민사회의 일원으로 살아가기 위해서는 참을 수 없는 일이다. 그래서 감수를 의뢰받은 본분에 충실해 방송스크립터에 붉은 펜을 그었다. 그리고 실증적이고 객관적인 사실을 알고, 건강한 역사문화콘텐츠를 필요로 하는 시민대중을 위해 2020년 6월 일제강제동원&평화연구회는 회원을 대상으로 하는 무료 대중강좌 '감동(感動)' 6회 연속 강좌와 답사 프로그램의 문을 열었다.

2020년에 개최한 대중강좌

❖ 대중강좌는 2021년 가을에는 코로나 팬더믹 상황으로 웨비나 방식과 답사로 열었고, 2022년에도 강좌와 답사 프로그램을 준비하고 있다.

정혜경
(2020. 7. 제61호)

PART

02

자료와 연구

조선인 공탁금: 술래잡기 놀이는 이제 그만!
23만 명 수록된 『일정(日政) 시 피징용자 명부』 새로 발견
아시아태평양전쟁기 '남양군도' 인력 동원 관계 자료
일본의 역사왜곡과 강제동원 연구 활성화를 위한 제언
정혜경 등 『반대를 론하다』(선인, 2019년 12월)를 다시 읽고

조선인 공탁금 : 술래잡기 놀이는 이제 그만!

"있다"
"없다"
"2억만엔이 넘는다"
"1억 2천만엔이다"
"11만명이다"
"17만명이다"

무슨 이야기인가.

일본 정부가 조선인 강제동원 피해자 782만명(7,827,355명. 중복 인원)의 미불금과 각종 예·저금, 수당 등의 공탁과 관련한 논쟁이자 공박이다.

이미 20여년 전에 일본 정부의 공문서가 공개되었는데도 소모적인 논쟁은 수년간 계속되었다. 공탁자료 존재 여부 확인도 쉽지 않았다.

"공탁을 했잖아?"(한국)
"공탁을 하기는 했는데, 자료가 어디 있는지 모른다"(일본)
"여기 증거가 있는데?"
"응? 어디? 아는 바 없다. 그러나 한번 찾아보겠다"
"찾아보았나?"
"찾아보니 있기는 있다. 그러나 국적이 구분되지 않아서 조선인만 구별하기 어렵다"
"그래? 그런데 여기 보니 국적이 모두 표시되어 있어서 조선인 선별이 가능한데"
"음."
"공탁금 자료를 내달라"
"조선인 공탁금자료가 있다. 주겠다"
"야호!"

한일정부가 협상 테이블을 사이에 두고 앉은 지 각각 3년(군인군무원 공탁금)
과 5년(노무자 등 공탁금)에 걸친 과정이다.

이런 과정을 거쳐 2007년 12월 '군인군무원 공탁명세서'가, 2010년 4월
'노무자 등 공탁명세서'가 각각 한국 정부 손에 들어왔다. 그리고 한국 정
부는 2008년부터 강제동원 피해자들에게 법이 정한 범위 내에서 지급하고
있다.

이것만 보면, 깔끔한 해결이다. 해결이어야 했다. 그러나 아니다. 아니었
다.

지난 주(2012.10.23.)부터 5일간 국민일보 1면을 장식한 5회 연재기사(일제
강제동원 공탁금-이제는 돌려받아야 한다)는 특히 노무자 공탁금 문제가 여전히 끝나
지 않는 '술래잡기 놀이'임을 보여주었다.

현재 우리 연구회 카페http://cafe.naver.com/gangje에서 다운받을 수
있는 일본공문서관 쓰쿠바(筑波) 분관 소장 자료(朝鮮人の在日資産調査報告書綴, 朝
鮮人労働者の未払金供託先一覧表 등 2건. 일본 강제동원진상규명네트워크 수집)와 이명수(李明洙)
의원이 확보한 한국정부 소장 '공탁현황'자료, 조선인노무자조사결과(1946
년 작성) 등 공탁관련 자료를 우리 연구회와 국민일보가 함께 분석한 결과이
다. 이를 통해 연합국최고사령부(GHQ/SCAP)와 일본 정부, 주한미군정이 조
선인 노무자와 그들의 공탁금을 가지고 어떻게 장난을 쳤는지 알 수 있었
다. 그들이 입을 다물고 있었기에 무려 67년 동안 피해자들은 그저 눈을
가린 채 술래잡기 놀음을 하고 있었던 셈이다.

국민일보 연재기사는 풀어야 할 수수께끼를 안겨주었다. 우리 연구회가
주도적으로 감당해야 할 과제이기도 하다.

향후에 풀어야 할 수수께끼를 꼽아보니 크게 다섯 가지이다.

첫째, 노무자와 무관한 공탁자료의 존재이다. 이명수 의원 확보 자료(한국

정부 소장 '공탁현황'자료)에서 확인한 '유가증권(有價證券), 주주배당금(株主配當金), 수탁보증금(受託保證金), 전수금(前受金), 상품관계미불(商品關係未拂), 은급(恩級. 이왕직 직원) 등 1,817건(1,480명) 명의의 공탁금 내역에서 놀라운 것은 금액의 비중이다. 공탁금 24,704,968.34엔은 일본 정부가 보내온 노무자 등 공탁금 자료 기재 총액 35,170,613.80엔(円)의 70%가 넘을 정도였다. 강제동원 피해자들의 몫이 겨우 29.74%에 불과했기 때문이다. 이제 남은 과제는 구체적인 내역과 공탁과정을 풀어내는 일이다.

두 번째, 공탁건수와 공탁금액이다. 먼저 그 동안 일본 정부가 공식적으로 밝힌 공탁건수와 공탁금액은 일관하지 않았다. 일본 국회 속기록에 나온 숫자만도 여럿이다.

2005년 일본 국회 속기록 중 일부

이 자료는 2005년에 10월에 일본 정부가 국회에 보고한 내용인데 조선인 노무자 공탁금액만 1억 6천만 엔이라고 기재되어 있다. 이 통계는 이후에도 일본 국회에서 반복적으로 제시되었고, 2007년 한국 정부가 지원 관련 법안을 제정할 때, 참고자료로 활용되었으며, 관련 단체에서도 대일과거청산자료로 제시하는 자료이다.

그런데 최근 답신서(答申書. 내각부 고시 국외거주 외국인에 관한 공탁원부. 2011.3.14.)

금액은 다르다. 이에 따르면 조선인 공탁금 총액은 1억 2천만엔(116,974명)이다.

日本 内閣部가 고시한 답신서

일단 최근 통계를 종합해보면 다음과 같다.

구 분	위원회 소장 기록		일본정부확인 기록 (2011. 3. 14.)		비 고
	건 수	금액(천엔円)	인원	금액(천엔円)	
노무자	62,361	10,457		119,846	91,364천엔 (군인·군무원)
군인·군무원	115,076	91,784			
유가증권, 수탁보증금 등	1,817	24,705		1,586	
계	179,355	126,955	116,974	121,432	

그렇다면 116,974명 외에는 모두 당시 법이 정한 급료와 원호금(援護金), 수당, 예·저금(預貯金)을 모두 받았다는 의미인가? 풀어야 할 수수께끼이다.

셋째, 노무자 공탁금 내역이 자료마다 다르다는 점이다. 일본 공문서관 소장 자료와 일본 정부 소장 자료의 차이는 매우 크다. 이해를 돕기 위해 비교표를 만들어보았다.

	조선인의 재일자산 조사보고서철朝鮮人の在日資産調査報告書綴	조선인노동자의 미불금공탁처 일람표朝鮮人労働者の未払金供託先一覧表	한국정부 소장 기록 (일본정부 제공)
문서 생산	1950.11.	1950.10.	1942~1994년간
소장처	일본공문서관 쓰쿠바(筑波) 분관	일본공문서관 쓰쿠바(筑波) 분관	일본 법무성
구성	「귀국조선인에 대한 미불임금 채무 등에 관한 조사」와 공문서 등 2종	공탁분과 미공탁분, 제3자 인도분 등 3종 일람표, 귀국조선인노무자에 대한 미불임금 채무자에 관한 조사 집계(1950.10.6), 총괄표(1953.7.20) 등 3종	①공탁카드+ ②공탁서+ ③위임장+ ④등기부초본+ ⑤탁서표지+ ⑥공탁명세서
분량	공탁문서(407쪽)와 공문서(277쪽): 684쪽	일람표 및 집계표: 76쪽	5,698쪽(DVD 3개 분량)
수록 내역	- 채무자(작업장·기업) 총 수: 317개 기업, 446개 작업장 - 채권자(조선인노무자) 총 수: 약 148,143명 - 채무 총액: 26,762,654.99円(1인당 평균 180.66엔. 미공탁금, 제3자 인도분 포함)	- 채무자(작업장·기업) 총 수: 공탁분(511개), 미공탁분(352개), 제3자 인도분(23개) 기업 목록 - 채권자(조선인노무자): 149,587명 - 채무총액: 17,324,286.64엔(1인당 평균 11582엔미공탁금, 제3자 인도분 포함)	- 채무자(작업장·기업) 총 수: 247개 기업 - 채권자(주주 포함): 64,279명 - 채무 총액: 35,170,613.80円 ※ 1인당 547.17엔[1인당 평균액은 높지만 주식 등 노무자 무관한 금액 24,712,782.20엔(1,870건)이 포함되어 있으므로 노무자 해당금액은 10,457,831.60엔(29.74%)이고 1인당 금액은 167.57엔]
	- 공탁: 86,789명 / 19,089,516.74엔 - 미공탁: 43,905명 / 4,798,636.69엔 - 제3자 인도: 17,449명 / 2,874,501.54엔	- 공탁: 80,279명 / 10,982,264.00엔 - 미공탁: 51,948명 / 4,392,526.89엔 - 제3자 인도: 17,361명 / 2,063,880.19엔	
수집 시기	2011. 8.	2009. 3.	2010. 4.
자료 수집자	일본 강제동원진상규명네트워크	일본 강제동원진상규명네트워크	일본 법무성

3종의 자료는 모두 일본 정부의 공문서이다. 그런데 차이가 난다. 어느 것을 믿어야 하는가? 위 3종 자료 외에 다른 자료가 나올 가능성은 없는가? 일단 관련 자료의 현황 파악이 필요하다. 여기에서 주목해야 할 자료는 물론 기업 관련 자료이다. 또한 일본공문서관 소장 폐쇄기관자료 13만 건도 뒤집어 봐야 하는 자료이다. 이미 청산된 기업이나 폐쇄기관이 자신들의 명의로 1994년까지 공탁을 하고 있었다. 폐쇄기관청산위원회의 이름도 아닌 이전에 사라진 기업의 이름으로 공탁했다. 또한 공탁자 주소는 몇 군데로 한정되어 있고, 그 가운데 하나는 미쓰이(三井)빌딩이다. 흥미로운 일이다.

네 번째, 연합국최고사령부(GHQ/SCAP)와 일본 정부, 주한미군정이 우리 동포와 조선인 노무자의 공탁금을 가지고 친 장난의 과정을 풀어내는 일이다. 이에 관한 자료는 이미 1993년 일본 학계가 발간한 『전후보상자료집(戰後報償資料集)』 7권과 8권에 모두 담겨 있다. 그러나 본격적으로 분석한 연구는 없었다. 주로 일본 정부 자료만을 분석했을 뿐이다. 이제 두 자료(일본 정부 자료와 GHQ/SCAP 자료)의 교차 분석을 통해 '길라잡이(Guide Book)'가 나와야 한다.

다섯 번째, 강제동원 작업장 현황과 공탁 현황에 대한 미시적 분석이다. 일본 지역에만 1,493개 기업이 운영했던 3,672개소의 강제동원 작업장이 있었다. 그런데 공탁한 기업의 수는 겨우 247개소에 불과하다. 나머지 1,246개 기업의 미불금 여부를 조사해야 한다.

얼마 전 작고하신 고쇼 다다시(古庄正) 교수는 많은 논저를 통해 조선인공탁금제도의 문제를 제기했다. 그는 2010년 국민일보와 인터뷰에서도 "조선인 미불금은 대부분 공탁하지 않았다"고 역설했다. 그리고 그의 주장은 이번 기사를 통해 다시 한번 확인되었다.

이제 술래잡기 놀이는 그만하련다. 일본 정부와 기업도 한국 피해자들의 술래잡기를 흥미롭게 바라보는 일을 그만두고, 은닉한 자료를 내놓아야 한다. 그것이 강제동원을 했던 정부와 그로 인해 이득을 취한 기업이 해야 할 최소한의 도리이다.

　　우리 연구회 세미나팀 가운데 하나인 '공탁금자료연구반'은 올해부터 수수께끼 풀기를 시작했다. 그 끝이 어디일지는 모르지만 새벽을 여는 작업은 이미 시작되었다.

❖ 공탁금연구반은 작업의 성과를 2015년 연구총서 제3권(강제동원을 말한다-일제강점기 조선인 피징용노무자 미수금 문제)으로 발간했다.

정혜경
(2012. 10. 제16호)

23만 명 수록된 『일정(日政) 시 피징용자 명부』 새로 발견

최근 주일한국대사관에서 발견된 '일정 시 피징용자 명부', '3.1운동 및 관동대지진 피살자 명부' 3종에 관한 언론보도와 설명이 이어지고 있다.

이번에 발견된 명부 3종의 정확한 명칭은, 『일정시 피징용자 및 귀환, 미귀환자 명부』, 『3.1운동시 피살자 명부』, 『일본 진재시 피살자 명부』이다. 이 가운데 『3.1운동시 피살자 명부』와 『일본 진재시(震災時)* 피살자 명부』는 각각 1권씩이며, 수록 인원은 각각 630명과 290명이다.

『일정시 피징용자 및 귀환, 미귀환자 명부』(이하 『일정시 피징용자 명부』)는 모두 65권으로 229,781명이 수록되어 있다.

『3.1운동시 피살자 명부』와 『일본 진재시 피살자 명부』는 피살자의 신원이 수록된 최초의 명부라는 측면에서 매우 의미가 크다고 볼 수 있는데, 수록 규모나 내용 면에서 우리의 주목을 끄는 것은 바로 『일정시 피징용자 명부』라고 할 수 있다.

『일정시 피징용자 명부』 생산 배경, 대사관에서 발견된 경위

우선, 『일정시 피징용자 명부』가 생산된 배경과 발견되기까지의 경위에 대해 살펴보자.

이 명부는, 그동안 제2차 한일회담(53.4~7월)의 청구권위원회(1953.5.23)에서 명부의 존재 가능성이 언급된 이래 지난 60년 동안 그 실물이 확인되지 않던 것이다. 당시 대일배상요구 8항목 중 제5항목, 즉 "일본국채·공채, 일본은행권, 피징용 한인 미수금, 기타 청구권"에 관해 일측과 협의를 진

---

* '관동대지진'을 가리킨다.

행하던 중 한국 측은 4번째 사항인 '태평양전쟁 전몰자·전상자, 피징용 노무자의 제(諸) 미불금 및 조위금' 등에 관해 설명하고 피징용자 중 사망자, 부상자 수치를 제시하였는데, 이때 '단 이상은 미확정 수치이며 추후 명부 제출 가능'이라고 언급되어 있다. 당시 우리 정부가 강제징용 피해자에 대한 '명부'를 작성하여 일측에 제공할 준비를 했다는 사실을 알 수 있다. 그러나 그동안 이 명부의 존재에 관해서는 알려진 바가 없었다.

이번에 발견된 『일정시 피징용자 명부』의 각 도(道)·군(郡)별 표지 위에 "4286.1.9 접수"라는 관인이 찍혀 있는데, 단기 4286년은 1953년에 해당한다.

그리고 불과 한 달여 전인 1952년 12월 15일의 제109회 국무회의 기록에 따르면, "기미년 살상자 수, 일본 관동 진재 희생자, 2차대전 시 징용자 및 징병자 중 사상자 수, 왜정하 애국사상운동자 옥사자 수 등 조사 집계하라"는 대통령의 유시가 있었다고 한다. 그밖에 내무부 기록에 따르면, 53.1월 '3.1운동시 피살자 명부 작성'했다는 내용이 확인되고 있다.

당시 우리 정부는 1953년 4월부터 시작되는 제2차 한일회담을 준비하고 있었기 때문에, 이상의 기록과 정황으로 볼 때, 『일정시 피징용자 명부』는 제2차 한일회담에 사용하기 위해 작성한 명부인 것으로 판단된다.

다만, 국무회의에서 대통령이 지시한 지 불과 1달여 만에 그것도 전쟁 중에 전국적으로 23만여 명에 달하는 피해자조사를 완수하였다는 것은 사실상 불가능하며, 이는 1947년 이후 과도정부 시기에 구성된 대일배상을 위한 조사위원회, 재무부 산하의 대일청산위원회, 정부수립 후 이상덕 '대일배상요구조서' 등을 작성하는 과정에서 각 지역별로 피해자조사를 착수했을 가능성이 있는데, 그때부터 축적된 자료들을 국무회의 결정을 계기로 묶어 냈을 가능성이 높다고 추정된다.

결국 한일회담을 준비하면서 일측에 전달할 목적으로 명부의 사본이 외무부를 통해 주일한국대사관에 전달되었는데, 그 후 협상전략상 일측에 전달하지 않고 그대로 대사관 창고에 보관되었다가 대사관을 신축하기 위해 창고를 정리하다가 발견된 것으로 추정된다.

도별로 작성한 표지

접수 관인이 찍힌 도별 명부

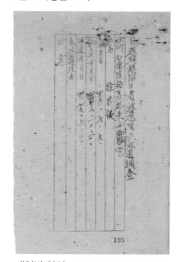

개인별 양식

용지 부족으로 일제시기 공문서의 이면지를 활용해 작성한 개인용 조사 기록

기존 명부자료와 어떤 차이가 있는가?

『일정시 피징용자 명부』와 가장 유사한 자료로, 1957,58년경 노동청이 작성한 『왜정시 피징용자 명부』를 들 수 있다. 『왜정시 피징용자 명부』는 1953년에 작성한 『일정시 피징용자 명부』의 원본이 유실됨에 따라 노동청이 1957년부터 다시 조사한 것으로 20권의 책자에 총 285,771명이 수록되어 있다.

『일정시 피징용자 명부』의 수록 인원이 5만 6천 명 가량 적지만, 『왜정시 피징용자 명부』에 수록되지 않은 피해자가 다수 수록된 것으로 확인된다. 경북 경산군의 경우, 『왜정시 피징용자 명부』에는 수록되지 않은 피해자 약 1천여 명이 더 확인되고 있다.

그리고 『왜정시 피징용자 명부』에는 동원 당시 '연령'을 기록한 데 비해 『일정시 피징용자 명부』에는 '생년월일'이 정확하게 기재되어 있고, 『왜정시 피징용자 명부』에는 주소가 군, 면 단위까지만 기재되어 정확한 주소를 파악하는 데 어려움이 있었지만, 이번 『일정시 피징용자 명부』에는 주소가 리 (里)까지 기재되어 있어 정확성이 높다고 할 수 있다. 무엇보다 『일정시 피징용자 명부』의 생산연도는 『왜정시 피징용자 명부』보다 최소 4년 이상 앞선 시기에 작성되었기 때문에 피해자와 가족, 인우보증인, 관(官)의 기억이 선명하고 피해 진술의 신뢰도가 높다고 할 수 있다. 다시 말해 『일정시 피징용자 명부』는, 국내에 원본이 유실되어 다시 조사 작성된 『왜정시 피징용자 명부』의 원조격으로 현재 정부가 작성한 피해자 명부 중 가장 오래된 것이라 할 수 있다.

그리고 강제동원 피해를 입증할 명부류는 1971년, 1991~93년경 일본 정부로부터 전달받은 피징용사망자연명부, 유수명부 등 554권이 있는데 약 48만 명 가량의 정보를 수록하고 있다. 또한 2008년, 2010년에 입수한 공탁금명부가 있는데 약 17만여 건의 미수금 기록이 기재되어 있다. 이 자료들은 가해국인 일본이 생산한 자료이기는 하지만, 누락되거나 축소되었을 가능성이 있고, 기재 내용 중 '병사, 사망, 도망 등'의 기재 내용에 신빙성이 의심스러운 것이 많고, 무엇보다 피해자의 성명이 일본식 '창씨명'으로 기재되어 있어 실재 피해자를 대조 확인하는 데 많은 어려움이 있다.

그밖에 우리 정부가 1975년에 대일민간청구권 보상금 지급 결정을 위해 작성한 명부(8,552명)가 있는데 이것은 사망자를 중심으로 작성한 것이라는 한계가 있다. 그리고 대일항쟁기강제동원피해조사사위원회가 수집·소장하고 있는 자료가 335종에 달하고, 민간단체가 수집한 42만여 명의 명부들도 있는데, 이번에 발견한『일정시 피징용자 명부』와 시급히 대조할 필요가 있을 것이다.

그동안 우리 정부는 1975년에 한 차례 보상했고, 2005년 이후 위원회에 신청한 피해신고에 한 해 2008년부터 지원금을 지급하고 있는데, 1975년도의 보상은 일본으로부터 받은 무상자금 3억 달러를 활용해, 강제동원 사망자 8천552명에 대해 1인당 30만원씩, 총 25억6천여만 원을 지급하는 데 그쳤다. 사망자 8천552명은 전체 강제동원 피해자 총 수 약 780만 명의 0.1%, 국외 강제동원 피해자의 0.7%에 불과하다.

2005년부터 위원회에 신청된 22만6천여 건의 피해자 중 9만여 건에 대해 위로금 약 6천억 원 가량이 지급되고 있는데, 이는 전체 강제동원 피해자 중 3%에 지나지 않는다. 그리고 공탁금명부에 근거하여 미수금을 환급한 것은 1만5천 건으로 이는 명부에 수록된 17만5천 건 중 8.6%에 불과하다.

강제동원 피해보상 소송에 미칠 영향은?

이번에 발견된『일정시 피징용자 명부』는 현재 진행 중인 미쓰비시·신일본제철(현 신일철주금) 등에 대한 강제징용 배상 소송에도 일정한 영향을 미칠 것으로 보인다. 명부의 발견이 판결 내용에 직접적인 영향을 미친다기 보다는, 기존에 피해자로 인정받지 못한 피해자들이 명부에 수록된 것으로 확인될 경우 소송을 제기하고, 원고의 강제동원 피해사실을 입증하는 증빙 자료로 활용될 것이 예상된다.

명부는 앞으로 어떻게 활용되나?

앞으로 『일정시 피징용자 명부』는 위원회로 이관될 예정인데, 명부에 대한 정밀분석과 『왜정시 피징용자 명부』 등 기존 자료들과의 대조작업, 그리고 DB화를 통한 강제동원 피해조사, 위로금 지급 등의 업무에 증거자료로 활용될 것이 예상된다. 특히 기존에 『왜정시 피징용자 명부』 등 강제동원 관련 명부에 수록되지 못해 피해자로 인정받지 못한 채 '판정불능' '기각'된 약 6천여 건에 대해서는 이번 명부에서 다시 확인할 필요가 있을 것이다. 그리고, 지금까지 위원회에 피해신고를 할 수 있는 기회는 세 차례에 불과했는데, 이번에 새로 발견된 자료를 계기로 다시 한 번 대대적인 피해신고와 접수가 이루어져야 한다고 본다.

그런데, 문제는 위원회 활동 기간이 금년 말로 임박했다는 것이다. 현재 국회의 소관 상임위(안전행정위)에 위원회 활동의 상설화 법안(새누리당 이명수 의원 발의)이 계류 중인데, 이 법안이 통과되거나 현행 법령의 개정이 반드시 필요하다.

1년 또는 2년 가량의 한정된 기간과 연장 조치만으로는 모든 피해자에 대한 전면적인 조사와 피해신청도 불가능하며, 강제동원 관련 기록물의 입수, 유골 봉환 등의 사업을 장기적으로 추진할 수 없다. 하루 빨리 위원회가 전문가로 구성된 상설기구로 다시 태어나야만 지속적인 피해조사와 진상규명 작업이 추진될 수 있을 것이다.

오일환
(2013. 11. 제29호)

    제1차 세계대전 이후 일본이 위임통치 한 동경 130~175도, 북위 0~22도에 산재한 구 독일령 마리아나(Mariana), 캐롤라인(Caroline), 마샬(Marshal) 등의 3개 제도를 총칭하는 '남양군도(南洋群島)'는 산업적의 가치와 함께 군사적으로도 매우 중요한 전략적 가치를 지니고 있었다.

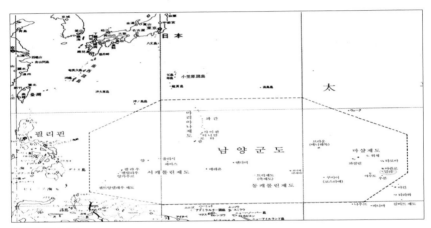

'南洋群島' 지도

    그림과 같이 마리아나 제도의 미국령 괌(Guam), 마샬 제도 북방의 웨이크(Wake), 남동방의 영국령 길버트 제도(Gilbert Islands) 및 미국령 피닉스 제도(Phoenix Islands)의 하울랜드(Hawland) 등과 같은 미·영의 영역과 인접하여 이들의 공격을 대비하는 방어의 요충지였다. 한편 이들 지역 및 솔로몬 제도(Solmon Islands), 비스마르크 제도(Bismark Islands) 및 동부 뉴기니아(現 Papua New Guinea) 지역, 더 나아가 오스트레일리아로 침략하기 위한 공격의 중심지라는 전략적 중요성도 동시에 지니고 있었다. 이로 인해 이 지역에 다양한 군사시설의 건설은 필연적이며 매우 중요한 것이었다.

이러한 중요성에도 불구하고 이 지역에서 군사시설 구축이 본격화된 것은, 1933년 3월 일본이 국제연맹의 탈퇴와 함께 1934년 12월 '워싱턴 조약'의 폐기를 통지하면서—이 조약의 유효 기간 2년이 지난— 1936년 말부터 군비제한을 제거한 이른바 '무조약(無條約) 시대'가 개시된 1937년 경부터이다. 그 이전까지는 위임통치 지역의 군사시설 및 육·해군 기지 건설을 금지하는 국제연맹의 규약, 1922년 미국과 체결한 「얍 및 기타 적도 이북의 태평양위임통치제도에 관한 미일조약」 및 이 지역의 '현상유지'를 적용한 '워싱턴 군비제한 조약'(1922) 등으로 인해 군사시설 구축에 많은 제약을 받고 있었기 때문이다.

1937년 경부터 급속하게 증가하는 군사시설 관련 공사는, 이전까지 공사를 담당하였던 남양청(南洋廳)의 능력을 넘어서는 것이었고, 해군이 직접 공사를 실시하는 것으로 되어 요코스카해군건축부(橫須賀海軍建築部)가 담당하였다. 그러나 보다 신속한 시설 확충 및 전담 부서 설립의 필요성이 제기되었고, 1940년 12월 제4특설해군건축부(第四特設海軍建築部, 이하 제4건축부)가 설립되어 이 지역의 군사시설 공사를 담당하게 되었다

특히 1941년 6월 10일 도쿄에 제4건축부의 후방 지원 업무를 담당할 지부가 설치되었다. 작전지역에 설치되는 '특설건축부' 중에서 유일하게 지부를 지녔다는 점에서 이 지역에서 전개된 군사시설 공사의 규모를 일정하게 유추해 볼 수 있다.(제4건축부 도쿄지부는 1943년 8월 시바우라 해군시설보급부로 폐지·개편되었다) 더욱이 1941년 12월 '진주만 기습' 이후 침략·점령 지역의 확대로 남양군도 지역을 중심으로 한 서부 태평양 지역의 군 관련 공사는 더욱 증가하였다.

이러한 군 시설 공사에 투입된 노동력의 규모를 일정하게 파악케 해주는

자료가『소화17년 6월 이후 현지현재원수조표(노무통계표) No.2の1~2』(①中央
- 全般-23~24)이다. 후생성(厚生省) 인양원호국(引揚援護局) 업무 제2과에 원본이
소장되어 있고, 방위성 방위연구소에 있는 사본으로 그 내용을 살펴볼 수
있는 이 자료는 총 2권으로 구성되어 있다. 그 내용으로 볼 때, 원자료를
바탕으로 정리한 2차 사료의 성격을 지닌다고 할 수 있다.

주요 지역의 약부호

제1권에서는 서부 태평양 각 지역에 투입된 인원을 1942년 6월 1일부터,
1945년 8월 패전까지 특정일 별로 기재하고 있다. 여기에는 이 지역에 투
입된 인원들이 편승(便乘)한 선박명, 사망일시, 해당 지역 내의 이동 및 파견
등과 같은 내용들이 기재되어 있다.

그림 상에서 보이는 알파벳은 서부 태평양 주요 지역의 '약부호'로 그 내
용은 다음과 같다.

지명	약부호	지명	약부호	지명	약부호	지명	약부호
사이판	F	팔라우	D	타로아(말로에랍)	O	카비엥	ZA
괌	ZD	메레욘	S(변경)	야루토	Y	라바울	RR
파간	H	얍	T	밀리	V	타라와	RYB
티니안	J	도라쿠	E	콰잘린	Q1	마킨	RYA
이메지(야루토)	L	포나페	G	루오토(콰잘린)	Q2	나우르	ZB/RYC
메주로	R	쿠사이	S(I)	웨이크	AA	오션	ZC
브라운[에니웨톡]	K	그리니치	N	체	M	모톨록	W

제2권에서는 각 직종(職種)의 인원수를 시기별로 기재하고 있다. 두 권의 각 시기별 인원수는 서로 일치한다.

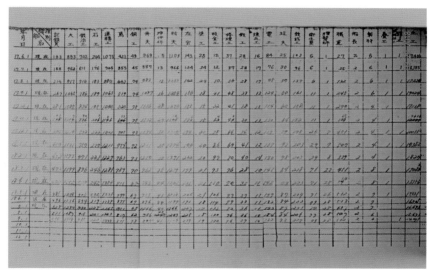

『현지현재원조사표』

여기에는 1942년 6월 1일까지 55,200명이 투입되었고 이 중 31,673명 이 귀환하여, 당시 23,527명이 존재한다고 기록하고 있다. 55,200명이라 는 인원이 투입된 시점이 정확하게 언제부터인지는 기록되어 있지 않지만, 앞서 언급한 바와 같이 1937년 경부터 이들 지역에 대한 군사시설 공사가 본격적으로 개시되었다는 점에서 1937~1942년 6월까지 투입된 인원을 지칭하는 것으로 판단된다. 1945년 8월 1일 현재 이 지역에 존재했던 인원은 17,980명으로 기재되어 있다. 여기에 기재된 인원의 국적은 정확하게 파악할 수 없으나, 일본인과 조선인이 혼합된 것으로 판단된다.

한편 여기서 나타나는 인원수를 "구일본해군 조선인 군속 관련 자료(2009)"(이하 "해군군속자료(2009)")를 통해 확인되는 내용과 비교해 볼 때, 지역마다 차이를 보이기는 하지만, 당시 해당 지역에서 조선인 노동력이 상당한 비중을 차지하고 있었음을 일정하게 파악할 수 있다.

두 자료 모두 가장 많은 인원이 동원되는 도라쿠(トラック, 현 Chuuk)의 경우 전자(『현지현재원조사표』)에는 1945년 8월 1일 현재 11,868명이 기록되어 있고, 후자("해군군속자료(2009)")에는 5,827명이 확인된다. 즉 도라쿠 지역에 투입된 노동력의 절반 가까운 비중(49.1%)을 조선인 노동력이 차지하고 있다. 또한 쿠사이(クサイ, 현 Kosrae) 지역의 경우 전자에는 342명이, 후자에는 318명이 확인되어 절대 다수에 해당하는 약 93%의 인원이 조선인이었음을 파악할 수 있다.

물론 『현지현재원조사표』는 그 내용에 일정한 오류도 지니고 있다. 그것은 길버트 제도(Gilbert Islands)의 타라와(Tarawa)와 마킨(Makin)의 경우 미군의 공격으로 1943년 11월 25일 주둔한 일본 부대 전원이 '옥쇄'하였다는 전멸 지역임에도 불구하고, 그 이후인 1944년 2월까지 현재원수를 기록하고 있기 때문이다. 한편 팔라우(Palau)의 경우 펠렐리우(Peleliu, 1944년 11월 27일 미군 점령)를 제외한 팔라우 본섬의 경우 미군의 공격을 받지 않고, 고립되었음에도, 1944년 10월 이후의 인원은 기재되어 있지 않다

하지만, 이러한 일부 오류에도 불구하고, 『현재현지원조사표』는 "해군군속자료(2009)"와 조선인 및 일본인에 대한 수송 기록인 『남양군도기지건설

수송기록(南洋群島基地建設輸送記錄)』(⑤航空關係-航空基地-34) 등과 함께 서부 태평양 지역으로 투입된 조선인들의 현황을 파악할 수 있는 자료로써 매우 중요한 의미를 지니며, 이에 대한 세밀한 분석이 필요하다고 판단된다. 이와 함께 이『현재현지원조사표』작성에 기초 자료를 이룬 자료들에 대한 입수와 분석이 진행될 경우, 보다 상세한 내용에 대한 파악이 가능할 것이라 판단된다.

심재욱
(2019. 1. 제56호)

일본의 역사왜곡과 강제동원 연구 활성화를 위한 제언

지난 3월 31일 일본은 '산업유산정보센터'라는 것을 도쿄도 신주쿠에 위치한 총무성 제2청사 별관에 설치하고 개소식을 진행했다고 한다. 2015년 7월 유네스코 세계문화유산으로 등록된 '메이지 일본의 산업혁명유산 제철·제강, 조선, 석탄산업'의 후속 조치였다. 잘 알려진 바와 같이, 당시 일본은 8개 현 11개 시에 소재한 23개 유적을 유네스코 세계문화유산으로 등록하고자 하였다. 하지만 일명 군함도(軍艦島)라 불리는 하시마(端島) 등, '조선인 강제동원'이 진행된 곳이 포함되어 있었다. 이에 한국은 당연하게도 반대 의사를 표명하였다. 논란이 일자 일본은 일부 시설에서 조선인 등이 '자기 의사에 반해' 가혹한 조건에서 강제로 노역한 사실을 인정하고 희생자들을 기리는 시설물 설치를 약속하고 등재를 허가받았다. '산업유산정보센터'(이하 '센터')는 그 약속의 결과로 설치된 것이다.

2017년 선정 당시 '센터' 외관

2020년 개소 시 '센터' 외관

하지만 등재 이후 일본 정부의 행보는 역시 '예상'을 벗어나지 않았다. 2017년과 지난해 이행경과를 담아 일본 정부가 발간한 보고서에는 강제노역 사실을 인정하거나 희생자를 기리는 조치 등은 역시 포함되지 않았고, 한국 정부는 이에 대해 유감을 표명하는 등 잡음이 일어났다. '센터' 역시 그러했다. 개소식에 관련 내용은 일본 정부에 우호적인 산케이(産經)신문에서만 간략히 보도했을 뿐이다. 관계자들만이 참석한 개소식이 열렸고, 일반에 대한 개방은 '코로나19 사태'로 인해 당분간 불허한다는 기사 내용을 통해 볼 때, 상당히 '폐쇄적'인 움직임이 있었던 것을 알 수 있다.

결국 어떤 내용을 지닌 전시물들이 '센터'에 배치되었는지 현재로써는 알 수가 없다. 다만 해당 기사의 내용을 통해 볼 때, 역시 '최초 개설 의도'와는 달리 조선인 강제동원을 부정하는 역사 '왜곡'이 진행되고 있음을 쉽게 알 수 있다. 해당 기사에서 "전쟁 중 군함도에서 지낸 재일한국인2세 남성이 생전에 말한 '주변 사람들에게 괴롭힘을 당한 적은 없다'고 한 증언 등,

섬 주민 36명의 증언을 동영상으로 소개"한다는 내용은 바로 이것을 보여준다. 도리어 '센터' 운영에 관여하는 인사는 "1차 사료와 당시를 아는 증언을 중시했다. 판단은 관람객의 해석에 맡기겠다"라고 사뭇 '당당한' 모습을 보이고 있다.

　일본의 강제동원에 대한 역사 왜곡과 은폐는 새삼 놀라운 일도 아니다. 그리고 일본의 역사왜곡이 가능한 것은 강제동원에 대한 연구가 미진한 탓이다. 일본의 강제동원이 '종료'된 지 70여 년이 지났음에도, 현재까지 한국 내에서의 관련 연구는 많은 공백을 지닌다. 그리고 이러한 공백에 편승하여, 그릇된 정치 인식 하에, '강제동원을 부정'하는 역사왜곡이 일부 한국인들에 의해 자행되고 있다. 또한 이들의 주장은 일부 한국인들에게 '역사적 사실'로 받아들여지는 문제도 나타나고 있다. 이러한 일본과 일부 한국인들의 '강제동원 부정과 역사왜곡'을 극복하고 잠재우는 순리적인 방법은 관련 연구의 활성화라 할 것이다. 그리고 그 기반은 기초 자료에 대한 수집과 분석·연구에 달려 있다고 판단한다.

　최근 국가기록원은 국내 여러 기관에 산재한 강제동원 관련 명부자료를 한데 모으고, 이를 데이터베이스화하여 일반에 공개하는 사업을 진행한다고 발표하였다. 너무 늦은 감이 없지 않다. 하지만 이는 향후 관련 연구의 활성화에 많은 기여를 할 것으로 기대되기 때문에 매우 바람직한 현상이라 판단된다.

　그런데 필자는 이와 더불어 '새로운 자료의 수집'과 '기존 자료의 보완'도 함께 진행되어야 한다고 생각한다. 현재 국가기록원에서 소장 중인 '강제동원 관련 명부자료'(이하 '명부자료')는 일정한 한계를 지니고 있기 때문이다.

　먼저 그 한계의 하나가 바로 이들 자료를 인계받은 시점이 너무 오래 경과되었다는 점이다. 국가기록원에 소장 중인 '명부자료'들의 대부분은

1990년대 인계받았다. 이로 인해 자료의 형태가 복사본 내지는 마이크로 필름의 형태로 인계되었다. 이는 분석에 어려움과 한계를 초래하였다. 아래의 그림을 통해 보면 그 문제점을 단적으로 파악할 수 있다.

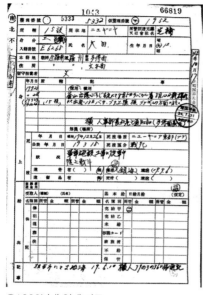

①1990년대 인계 자료

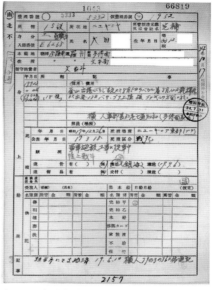

②2009년 인계 자료

　앞의 그림들은 아시아태평양전쟁 중 일본 해군의 제15설영대에 투입된 한 조선인의 기록이다. 일반적으로 '舊海軍軍屬身上調査表'라 불리는 자료이다. 두 그림의 커다란 차이는 바로 흑백과 칼라에 있고 이는 인계 시점의 차이로 발행한 것이다. ②번 자료는 '대일항쟁기강제동원피해진상규명 및 국외강제동원희생자 등 지원위원회'(입수 당시는 '일제강점하강제동원피해진상규명위원회', 이하 '위원회')가 2009년 일본 외무성으로부터 직접 인계받은 자료이다. 디지털 기술의 발달로 자료 전체를 JPG 파일로 인계 받을 수 있었다. 이로 인해 똑같은 내용임에도, ①번 자료에서는 파악되지 않는 추가 기재 내용이 ②번 자료에서는 파악된다. 즉 ②번 자료에 빨간 색으로 기재된 '1942년 7월 24일 브라질丸 편으로, 8월 5일 라바울로 이동한 후, 다시 乾陽丸을 통해 8월 13일 동부 뉴기니아의 바사부아에 상륙'한 내용과 '요코스카인사부장에 의해 다시 면장에게 사망통보'가 이루어진 내용 등이 '1944년 5월 10일 작성된 요코스카人事部의 (문서번호)79-3-36' 문서에 의해 추가 기재된 것임을 파악할 수 있다. 보다 정확하고 자세한 동원 실태 파악을 위해서는 '1944년 5월 10일자 요코스카인사부의 79-3-36 문서'의 추가 입수와 분석이 필요하다는 결론에 도달하게 된다. 이외에도 2009년도에 입수한 자료군에는 위의 '구해군군속신상표' 이외에 1990년대 인계 자료에서는 포함되지 않았던, '공탁금 문서', '간이조사표류', '군속사몰자조사표' 등의 다양한 문서들이 포함되어 있다.(보다 자세한 내용은 필자의 선행연구「[舊日本海軍 朝鮮人軍屬 關聯 資料(2009)]의 미시적 분석」(『한일민족문제연구』 24, 2013)을 참조 바람)

결국 이미 인계받은 자료라도 현시점에서 새로이 요구를 하면, 기존의 자료에 포함되지 않은 새로운 자료들의 입수가 가능하다는 추정이 가능하다. 그러나 이를 위해서는 먼저 해당 자료에 대한 연구와 분석이 선행되어야 한다. 일본 정부가 스스로 새로운 자료를 인계할 리는 만무하기 때문이다. ②번 자료를 입수할 수 있었던 것도, ①번 자료를 검토하는 과정에서 '원자료'의 존재를 인지한 '위원회'의 수년 간에 걸친 계속적인 요구에 일본 정부가 겨우 응한 것이기 때문이다.

두 번째로, 일본 정부가 인계한 자료들의 대부분은 '원자료'에서 '조선인' 부분만을 추출하여 재작성한 자료라는 점이다. 대표적인 예가 바로『유수명부』이다. 일본 육군으로 동원된 약 16만 명에 이르는 조선인 군인·군속들의 기록을 수록하고는 있지만, 각 부대별로 작성된『유수명부』에서 조선인 부분만을 추출하여 작성한 것이다. 형태에서는 원자료와 큰 차이는 없는 것으로 판단된다. 그러나 원자료에서 관련 내용을 추출하여 작성한 것이기 때문에, 보다 정확한 내용의 파악을 위해서는 원자료인 부대별『유수명부』에 대한 검토가 필요하다. 현재 일본의 국립공문서관에는 약 9천 건에 달하는 부대별『유수명부』가 존재한다. 거의 대부분의 자료는 공개 여부를 결정해야 하는 '요심사'의 단계에 머물고 있다. 또한 '공개 또는 부분공개'의 단계에 있는 자료들 역시 '개인정보 보호'의 이유로 자료 이용에 제한을 두고 있다. 여러 어려움이 존재하지만, 해당 자료들의 검토와 입수가 진행되어야 관련 '명부자료'들에 대한, 나아가 강제동원 관련 연구의 활성화와 정확성을 기할 수 있을 것이다.

이상에서 필자가 언급한 내용은, 한일 양국의 관계가 경색될 데로 경색된 현재 상황에서는 사실상 불가능한 일이라고도 할 수 있다. 그리고 그 대안을 필자가 지금 당장 제시할 수도 없다. 하지만, 일본과 일부 한국인들의 강제동원 부정과 역사왜곡에 대응하고 이를 잠재울 수 있는 순리적인 방법이기 때문에, 향후 이에 대한 신중하고 꾸준한 접근이 반드시 필요하다고 생각한다.

심재욱
(2020. 4. 제60호)

정혜경 등 『반대를 론하다』(선인, 2019년 12월)를 다시 읽고

이 책(『반론』)의 중심은 정혜경을 비롯한 4명의 저자가 2019년 7월 미래사에서 펴낸 『반일종족주의』(『반종』)가 '강제동원은 없었다'고 하는 주장에 대해서 자료를 이용하여 반박하고 강제동원 진실을 대중에게 알리고 있다. 사실 서평자를 포함하여 많은 한국과 일본의 연구자들이 『반종』에 대해 이제까지 비판 글을 쓰지 않은 것은 『반종』이 실증을 위한 서적이라고 볼 수 없었기 때문이다. 다만 학문적으로 무관심으로 일관한다고 하여 『반종』에 대해 자신의 연구적 입장은 무엇인가 하는 질문을 다각도로 받는 상황에서, 언젠가는 연구를 지향하고 있는 스스로의 생각에 대해서 피력해야 한다고 느끼고 있었다. 근래 연구계의 움직임을 지켜보면서, 이렇게 『반론』의 서평을 통해서 자신의 논리를 정립해 보고자 했다. 최근들어 서평자는 여러 연구결과를 통하여 신생 한국 정부(이승만 정부)의 인권을 무시해 온 행태를 지적해 오고 있다. 그렇지만 서평자는 이러한 한국에 대한 비판 논문을 곧바로 일본에 대한 옹호라고 오해하지 말라고 누차 말하고 있다. 마찬가지로 일본 비판=한국 옹호와 같은 이분법도 결코 받아들일 수 없다고 말하고 있다. 이것은 어디까지나 서평자가 연구자로서 비판과 실증을 본업으로 하고 싶기 때문이다.

근래에 들어 『반종』 측에서는 좌파 역사학계를 비판하는 심포지엄을 계속 열어 왔으며 2020년에 들어서는 『반일종족주의와의 투쟁』 한국어판과 일본어판까지 펴냈다. 『반종』에서와 마찬가지로 이 책에서도 그들은 학문의 깊이, 논리의 명확성, 사실의 힘을 내세우고 있는데, 논리의 명확성을 제외하면 실증을 거치지 않은 주장에 그치고 있어 그들만의 주장에 그치고 있다고 생각된다. 그들에게 표현의 자유는 허용되어야 하지만, 그렇다고 하여 실증을 포기한 그들을 '연구자'라고 평가할 수는 없다. 젊은 시절에 다양한 경제적 현상에 대해 실증적 연구서를 편찬했던 와타나베 도시오(渡邊利夫)는 2019년 『반종』의 일본어판 원고를 받고 바로 산케이신문(産經新聞)에 서평을 게재했는데, 그는 여기서 『반종』이 '실증연구' '국가를 걱정하는 연구'라고 단순히 평가해 버리는 잘못을 저질렀다. '국가를 걱정하는 연구'라고 하는 주관적인 평가는 그럴 수 있다고 하더라도 '실증연구'라고 하는 섣부른 평가에 대해서는 지난날 와타나베의 수많은 저작마저 의심스럽게 하고 있기 때문이다.

2019년 연말에 『반론』은 정혜경, 허광무, 조건, 이상호 4명에 의해 집필되었다. 미리 일러두지만 이들은 『반종』을 비판하고 있다고 해서 저자들은 물론 이들이 속한 '일제강제동원 & 평화연구회'가 대한민국 현 정권의 움직임이나 한일관계의 경색 국면을 달갑게 여기지도 않고 있으며 도리어 이에 거리를 두고 있다는 사실이다. 오로지 이들은 『반종』의 무책임한 역사부정 움직임에 대해서 일제히 성토하고 나선 것이다. 이 책은 서문에서 '일제말기 한국사는 찬란한 승리의 역사가 아니라 조선 민중이 경험한 전쟁 피해의 역사'였다고 쓰고 있다. 그리고 전쟁 피해나 강제동원문제는 민족이나 민족 감정을 넘어 인류 보편의 가치를 찾아가는 연구 과제라고 적고 있다. 어느 사회에서나 정치적 frame(프레임)을 넘어서 '역사에 대한 진지함'을 나누기 위한 노력이 필요하다고 말한 것이다.

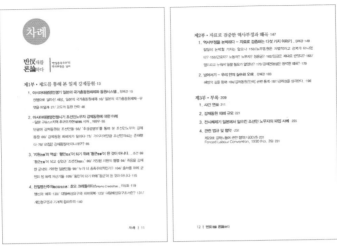

『반대를 론하다』 목차 제1부   『반대를 론하다』 목차 제2부

이 책의 내용을 개별적으로 요약하자면, 제1부에서 집필자 정혜경은 일제 강제동원의 제도화 과정을, 허광무는 후쿠오카(福岡) 탄광의 사례를, 조건(曺健)은 어쩔 수 없이 복무한 조선인의 황군(皇軍) 문제를, 그리고 이상호는 1949년 한국의 「대일배상요구조서」 문제를 각각 언급했다. 아울러 이 책의 제2부에서 『반종』 5장~7장을 반박하기 위해 정혜경은 주요 자료를 통해 일제 강제동원의 역사를 실증하고 있으며 일제 동원이 갖는 강제성 이해가 중요함을 역설하고 있다. 단연코 『반종』에 대한 비판에서는 강제동원피해조사위원회 내부에서 검토한 피해자 조서와 피해 관련 자료를 기반으로 하여 정혜경·허광무·조건이 서술하고 있는 부분이 가장 돋보인다고 할 수 있다.

정혜경은 1931년 9월 만주사변을 중심으로 하는 일본의 침략전쟁, 1938년 4월 국가총동원법을 중심으로 하는 총동원체제를 설명하고, 모집·관알선·징용에서 총독부 공권력이 사용되었다고 했으며, 흔한 방법은 아니었지만 '납치' 방법에 의한 동원도 있었고 대부분 '속임수'와 '협박'에 의한 동원이었다는 점에서 '강제성이 없었다'는 『반종』의 주장은 어불성설이라고 강조했다.

허광무는 다무라 도시유기(田村紀之)의 「내무성 경보국 조사에 의한 조선인 인구」를 인용하여 규슈(九州)지역 조선인 전체의 50%~70%가 후쿠오카에 거주했으며, 후쿠오카현·일본 정부·요코가와 데루오(橫川輝雄)·니시나리타 유타카(西成田豊)·김광렬 등의 연구자료를 인용하여 전시동원 상황을 실증했다.

또한 조건은 신문자료 기사와 미야타 세쓰코(宮田節子) 등의 연구를 이용하여 조선인 청년들의 일본군 지원 동기를 서술하고, '자발성'을 내세우는 『반종』이야말로 더욱 '종족주의'라고 비판하고 있다.

끝으로 이상호는 「대일배상요구조서」 자료와 한국 측 법리를 통해서 『반종』에서 주장하는 청구권 종결론을 비판하고 있다.

이 책의 제2부는 『반종』 5장~7장에서 이우연이 주장하는 노무동원 문제에 대해서 정혜경이 자료를 통해 반박하는 내용이다. 정혜경은 '노무동원이 자발적이었다', '노동자, 노무자, 근로자, 징용공 개념', '임금을 제대로 받았다', '엎드리고 누워서 일할 필요가 없었다', '강제연행설은 명백한 왜곡' 주장은 말장난일 뿐 구체적 자료에 근거한 실증된 말이 아니며, 어휘의 정치적 꼼수에 불과하다고 비판한다.

2020년 8월 강제동원을 부정하는 이우연은 광복절 기념 인사말에서 현 광복회장이 과격하게 '친일파'를 주장한 것에 대해서 이를 비판하고, 현행 한국 정부의 '반일 파시즘'을 비판한 일이 있다. 어차피 정치가들의 권력적인 움직임에 대해서 그가 정치적인 비판에 나선 것은 개개인의 사고에 따른 것이기 때문에 그럴 수 있다고 생각한다. 그러나 그가 과거 총독부 산림소유제도에 관한 연구자였던 점에 비추어, 류석준 교수에 대한 옹호론을 펴거나 한국 전교조·젊은이의 반일(反日) 집회 동원에까지 반대 논리를 펴더니 급기야 징용과 일본군 위안부 피해자의 주장까지 부정하는 논조를 제기한 것은, 연구자의 길을 망각하지 않았나 판단한다. 『반종』이 한국 사회에 대해 그토록 비판하는 frame 정치꾼의 길에 스스로 걸어 들어간 것이 아닌가 하는 의심을 떨칠 수 없다는 것이다.

우리 사회에서는 『반종』의 주장에 그치지 않고, 『반종』을 비판하는 서적에서조차 연구자의 얼굴을 하면서도 frame에 사로잡힌 모습들을 엿볼 수 있다. 예를 들어 (1) 황태연 등, 『일본종족주의』(NEXEN 미디어, 2019.10)에서 고종·명성황후 등 대한제국 지도자를 옹호하는 가운데, 『반종』을 비판하고 있다. 민족차별을 중심으로 한 일제의 실상에 대해 정확하게 보고 있지만, 꼼꼼한 실증이 부족하다는 점에서 오히려 『반종』을 돕고 있다고 생각한다. 『반종』에 대해 '부왜노(附倭奴)들의 反(반)국가 심리'라고 비판하는 것은 또 다른 frame 짜기라고 본다. (2) 호사카 유지, 『신친일파』(봄이아트북스, 2020.3)도 제목과 내용에서 정치적 frame을 내세우고 있다. 이 책의 306쪽에서는 "한국은 국제적 선례에 따라 1952년 1월 '해양주권선언'을 선포했고 동해에 평화선을 긋고 독도를 한국 측 해역에 포함시켰다. 그리고 이 행동은 주권국가라서 가능했다"라고 까지 주장한다. (3) 전강수, 『반일종족주의'의 오만과 거짓』(한겨레출판, 2020.7)은 1945년 8월을 '광복'이라고 할 수 있는가? 라는 문제를 제기한 『반종』에 대해서, "이승만 자신도 '건국'으로 이해했을까?"라고 되묻고 있다. 마치 전강수는 이승만의 역사적 판단에 오류가 없는 것처럼 전제하고 나서 이러한 문제의식을 던진 것이다. 한국의 현 정부에서 frame으로 역사인식 문제를 예단하고 있는 것과 같이, 지식인 본연의 입장에서 진실을 탐구하려는 모습을 찾기 힘들고 정치적으로 어느 진영을 편들고 있다고 본다. 서평자는『반종』을 포함하여 frame 정치꾼들이 근거 없는 주장으로 결국 정치적으로 공생하고 있는 것으로 생각한다.

일본제국의 강제동원 문제에 대해서『반론』은『반종』을 비판하고 있지만,『반론』의 입장을 보다 긍정적으로 이해하자면,『반종』이 한국 사회에 만연되어있는 반일 frame을 비판하고 있는 점에서는 어느 정도 용인할 수 있다고 여기고 있으나, 그렇다고 해서 동원의 강제성을 부정하고 있는 점에 대해서는 도저히 용납할 수 없다고 보는 것이 아닌가 한다. 이런 측면에서 역사 인식 문제에 관한『반론』의 입장은 다음과 같이 요약할 수 있다고 본다. (1) 역사문제에 대한 실증작업이 모두 반일 frame이 아니다. 일제의 강제동원 문제에 관해서 반일 frame보다는 실증작업이 우선한다. (2) 반일 frame이든 친일 frame이든 frame으로 역사를 판단하려는 움직임을 정치적 성향으로 보고 있다. (3) 법률적인 정의(定義)만으로 역사를 일률적으로 적용할 수 없다. 일견 법률적으로 정의된 것 같으면서도 실질적으로 법률을 어기거나 법률을 악용하는 사례가 많기 때문이다.

『반론』의 역사 인식을 확대하자면 대체로 다음과 같은 논리로 정리되는 것이 아닐까 생각한다. (1) 역사적으로 대상 사건을 일률적으로 적용하지 말라. 역사 인식문제는 단칼로 예단할 수 있는 것이 아니다. 그것은 식민통치의 원인이 일본에게만 있다고 주장하는 것도 한국에게만 있다고 주장하는 것도 frame이 되기 쉽다. 이 책에서는 조선의 인민이 피해자가 되었다는 것을 강조하고 있지만 그렇다고 해서 이 지구상에서 조선의 인민만이 피해를 당했다고 말하지 않는다. 해방된 한국이 다시는 식민지배에 매몰되지 않고 전쟁에 휘말리지 않기 위해서는 사회 안팎의 누구에게도 종속당하지 말고 진영에서 독립된 시민의식을 지녀야 한다고 보는 것이다. (2) frame을 가지고 상대방을 공격하지 말라. 일본에 대한 비판이 강해지는 만큼, 한국 내부에 대한 비판도 강해야 하고 자성(自省)의 움직임도 강해져야 한다. (3) 자료에 의한 실증작업을 계속해야 한다. 우리는 부실한 실증작업을 '정치꾼 놀이'라고 부른다. 특히 연구자의 사명은 실증작업을 통하여 무책임한 정치가들을 비판하는 것이다. 연구자가 정치 권력에 대한 줄서기에 열중하고 실증작업을 게을리하면 우매한 대중의 사회가 초래되기 쉬운 것이다.

서평자는『반론』의 한계에 대해 다음과 같이 지적할 수 있다.『반종』의 근본적인 문제와 관련되는 것으로, 사실 기존의 연구만을 가지고도 일제 강제동원 문제를 얼마든지 실증할 수 있다. 굳이 이 책이 아니라고 해도『반종』이 결여하고 있는 실증의 문제를 비판하는 글이 너무 많기 때문이다. 다만 실증되고 복합적 양상을 띠고 있는 출판물에 대해서 대중의 관심이 쏠리지 않기 때문에,『반종』과 같은 '독버섯'이 판을 치다 보니 생긴 일이다.

『반론』은 대체로 일제의 강제동원 문제에 관하여『반종』을 비판하고 있지만, 그렇다고 하여 실증적인 연구서라고 하기는 곤란하다. 대중서 중에서는 실증적인 연구를 대폭 포함하는 정도의 도서라고 생각한다. 이 책의 서론에서도 누누이 주장하고 있지만, 일제의 강제동원 문제를 중점적으로 다루다 보니, 결과적으로 과거 일본에 대한 조선인의 부정적 서술에만 그치기 쉽다는데 근본적인 한계를 가지고 있다. 그리고 일제 강제동원의 실증작업에 충실하면서『반종』을 비판하는 일에 집중하고 집필 의도를 흐리는 문제 제기에 대해서는 다른 독립된 저작으로 처리했더라면 하는 생각이 든다.「대일배상요구조서」자료의 문제나 1965년 청구권 협정과 최근 한국사 법부의 판결을 둘러싸고 연구자 사이에서도 논란이 많이 제기되고 있으며 자칫하면『반종』의 주장을 오히려 거들 수 있는 부분이 있다고 생각된다. 실증적 비판이라고 하는 이 책의 집필 의도가 전체적으로 싸잡아 비판받을 수 있다는 것이다.

마지막으로 서평자는 외연을 넓혀 한일관계 역사 연구자의 과제란 무엇인가에 관하여, 10가지 문제점을 제기하고자 한다. (1) 역사란 끊임없이 실증하고 대화하는 것이 아닐까? (2) 상대방 일본에 대해 국가적으로 추궁해 가는 것과 함께 한국인 스스로 자성하는 태도가 필요하지 않나? (3) 한국이나 일본에서 대중의 인식을 어느 정도까지 믿을 수 있는가? (4) 구술과 증언이 실증작업에서 차지하는 부분과 관련된 것으로 구술자의 기억을 전적으로 신뢰하고 결말짓는 것에 문제가 없을까? (5) 요새 서평자가 많이 생각하고 있는 문제인데, 총독부 시기에 한반도에 거주하던 일본인을 모두 지배자이며 조선인은 모두 피해자라고 할 수 있나? 이러한 대립 논리가 자칫 한국인 vs 일본인이라는 민족 대립으로 이어지는 것은 아닐까? (6) 대체로 오늘날 대중의 인식에서는 역사보다도 현실을 중시하고 있는 것이 아닐까? (7) 서로 다른 역사관을 가진 국민국가 사이에서 외교 이외에 평화를 담보하는 것이 있을까? (8) 앞으로의 국민적 과제와 관련하여 유아독존식 nationalism이 우리 사회에 생산성을 부여할 수 있나? (9) 한일관계의 현대사에서 한국은 과연 국제정치의 현실 변화를 거부할 수 있나? (10) 1945년의 대일응징 사관(史觀)이 1951년 샌프란시스코 강화조약이나 오늘날까지 계속될 수 있나?

❖ 이 글의 일부는 최영호 『한일관계의 흐름 2019-2020』 (논형, 2021년), 283~290쪽에, 「이영훈 등의 『반일종족주의』에 대한 서평」에 게재했다.

최영호
(2020. 10. 제62호)

야마구치에서 한일 간 '평화'를 생각하다

필자는 「평화선」에 의한 일본인 어민 피해 관련 조사를 하겠다는 것을 가장 큰 이유로 하여 2016년 1월 17일부터 21일까지 야마구치에 출장했다. 결과적으로 2015년의 후쿠오카 사례와 같은 현지 거주 피해 어민에 대한 인터뷰 조사는 이루어지지 않았고, 그 대신 수산대학교의 도서관과 야마구치 및 후쿠오카의 현립도서관에서 자료를 조사하는데 그쳤다. 그러나 이번 출장을 통해서도 필자는 한일 간 「평화」의 문제를 깊이 생각하는 시간을 가졌다. 특히 수산대학교의 도서관 자료를 읽으면서, 우베(宇部) 탄광의 수몰 피해 해변을 거닐면서, 잊지 못할 혼자만의 추억을 만들 수 있었다.

2016년 야마구치 출장에는 시모노세키(下關) 시립대학 기무라 겐지(木村健二) 선생님으로부터 많은 도움을 받았다. 그는 야마구치현 역사편찬위원으로 재조일본인 연구의 권위자이면서도 야마구치현과 한국과의 역사에 다양한 글을 발표해 오고 있는 분이다. 2016년에 정년을 맞는 기무라 선생님은 공적인 자리에서나 사적인 자리에서 필자와 한일 간 전후처리 문제에 관한 대화를 많이 나눈 편이다. 야마구치현의 센자키(仙崎) 항구는 해방 직후 초기에 재일조선인과 재조일본인에게 가장 중요한 귀환 항구로 공통 관심 지역이었기 때문이다. 여기에다가 필자가 거주하는 부산과 그 분이 거주하는 시모노세키는 일제강점기에는 물론 전후 한일수교 직후에도 한일 간 민간 교류의 거점이 되어 온 곳으로 수많은 이야기 거리를 가지고 있기 때문이었다.

한편 필자가 근래에 들어 「평화선」 문제에 관하여 연구 관심을 갖게 된 것은 이 문제가 1950년대 일본인들에게 한국을 혐오하게 하는 가장 큰 이슈가 되었기 때문이다. 그 시기 구보타 망언이나 북송 문제가 한일 양국 외교를 경색시키기도 했지만 「평화선」 문제는 그것들보다 훨씬 더 일본인들에게 혐한 분위기를 제공했다. 일본의 각종 언론은 한국정부가 일본어선을 '불법적으로' 나포하고 일본 어민을 '비인도적으로' 억류하고 있다고 대대적으로 보도함으로써 한국의 폭력성을 일본사회에 널리 알렸다. 예를 들어 필자가 소장한 『아사히그래프』 1959년 6월 14일자에서는 1958년 6월 26일 한국 경비정에 의해 연행되어 가는 중에 바다에 뛰어들어 도망쳐 나와서 일본 순시선에 구조된 선원의 스토리를 소개하기도 했고, 귀환한 선박에 남은 총탄 흔적을 부각시키며 한국경비정을 '바다의 무법자'라고 표현하기도 했다. 또한 한국에 억류된 어선 153척의 사진과 나포 지점을 지리상에 제시하기도 했다.

그런데 이번에 일본 수산대학교 도서관에서 필자는 잡지 『조수(朝水)』의 발행인이 일반 일본인의 혐한 분위기와는 다른 논조를 전개하는 것을 발견하고 놀랐다. 이 잡지는 재조일본인 가운데 수산업에 종사하던 사람들이 패전 후 일본에 귀환하여 「조수회(朝水會)」라고 하는 단체를 결성하고 단체의 이름으로 발행한 것이다. 오늘날 「다케시마문제」의 연구 고문이기도 한 후지이 겐지(藤井健二)는 2007년에 이 잡지 제1호(1947년1월)부터 제79호(1955년12월)까지 내용을 분석하고, 「조수회」가 「평화선」 문제를 주목한 것은 사실이지만 대응 양상에 대해서는 잘 알 수 없다고 결론지은 바 있다. 그러나 필자는 이 잡지 내용을 읽어 본 결과, 후지이의 평가와는 다른 점이 많다는 것을 확인했다. 특히 제78호(1955년11월)에서 발행인 노가타 나오가즈(野方直一)는 오늘날에도 놀라울 정도로 당시 혐한 분위기와는 동떨어진 견해를 발표했다. 예를 들어 노가타는 다음과 같은 논조를 펼쳤다.

• 한국전쟁, 경제적 곤궁, 대일감정을 통찰한 후 인내를 가지고 「평화선」 문제 해결을 지켜봐야 한다 • 한국의 현상으로서 전쟁 후 빈궁, 높은 세금,

징병에 대한 불만, 정치 부패, 관료 기강 추락, 언론 탄압을 이해해야 한다 • 한국정부의 입장과는 달리 한국인들의 대일감정은 우호적이다 • 일본어 선의 범람은 한국업자에게 가장 큰 위협이 되고 있다 • 서일본 고등어 건착망 어선 수가 1945년에 30척에 불과했으나, 1955년 현재에는 116척이나 된다 • 조선총독부 시절에도 어족자원 보호를 위해 자주선 침범 트롤어선 이나 저인망어선을 나포한 일이 있다 • 현재「평화선」문제는 일본정부가 어선을 범람시킨데 원인이 있다 • 일본의 건착망업자, 저인망업자 간 알력 에 따른, 일치단결되지 않은 대응이「평화선」문제를 장기화시키고 있다 • 일본어업자들이 사실 이상으로 국민감정을 혐한으로 몰아가고 있다 • 한 국 업자가 말하는 일본어선의 남획 진상을 이해하자 • 한국업자에게「평화 선」은 생명선이다 • 한국인의 말이 모두 진실은 아니겠지만, 일본인의 주 관으로 한국인을 비판하면 오해를 초래한다 • 한국어민은 이승만의 강경 대응에 모두 찬동하지 않는다 • 억류어민에 대한 한국인의 감정에서는 동 정론이 우세하다 • 1954년 9월에 억류된 시모노세키 고등어잡이 어선 탑 승의 실습생에 대해 한국수산학교 학생이 위문했다 • 자신이 억류 중인 어 선 선장을 만났을 때, 의약품 차입과, 보증인 있으면 가료가 가능하다는 것 을 확인했다 • 억류자에 대한 식량이 조잡하다고 하지만, 한국인 복역자 에 비하면 나은 대우다 • 억류자 2명이 탈주하여 일본에 무사 귀환했는데, 이는 한국인의 후의나 일본인 잔류자를 배반한 일이다 • 누군가 한국에 잔 류하여 보증인이 되어, 환자들을 치료할 수 있으면 좋겠다 • 한국생선 수 입을 금지하는 것은「평화선」대항 조치가 되지 않는다 • 1952년 한국에서 수입한 생선은 3억 2천만 엔어치로 주로 삼치, 방어, 새우이며 시장에 영 향이 미미하다 • 친일적인 한국 어민은 기본적으로 이승만의「평화선」강 경정책에 반대한다 • 일본 측이 주장하는 3해리 영해설에 대해서는 일본 내부에서도 비판의견이 많다 • 이승만을 상대하지 않지 않고 한국어민과의 우호 증진을 통한 문제 해결에 임해야 한다……

조세이탄광의 흔적을 나타내는 구조물(일명 '피야'라고 불리는 환기구 두 개)

또한 필자는 야마구치 출장 4일째, 야마구치에서 후쿠오카로 들어가는 길에 우베시에 들렀다. 전날 야마구치 현립도서관에서 경험한 폭설과는 달리 이날은 기온도 포근하고 날씨도 화창했다. 우베선 열차를 타고 도코나미(床波)역에서 내려 도키와(常盤)역까지 한나절 산책한 후 시모노세키로 들어갔다. 도코나미와 도키와 사이의 해변에서 과거 조세이(長生) 해저탄광의 흔적을 말해주는 두 개의 대형 통풍구(피어)를 쉽게 발견할 수 있다. 조세이탄광은 1914년에 만들어진 것으로 한 때 800명 정도의 광부 노동자가 일했던 곳이다. 1942년 2월 3일, 낙반 사고로 노무자 183명이 수몰 희생을 당하면서 폐쇄되었다. 수몰 희생자 가운데는 조선인 노무자 136명이 포함되어 있었다. 희생자의 유골은 여전히 인양되지 않은 채 여전히 해저 갱도 안에 갇혀 있다. 사고 해역에서 200미터 정도 떨어진 곳에 1982년에 세워진 「순난자 위령비」가 서 있다. 여기에는 1993년부터 매년 한국에서 증언자와 유족 등이 방문하여 위령제와 필드워크를 실시하고 있다. 한국의 대일항쟁기위원회는 「조세이 탄광 수몰사고의 진상조사 보고서」를 2007년에 발간했고 2015년 말에는 일본어판을 발간했다.

갱구로 향하는 콘크리트 계단

    필자는 2016년 야마구치 출장을 통해서 한일 간 「평화」에 관한 다음 세 가지 인식을 더욱 더 분명하게 할 수 있었다. 첫째, 집단적으로 한편에 쏠리지 않고 개별적으로 균형을 이루는 사고가 존중되어야 한다. 이처럼 사회 전반에 걸쳐 개별적인 균형이 풍부하게 유지될 때, 그것을 「평화」라고 할 수 있다. 집단이념은 때때로 독립성을 유지하기 위해 필요하기도 하지만 집단이념을 신성시하고 한 방향으로 구성원을 통제하고자 할 때, 「평화」
는 깨뜨려지고 만다. 둘째, 중간자의 피해를 망각할 때 「평화」는 사라진다.
대체로 집단적인 분쟁이나 전쟁을 통해서 희생을 당하는 사람은 중간자이
며 특히 가난하고 힘없는 민중이다. 「평화주의자」로 일컬어지는 사람은 언
제나 민중의 피해를 의식하고 지나친 이익을 추구하지 않는 사람이다. 중
간자라고 해서 모두 같은 견해나 이념을 가지고 있지는 않다. 하지만 중간
자는 적어도 극단에 쏠리는 법이 없으며 「평화」를 위한 대화와 소통을 중요
시한다. 셋째, 과거 역사에서 나타난 중간자 민중의 피해나 중간자의 목소
리를 기록하고 교육해 가지 않으면 「평화」는 사라지고 만다. 「평화」는 완성
품이 아니며 기록과 교육을 통해 완성시켜가는 작품이기 때문이다. 「평화」
만들기 작업의 일환으로 강평연은 오늘도 과거 전쟁 시기에 이루어진 강제
동원 및 억류의 역사를 끊임없이 파헤치고 새겨두고 있는 것이다.

최영호
(2016. 3. 제44호)

「평화선」 억류 일본인 어부들을 조사하며 「평화」를 생각하다

　필자는 지난 2014년 4월에 후쿠오카(福岡)의 RKB 마이니치 TV방송국 지하의 영상자료실을 방문한 것을 계기로 하여, 그 방송국의 영상자료와 스크립트를 입수했다. 이것을 실마리로 하여 지난 2015년 2월과 11월, 부산 외국인수용소에서 추가로 억류되었던 일본인 어민 피해자들을 직접 찾아가 구술조사 작업을 진행했다. 2021년 4월 한국연구재단에 저서 『평화선을 다시 본다』를 송부함으로써 「저술출판지원사업」을 끝마쳤다. 해당 저서의 제6장에는 1955년과 1956년부터 부산의 외국인수용소에 억류된 후쿠오카 거주 일본인 피해자 4명과 필자와의 인터뷰 내용이 실려 있다. 지난 연구 작업을 되새기며, 오늘날 일본사회 일부에서 지나치게 한국을 비하하는 혐한(嫌韓) 움직임과 한국사회 일부에서 지나치게 일본을 비난하는 반일(反日) 움직임이 전개되고 있는 것에 반성을 부각시키고, 역사적으로 한일관계의 경색국면을 완화시킬 수 있는 재일한국인과 재조일본인과 같은 중간자적 존재가 점차 사라지고 있다는 사실을 고발했다.

　주지하다시피 한국정부는 1952년 1월 18일 「평화선」을 대내외적으로 선포했다. 대일 샌프란시스코 강화조약 비준을 앞두고 예상되는 「맥아더라인」 철폐에 대한 대비책으로 한국 근해의 어족자원을 보호하기 위한 조치로서 「평화선」을 선포한 것이다. 일찍이 한국은 1947년부터 한국 근해에서 남획하는 일본어선을 나포하기 시작했고 1951년에는 한국동란 상황에서 한국 주변 수역에 경비를 강화하면서 일본어선을 비롯한 외국어선에 대한 단속을 강화했다. 한국에 나포된 어선의 어민들은 '불법 어로 활동'을 죄목으로 하여 한국의 형무소에서 1년 이내의 복역을 했고 이어 평균 10개월 정도의 수용소 생활을 거친 후 일본으로 돌아갔다. 이처럼 정치적인 이유로 형기가 끝난 외국인 어민들을 계속해서 억류한 것은 국가에 의한 '비인도적인 조치'로 비난받아 마땅하다. 어민 가족들이 일본에서 억류 피해자들의 귀환을 학수고대하며 일본정부와 국제사회에 대한 탄원과 고발이 이어진 것은 신생 한국에 대한 대외적 이미지를 극도로 악화시키는 계기가 되었다. 일본인의 경우, 오래된 이웃국가에 대한 멸시의 전통이 있는데다가 한국인에 대한 감정에서는 대체로 무관심했는데, 「평화선」 문제에 관한 '불법', '부당'을 고발하는 보도가 나오면서 1950년대와 1960년대 일본인 사회에서 혐한(嫌韓) 분위기가 극에 달했다.

그런데 일본 사회에는 이러한 분위기 가운데서도 1950년대 중반에도 일본의 무분별한 한반도 근해 어업 진출 문제를 보다 더 강력하게 비판하는 목소리가 있었다. 기관지 『조수(朝水)』의 발행인은 일본인에 대한 한국인의 자세는 기본적으로 우호적이라는 점을 강조하고, 「평화선」 문제는 일본정부가 어업정책을 잘못하여 어선을 범람시킨데 원인이 있다고 했으며 일본 사회에서 사실 이상으로 혐한(嫌韓) 분위기를 조장하고 있다고 했다. 필자가 만난 4명의 피해 경험자들은 모두 부산의 외국인 수용소 생활에 대해 세간의 어둡고 고된 참상 보도를 전면적으로 부정했다. 같은 처지의 일본인 어부 청년들이 한 장소에서 생활을 했고, 많을 경우 일본 전국에서 1000명 정도가 집단 수용되어 일본어로만으로도 생활을 할 수 있어서 불편한 점이 없었다고도 했고, 당시 한국의 일반 사람들도 먹기 힘든 식량을 일하지도 않고 그냥 얻어먹어서 미안했다고 하는 인터뷰 결과로 있었다. 그럼에도 불구하고 그들은 모두 국가에 의한 '비인도적 억류 만행'에 대해서만은 모두 비판적이었다.

「평화선」 문제의 피해자는 생활 조건에 따라서 피해의식이 서로 다르게 나타나며 따라서 그 피해를 일반화하기는 어렵다. 예를 들어 일본인 어부가 나포와 억류 당시 일반 선원이었는지, 아니면 선장이었는지에 따라서 기억이 각각 달랐고, 가족의 생계를 민감하게 책임져야 하는 입장과 그렇지 않은 입장에서도 억류로 인한 피해에 관한 인식이 서로 달랐다. 필자가 인터뷰한 사람들은 모두 억류 당시 가족의 생계문제에 대해 비교적 부담이 적었던 일반 선원들이었기 때문에 화기애애한 면담 분위기였는지 모른다. 또한 필자는 오늘날 우리가 향유하고 있는 「평화」를 계속 유지하고 심화해 나가기 위해서는 언제나 '국가에 의한 폭력'을 규명하고 검증해야 한다고 생각한다. 필자가 2014년부터 2021년까지 「평화선」 문제와 관련하여 억류 피해 일본인 어부들에 대한 조사 과정에서 얻은 교훈이다.

최영호
(2016. 7. 제46호)

강제징용 전범기업에 대한 압류 조치, 어떻게 볼 것인가?

최근 들어 한일관계가 심상치 않다. 문재인정부 출범 이후 '2015년 위안부 합의'를 사실상 무효화하고 화해치유재단을 해체함으로써 한일관계는 균열되기 시작했다. 올해 초 초계기 갈등에 이어 하노이 북미회담 결렬을 둘러싼 일본의 방해(?) 의혹에 대한 공방, 그리고 강제징용 피해자들이 전범기업을 대상으로 낸 압류조치가 잇따르면서 일본정부는 한국에 대한 보복조치를 운운하기에 이르렀다. 이러한 상황은 해방 이후 그리고 1965년 국교정상화 이래 최악의 상황이라고 평가될 정도이다.

(이하 중략 및 일부 게재내용 수정)

한편, 우리정부도 이런 상황을 우려하고 있다. 한국정부는 일본정부와의 외교 채널을 통해 사태의 진정과 현상유지(status quo) 전략을 추구해 왔다. 문재인 대통령은 여러 계기마다 '과거사 문제와 미래지향적 관계 분리'를 내세우며 일본의 과민대응 자제를 요구하는 한편, 항상 대화의 문이 열려 있다고 강조했다.

하지만 이러한 '투 트랙(two track) 전략' 또는 '양면게임(two level game) 전략'은 상대국 내부에 우리 측에 우호적이며 또는 우리가 조작(manipulation)·동원(mobilization) 가능한 개인과 단체 등의 규모가 크거나 활성화시킬 수 있을 때 작동이 가능한 전략이다. 다시 말해, 일본 내에 우리나라의 입장을 지지하거나 일본정부에 비판적인 개인과 단체, 또는 여론이 어느 정도 형성되어 있을 때만 효과가 있는 전략이다. 그러나 현재 일본 내 우경화 속도가 더욱 빠르고 보수우익이 메이저 여론을 주도하는 상황인 반면, 야당과 진보계 정당은 지리멸렬하고 한국에 우호적인 세력은 노령화가 심각하며 한류붐의 주류 소비층은 청소년과 소수 계층에 불과하다. 이런 상황에서 한국정부가 단순히 정경분리 또는 투 트랙 전략 등의 수사적 표현만 내세우며 한일관계를 안이하게 관리하는 한, 한일관계의 개선은 더욱 요원해질 것으로 전망된다.

더욱이 최근 들어 중국과 일본이 경제협력을 부쩍 강화하는 상황을 고려하면 한일관계 악화는 매우 걱정스런 상황이다. 중일 간에도 역사 문제 등 악재가 쌓여있지만, 4월에 고위급 경제회담을 열기로 하는 등 양국이 경제를 앞세워 관계 개선에 적극적이다. 5월에 열릴 예정이던 한일 경제인회의가 9월로 연기된 것과 너무 대조적이다. 한중관계도 소원해 진 상황에서 중일의 관계개선이 급진전 될 경우, 동북아에서 한국의 소외와 고립이 현실화될 수도 있다.

앞으로 강제징용 관련 전범기업에 대한 압류조치를 넘어서는 행보에 더욱 신중해 질 필요가 있다. 과거 니시마쓰(西松)건설에 대한 중국 강제징용 피해자들의 성공 사례에서 보듯이, 소송의 궁극적 목표는 어디까지나 해당 기업의 사죄와 보상에 있다. 피해자와 원고단, 그리고 우리정부는 해당 기업에만 초점을 맞추어야 한다. 그리고 한일 양국 정부는 이 문제의 주체와 대상이 해당 기업을 벗어나지 않도록 면밀하게 조율해야 한다. 이 문제가 한일 간의 외교관계 악화와 정부 간 자존심, 국가위상의 문제로까지 확대될 경우 당초 얻고자 하는 결과를 얻기는커녕, 관계자들로서는 총체적 파국에 대한 책임을 뒤집어쓰는 자충수가 될 수 있다. 다시 한 번, 피해자들을 위하는 길이 어떤 것인지 숙고해 볼 시점이다.

오일환
(2019. 4. 제57호)

2021년의 한일관계의 국제적, 국내적 환경 변화 가능성에 대해

코로나19 바이러스 사태로 점철된 2020년이 저물고 2021년의 새해가 밝았다.

치명적일 뿐만 아니라 일상생활에 막대한 영향을 미친 코로나사태만큼이나 지난 몇 년간 악화일로를 걷고 있는 한일관계 역시 한일 양국의 정치와 경제는 물론이고 국제관계에 심각한 타격을 입혀 왔다.

이런 가운데 지난 해 아베 총리의 퇴진과 스가 총리의 등장을 계기로 한일관계에 새로운 모멘텀이 형성되는가 싶더니 신년 초부터 일본군 위안부 문제 관련 판결 등으로 인해 관계개선의 여정에 비상등이 켜졌다.

이번 핫이슈에서는 한일관계를 악화시키는 요인들과 관계개선의 가능성이 상호작용하는 구조와 역학에 대해 간략히 설명해 보고자 한다.

기본적으로 두 국가 간의 관계는 각 국가의 국내적(Domestic) 요인과 지역(Regional) 및 국제적(International) 요인이 연계(Linked) 또는 상호작용하며 이루어진다는 것이 국제관계학의 상식이다.

다시 말해, 한일관계 역시 한국과 일본의 국내 정치와 사회 등이 동북아시아의 지역적 구조 또는 국제정치의 역학과 연계되어 있다는 것이다.

최근까지의 한일관계 역시 이러한 동학(Dynamics)에 의해 설명될 수 있다. 다만, 탈냉전 이전까지 한일관계가 이른바 유사동맹(quasi-alliance)으로 불리는 국제적 차원의 냉전구도와 미국과의 동맹관계에 종속된 형태였다면, 최근의 한일관계는 동북아 정세와 국제정치적 구조의 압력이 제대로 기능하지 못하고 국내정치가 한일관계를 압도하는 형태로 바뀌었다는 점이 과거와 다른 점이라고 할 수 있다.

최근 몇 년간의 한일관계 악화 배경에는 국제적 차원의 냉전 해체와 미국의 리더십 약화라는 요인이 자리잡고 있다. 반면 동북아의 지역 차원에서, 전통적으로 일본은 경제적 패권을 유지하고 중국을 견제하고 북한과의 대화 또는 관계개선을 위해 한국과 협력하고 한국을 이용하는 것이 유리한 전략임에도 불구하고 아베 정권은 이러한 전략을 스스로 포기하고 한국과의 관계를 악화시켜 왔다.

한국 역시 미국의 동북아전략 하에서 중국과 협력하고 북한을 국제사회로 끌어내기 위해 일본과의 협력 또는 관계개선이라는 전통적 전략을 스스로 포기하고 일본과의 관계악화를 불사하는 전략을 선택했다.

이처럼 한국과 일본이 비합리적인 외교전략을 선택하는 배경에는 오랜 기간 한일관계를 지배해 왔던 국제적 및 지역적 동학은 약화되는 반면 최근 들어 국내정치가 상대적으로 강화되고 또한 여기에 함몰되는 현상이 자리잡고 있다.

한일관계를 악화시키는 빨간색 신호등은 한국에서 먼저 켜졌다. 2011년 12월 한일정상회담에서 이명박 대통령은 사전에 조율되지 않은 '일본군 위안부' 문제를 전격 제기함으로써 일본 측을 당혹시켰다. 외교 협상, 특히 정상회담에서 상대방을 놀래키거나 당혹시키는 것은 피하는 것이 기본 매너이자 상례이다. 이어서 2012년 여름 이명박 대통령은 임기 마지막 해 자신의 형과 측근의 비리를 덮고 레임덕 국면을 전환하기 위해서 전격적으로 독도를 방문했다. 그리고 일본의 '일왕 사과' 운운하며 다시 한 번 일본 측을 당혹시켰다.

2011년 12월부터 2012년 8월까지 이명박 정부가 보여 준 대일 외교는 국내정치가 한일관계를 악화시키는 나쁜 선례가 되었다.

이후 일본에서는 아베 정부가 들어섰다. 아베 총리는 극우세력인 '일본회의'를 중심으로 하는 세력들에 영합하기 위해 노골적인 우경화의 길을 걸었다. 이 때문에 일본은 중국을 견제하고 한국을 고립시키는 외교를 구사함으로써 국내 정치를 위해 국제관계를 희생시켰다. 참으로 무모하고 어리석은 외교라고 하지 않을 수 없다.

한때 미국 오바마 행정부의 경고성 중재를 받아들여 한일 양국이 2015년 12월말 일본군 위안부 문제 해결에 합의했지만, 2016~2017년의 촛불 시위로 집권에 성공한 문재인 정부는 곧바로 이 합의를 사실상(de facto) 무효화시켰다. 제2차 세계대전 이후 자유세계 진영 간에 국내 정치의 역학 때문에 국가 간 합의를 파기한 사례는 흔치 않다. 이 역시 단견적이며 소탐대실의 결과를 초래하는 아마추어적 외교 행태라고 평가하지 않을 수 없다.

이후 문재인 정부와 아베 정부는 사사건건 충돌했고 급기야 2019년 일본이 한국에 대한 수출 규제 조치를 단행하기에 이르렀다. 이러한 일련의 사태는 1965년 한일국교정상화 이래 처음 있는 최악의 상황이라 할 수 있다.

이처럼 악화된 한일관계는 코로나19 바이러스 사태조차 관계 개선의 모멘텀으로 활용하지 못할 만큼 심각한 수준에 도달했다. 일반적으로, 갈등 중인 국가 간에도 천재지변에 따른 대규모 자연재해나 중요 인물의 사망과 추모, 올림픽, 월드컵 등 특별한 사건 또는 행사가 있을 때에는 의례적인 성명 발표, 구호팀의 파견, 구호금품의 전달, 조문단 또는 특사 파견, 또는 제3국의 중재 등을 통해 일시적 화해와 대화를 시도하며 관계 개선의 모멘텀으로 활용하는 것이 상례이다.

그런 측면에서 지난 해 코로나19 사태는 전 지구적 차원에서 전개되는 인류 보편의 대위기라는 상황에 직면하여 한국과 일본이 관계개선의 전환점으로 활용할 수 있는 절호의 기회였다. 그러나 한일 양국의 어느 쪽도 이러한 기회를 제대로 인식하거나 활용하려고 하지 않았다. 한일 양국 모두 외교적 상상력과 의지가 부재한 리더십과 정권이라고 할 수 있다.

다행히 지난 해 9월 아베 총리가 물러나고 스가(菅義偉) 총리의 정부가 출범했다.

그동안 아베의 장기집권 하에서 한일관계는 '박근혜 대통령이 바뀌지 않는 한, 문재인 정부가 바뀌지 않는 한' 개선되지 않을 것이라는 비관론이 팽배했는데, 정작 '아베 총리' 자신이 물러남에 따라 변화의 모멘텀이 생겨난 것이다.

실제로 지난 해 마지막의 몇 달 동안 한일 양국은 'WTO 사무총장 후보' 사안이 한일 간 갈등으로 비화되지 않도록 관리하면서, 박지원 국정원장이 사실상 특사로서 일본을 방문하여 스가 총리와 면담한 직후 일본의 우익계 신문 등에서도 한일관계 정상화 노력을 요구하는 등 관계개선을 향한 분위기 조성 작업이 진행되었다.

하지만 여전히 국내 정치가 발목을 잡는다. 한국에서는 강제노동 피해자 관련 소송의 압류 절차가 진행되고 일본군 위안부 피해자의 승소 판결이 나오면서 한일관계 개선의 앞날이 험난 할 것을 예고하였다.

2020년 12월말 양금덕 할머니 등 강제노역 피해자와 유족 등이 미쓰비시중공업을 상대로 낸 상표·특허권 특별현금화 신청사건에 대한 법원의 압류명령 결정문 4건의 효력이 발생하였다. 매각명령 신청에 따른 심문서 공시송달 효력 역시 이미 발생한 상태이다.

이로써 일제 강제노동 피해자 손해배상 판결에 대한 법원의 미쓰비시중공업 자산 매각 절차는 모든 법적 요건을 갖추게 되었다.

원래는 압류명령 이후 매각명령이 떨어져야 하는데 현재 감정평가·경매·매각대금 지급·배당 등으로 이어지는 절차가 진행되지는 않고 있다.

이런 가운데 새해가 밝자마자 일본군 위안부 피해자들이 일본 정부를 상대로 낸 손해배상 소송의 첫 선고가 나왔다.

1월 8일 서울중앙지법은 고 배춘희 할머니 등 위안부 피해자 12명이 일본정부를 상대로 낸 손해배상 청구 소송에서 피고(일본정부)에게 1억원씩 손해배상을 하라는 원고 승소 판결을 내렸다. 이 판결은 해방 이후 그리고 1965년 국교정상화 이래 우리 사법부가 일본 정부에 배상 책임을 내린 첫 번째 사례로서 향후 한일관계에 커다란 영향을 미칠 것으로 전망된다.

국제법의 통례상 한 국가는 다른 나라에서 재판의 피고가 될 수 없다. 이른바 국가면제(주권면제)의 원칙이라는 것이다.

하지만 이번에 우리 법원은 국내 헌법과 UN세계인권선언 제8조에서 '재판받을 권리'를 선언하고 있다는 점, 주권면제 이론이 국제질서 변동에 따라 수정될 수 있고 수정되고 있다는 점 등을 들며 일본정부의 전쟁범죄 책임을 인정했다. 한 마디로 인권 문제에 관해서는 최근 들어 국가를 피고로 재판할 수 있다는 것이다.

게다가 오는 13일에는 서울중앙지법가 고 곽예남 할머니 등 20명이 낸 손해배상 청구 소송의 1심 선고심을 내린다. 그 결과 역시 8일의 선고가 크게 다르지 않을 것으로 전망한다.

이에 대해 일본정부는 한국 법원의 결정에 크게 반발하면서도 항소하지 않는다는 입장을 밝히고 있다. 8일의 선고 직후 가토 가쓰노부 관방장관은 국가면제(주권면제) 원칙을 재차 들며, 일본 정부가 한국 쪽 재판에 따를 이유가 없다는 차원에서 "항소하지 않겠다"고 밝혔다.

또한 위안부 문제에 대해서는 "1965년 한일 청구권 협정으로 완전히 그리고 최종적으로 해결되었다"는 기존 입장을 다시 주장하고, 2015년 12월 위안부 합의 때 양국 정부가 이 부분을 확인했다고 강조했다.

그나마 다행스러운 것은 과거의 아베(安倍晋三) 총리와 달리 현재의 스가 정부는 한국과의 갈등을 자신의 약화된 지지 기반을 회복하는 데 이용할 동기와 의지가 크지 않다. 다시 말해 국내 정치 때문에 한일관계를 의도적으로 악화시키거나 악용할 소지는 적은 편이라고 할 수 있다.

나아가, 그동안 한일관계 악화를 방관하고 아베를 지지했던 트럼프 (Donald J. Trump)가 물러나고 바이든(Joseph R. Biden Jr.) 대통령과 민주당 행정부가 집권함에 따라 동북아에 미국이 다시 돌아 올 예정이다.

바이든 대통령과 민주당 행정부의 동북아전략은 소련을 견제하고 중국과의 관계를 안정적으로 유지하고 북한을 억제하는 데 초점을 두기 때문에 미일·한미·한일 관계 역시 여기에 초점을 맞춰 재조정하려고 할 것이다.

이는 곧 미국을 중심으로 한 한일관계의 협력과 화해를 의미한다. 이를 위해 바이든 행정부는 한국과 일본 사이를 적극적으로 중재하고 관계개선의 모멘텀을 형성하는 데 주안을 두게 될 것이다.

그런 의미에서 미국은 한국과 일본 정부에게 강제동원 및 일본군 위안부 피해자의 소송 문제 등을 한일 정부 간 갈등과 연계시키지 않도록 주문하는 한편 무역 갈등과 기타 정치, 외교, 안보, 경제적 협력 관계를 복원하도록 '강력히' 요구할 것이다.

그동안 국내 정치 때문에 한일관계와 외교를 희생시켜 온 한일 양국의 리더십과 정부는 상황을 변화시킬 만한 상상력과 의지가 없거나 부족하기 때문에 전통적으로 맏형 노릇을 해 왔던 미국의 복귀야말로 한일관계 개선에 청신호가 될 수 있을 것이다.

강제동원과 위안부 피해 문제는 반드시 한일관계 악화와 파탄이라는 대가를 치러야만 해결되는 것이 아니라, 세계시민의식(Global citizenship)이 주도하는 성숙한 인권국가 간의 관계로 발전해야만 해결될 수 있을 것이다.

오일환
(2021. 1. 제63호)

일본의 총선거와 한국의 대통령선거를 앞두고

2021년 상반기 중 일제강점기 강제동원 피해자들이 일본 기업을 상대로 제기한 손해배상 소송에서 이례적인 판결이 잇따라 나왔다.

지난 4월 서울중앙지법은 고(故) 곽예남 할머니 등 위안부 피해 할머니와 가족 20명이 일본 정부를 상대로 낸 손해배상 청구소송에서 각하 결정을 내렸다. 재판부는 '한 국가의 행위에 대해 다른 나라가 자국 법원에서 국내법을 적용해 재판할 수 없다'는 국제관습법인 '주권면제' 원칙이 인정돼야 한다고 밝혔다.

이어서 6월 7일 서울중앙지법은 강제징용 노동자와 유족 85명이 일본제철·닛산화학·미쓰비시중공업 등 일본 기업 16곳을 상대로 낸 소송을 각하했다.

재판부는 "대한민국 국민이 일본이나 일본 국민에 대해 보유한 개인 청구권은 한일 청구권협정에 의해 소멸하거나 포기됐다고 할 수는 없지만, 소송으로 이를 행사하는 것은 제한된다"고 판결 이유를 설명했다.

재판부는 "비엔나협약 27조에 따르면 식민지배의 불법성을 인정하는 국내법적 사정만으로 일괄 보상 또는 배상하기로 합의한 조약인 청구권 협정 불이행을 정당화할 수 없으며 대한민국은 국제법적으로 청구권 협정에 구속된다"고 판단했다.

그러면서 "이 사건 청구를 인용하는 것은 비엔나협약 제27조의 금반언의 원칙 등 국제법을 위반하는 결과를 초래할 수 있다"고 했다.

이상 일련의 강제동원 관련 기각 판결은 최근 수년간 지속되고 있는 강제동원 관련 소송과 한일관계 측면에서 볼 때 다소 이례적이라고 할 수 있다.

이는 필자가 지난 호의 핫이슈에서 밝혔듯이, 미국의 바이든 정부 출범 이래 미국의 동아시아 및 중국 견제 전략, 그리고 한미일 3국동맹 관계 강화와 전혀 관련이 없다고 할 수 없다.

사법부의 판결이 국제정치 관계와 국내 정치적 요구에 따라 즉각 반응한다는 증거를 제시할 수는 없지만 이와 밀접하게 연동된다는 점은 국제정치학 연구자들 사이에서 상식에 속한다.

조금 더 노골적으로 표현하자면, 2021년 이래 한미일 3국동맹 관계의 복원과 강화를 강조하는 미국의 요구에 대해 한국과 일본은 어떤 식으로든 관계 개선과 대화의 방향으로 움직이고 성의를 보일 수밖에 없다.

한일 양국관계의 개선에 대해 일본 정부는 '한국 정부 태도의 변화와 실질적인 행동'에 달려 있다고 표현해 왔고, 강제동원 피해자들이 제기한 소송의 향배가 바로 그 시금석이라고 할 수 있다.

국교정상화 이래 최악의 한일관계를 개선해야 한다는 필요성은 양국 모두 인식하고 있지만 현 시점에서 어느 쪽이 더 관계 개선을 시급하게 필요로 하는지 굳이 따지자면 한국 정부라고 할 수 있다.

주지하다시피 현재 문재인정부는 지지율 하락 속에 내년 대통령선거를 맞이하고 있다. 레임덕 방지와 내년 대선 승리를 위해서는 중대한 모멘텀(momentum) 내지 특별한 '기적'이 필요한 상황이다.

현 정부와 집권 여당이 기대하고 있는 가장 큰 정치적 모멘텀은 아마도 '코로나 방역' 분야에서의 중대한 성과 내지 북한과의 정치적 '이벤트'일 것이다.

문재인 정부가 일본과의 관계 개선을 위해 노력하는 이유 중 하나는 북한과의 정치적 이벤트에 대한 미련 때문이다. 미국을 설득하거나 미국의 협조를 받아서 북미대화 또는 남북대화가 재개되기 위해서는 미국이 요구하는 한일관계 개선을 향한 실질적인 움직임을 보여주어야 한다.

일단 그 시작은 일련의 재판에서 태도의 변화를 시사했는데, 문제는 일본의 태도에 변화가 없다는 점이다.

이는 전적으로 동북아에서 진행되고 있는 세력전이(Power Transition)와 자민당과 스가 요시히데(菅義偉) 정권의 취약성 등 일본의 국내정치에 기인하는 바가 크다.

서울올림픽이 열렸던 1988년 당시 한·중·일의 국력은 1대 1대 10에 가까웠다면 2020년 일본은 한국의 3배, 중국은 한국의 10배 정도로 성장했다. 한마디로 30년 만에 중국은 아시아 최강자로 급부상했고, 일본은 국력의 상대적 저하를 겪었으며, 한국은 미들 파워(middle power) 국가로 떠오르는 격심한 세력균형의 유동화 현상이 벌어졌다.

최근 들어 한국과 일본의 1인당 국민총생산(GDP)은 거의 비슷하고 취업자 기준 1인당 소득면에서는 오히려 한국이 앞선다. 그리고 국방비 지출액은 구매력 평가 기준으로 볼 때 이미 2년 전에 한국이 앞섰고 실제 방위비 역시 2년 뒤인 2023년에 한국이 일본을 넘어서게 된다.

영국에서 열린 G7+ 정상회의에서 문재인 대통령은 주요 회원국들로부터 환대를 받은 반면, 아시아 유일의 회원국인 일본의 스가 총리는 군색하고 초라해 보였다. 이는 회의에 참가한 일본 측 관계자들이 체감했고 일본 내 언론에서 다뤄질 정도였다.

이런 수치상의 변화와 국제적 위상의 역전 현상을 일본이 단기간에 만회할 가능성은 현실적으로 매우 낮아 보인다. 따라서 자민당과 일본의 40대 이상 중장년과 노령층은 과거의 한국에 대한 인식과 현실 사이에 커다란 지체(lag)를 경험하게 될 것이다.

흔히 지체를 겪는 사람과 집단들은 퇴행적 행동(regression)을 보이기 마련이다. 현실의 괴리를 회피하거나 부정하는 편이 심리적으로 안정감과 만족감을 주기 때문이다. 한일관계 역전에 따른 퇴행이란 전쟁과 식민지배의 과거사를 부정하고 혐한적(嫌韓的) 언설과 행동에 동조하는 것이다. 다시 말해, 현재 진행되고 있는 우경화가 더욱 심화되고 강화될 가능성이 매우 높은 것이다.

이러한 현상은 최근에 도쿄올림픽 개최에 대해 일본의 나루히토 일왕이 궁내청 장관의 입을 빌어 '코로나19 감염상황을 매우 걱정하고 있다'고 밝힌 데 대해, 스가 총리와 집권 자민당이 펄쩍 뛰며 궁내청 장관 개인의 망발이라는 식으로 맹공하는 사건을 통해 적나라하게 드러나고 있다. 이러한 현상은 전례가 없는 일이다.

일왕의 존재는 보수 우익과 자민당의 초석이자 기둥인데, 일왕의 '말씀(お言葉)'을 폄하하고 이를 공격하는 자민당은 우익에서 극우(極右)로 나아가고 일왕이 상대적으로 중도로 밀려나고 있는 아이러니한 현상이 벌어지고 있다.

게다가 최근에 아베 전 총리는 올림픽 개최에 반대하는 국민들과 아사히 신문사 등을 향해 '반일(反日)'이라는 폭언도 서슴지 않았다. 이는 과거 아시아태평양전쟁 기간 중 전쟁과 침략, 식민지배에 반대하거나 총동원체제에 소극적 또는 비협조적 태도를 보이는 자국민에 대해 '비국민(非國民)'이라는 낙인을 찍어 탄압했던 군국주의자들의 행태와 흡사하다. 일본 내 여론 조사에 따르면 모든 세대에 걸쳐 50% 이상이 올림픽 개최를 반대하거나 우려하고 있는데, 전직 총리라는 작자가 자국민의 절반이 넘는 사람들을 향해 '반일'이라고 낙인을 찍다니, 이러한 현상은 '보수 우익'이나 '극우'라는 표현조차 어울리지 않는 매우 위험한 현상이라고 할 수 있다.

전 국민의 절반 이상과 전 세계인이 우려하는 가운데 무조건 올림픽을 추진하겠다는 국제올림픽위원회(IOC)의 금전적 배경은 차치하더라도 스가 정권의 정치적 목적을 이해할 필요가 있다.

자민당과 스가 정권은 현재 큰 위기를 맞이하고 있다. 코로나19 사태에 제대로 대응하지 못한 데 대한 국민적 불안감과 불만이 올림픽 개최에 투영되고 있다. 이러한 민심은 7월 4일 도쿄도의회 선거에서 여실히 증명되었다. 기존에 고이케 유리코(小池百合子)가 주도했던 도민퍼스트회가 도의회의 제1당이자 과반의석을 차지하고 있었는데, 이번 선거에서 자민당과 공명당은 과반의석 탈환을 목표로 했지만 결국 실패하고 말았다. 도민퍼스트회는 올림픽 무관중 개최를, 공산당 등 야당은 올림픽 취소와 연기를 공약으로 내 걸었는데, 도쿄 지역 주민들의 표심은 역시 야당의 공약을 뒷받침하는 결과로 나타났다.

이제 자민당과 스가 정권은 벼랑끝으로 내몰리고 있다. 금년 9월말로 자민당 총재 임기가 끝나고, 10월말로 중의원 임기가 만료된다. 무조건 10월 중에는 총선거를 실시해야 한다.

현재 총선거 실시 후 자민당의 의석수는 현재보다 줄어들 것으로 예상되는데, 전통적 지지 기반인 노령층에서는 오히려 지지율이 더 낮기 때문에 총선거 승리 가능성은 더욱 낮다고 할 수 있다. 그렇다고 자민당이 집권하지 못하는 것은 아니다. 현재 의석보다 줄어드는 것 뿐이다.

현재 스가 정권의 지지도는 37%에 불과하다. 아베 전 총리의 사임 시 지지율은 34%였다. 사실상 스가 총리의 집권은 끝났다고 할 수 있다. 총선거 이후 스가 총리의 재집권 가능성을 기대하는 사람은 소수이다. 오히려 고노 다로(河野太郎) 규제개혁장관의 등장과 심지어 아베 총리의 3기 집권 가능성마저 전망되고 있다.

10월 이후 스가가 재집권하더라도 당분간 한일관계에 큰 변화는 기대할 수 없다. 문재인 정부가 임기말이고 레임덕에 들어가기 때문에 일본 측은 한국의 정권교체 또는 대선 이후의 대일정책 변화 여부를 기다릴 것이다.

스가 보다 훨씬 더 극우 성향이 짙은 고노 다로 또는 아베 등이 총리가 된다면 향후 한일관계는 더욱 험난해질 가능성이 높다. 이들은 한국에 뒤처지는 자신들의 위상을 만회하고 호도하기 위해 한국에 강경한 태도를 보이고 혐한 분위기를 조장하고 국제사회에서 한국을 견제하는 정책을 취할 가능성이 크다.

여기에 대한민국의 새로운 대통령과 집권 여당이 일본에 대해 현재보다 더욱 강경한 태도를 보이려고 한다면, 한일관계의 초석이 되는 '1965년 체제', 즉 한일협정의 파기와 국교 단절이라는 사태가 현실화될 가능성도 있다.

대개 위기를 맞이하는 정권과 정치인은 자신들이 직접 책임을 지거나 대의를 추구하기보다는 사태의 책임을 누군가에게 덮어씌우고 대중들이 분노하게 만드는 길을 선택하기 쉽다. 유감스럽게도 다가오는 일본의 총선거와 한국의 대통령선거라는 정치 환경은 이러한 유혹에 빠지기 쉬운 상황으로 수렴되고 있다.

오일환
(2021. 7. 제65호)

"위안부는 창녀일 뿐" 일본인 18명의 주장

5월 12일자 언론 보도에 의하면, 야마모토 준(山本純), 나가사와 고(長澤剛) 등 일본인 18명이 미국에서 한인 위안부 피해자 문제에 관심을 보여 온 미국의 정치가 4명에게 서한 18통을 보내 '위안부는 창녀'라고 주장했다.

서한을 받은 미국인은 '일본군 위안부 기림비' 건립을 하고 있는 피터 쿠 뉴욕시의회 의원과 대니얼 헬론런 뉴욕 시의회 의원, 토니 아벨라 뉴욕주 상원의원 등 4명이다. 피터 쿠 의원이 언론에 공개한 서한은 '기림비 설립에 반대표를 던져 달라'는 제목이고 내용은 "위안부들은 단순한 창녀이며, 당시 민간위안부를 모집하는 일본 기업의 꼬임에 넘어간 것"이라는 주장이라고 한다.

일본인 18명이 이러한 서한을 보내게 된 배경에는 2010년 한인들의 주도로 미국 뉴저지 주 소도시 펠리세이즈파크에 '일본군 위안부 기림비'가 건립된 후 뉴욕시에도 기림비와 위안부 거리가 조성될 예정이기 때문이다. 기림비에 대한 일본의 반응은 상식을 초월할 정도였다. 5월 1일에 히로키 시게유키 주미 뉴욕 총영사와 나가세 켄스케 정무 담당 부총영사를 지난 1일 팰팍시로 보내 경제적 지원을 대가로 기림비의 철거를 요구한 데 이어 6일에는 자민당 소속 중의원 4명이 같은 목적으로 시청을 찾아가는 등 기림비 철거를 위한 외교적 노력을 노골적으로 드러내기도 했다.

특히 이 서한은 "당시 한국 위안부는 일본 군인보다 훨씬 많은 돈을 벌어갔다"고 주장하며 그 근거로 '문옥주' 할머니의 급여 및 저금 기록을 거론했다. 1943년 6월부터 1945년 9월까지 적립된 월급명세서에 적힌 총급여액(2만 6,145엔) 기록이다. 현지 외교관들은 '이 첨부 자료는 일반인이 쉽게

구할 수 없는 것'이므로 '일본 정부 관계자의 관여가 의심'된다고 파악했다.

문옥주 할머니의 급여액이 많은 것은 제국 일본 영역의 지역별 통화 가치가 다른 때문이다. 인플레가 극심했던 동남아지역은 일본 본토에 비해 통화 가치가 떨어지므로 급여액이 상대적으로 높았다.

그들이 거론한 문옥주 할머니는 1924년에 대구에서 태어나 부친을 일찍 여의고 어려운 상황에서 1936년에 돈도 벌고 공부도 시켜준다는 어느 부부의 말에 속아 후쿠오카현(福岡縣) 오무타(大牟田) 탄광촌(미쓰이광업(주) 미이케 탄광으로 추정)에 따라갔다가 범상한 곳이 아님을 알고 탈출해서 집으로 돌아왔다. 그 후 1940년에는 헌병에 잡혀 만주 동안성에서 위안부로 동원되었다. 16세 때 일이다. 1년 만에 다시 탈출한 할머니는 대구 권번에 들어가 기생 수업을 받다가 군대 식당에서 일하게 해준다는 말에 속아 다시 따라나섰으나 도착한 곳은 버마의 위안소였다. 해방을 맞아 고향인 대구로 돌아와 1996년에 동산병원에서 한 많은 인생을 마감했다.

할머니가 생전에 자신의 이름으로 시모노세키 우체국에 군사우편저금을 있다는 사실을 알게 된 일본인 모리카와 마치코(森川万智子. 2019년 10월 사망)는 할머니의 저금을 반환받으려 노력했다. 모리카와씨는 자신이 바로 그 우체국에서 근무했으며 일본 병사들의 군사우편저금 반환업무를 했기 때문이다. 그러나 일본 정부는 한일청구권협정 체결을 핑계로 지급을 거부했다. 그 후 모리카와씨는 2년간 할머니의 구술을 받아 책을 냈다. 한국에서는 '정신대 할머니와 함께하는 시민모임'이 『버마 전선 일본군 위안부 문옥주』라는 이름으로 번역서를 냈다. 2005년의 일이다.

모리카와가 출간한 문옥주의 일대기

　문옥주 할머니에 대해 일본 정부는 생전에 군사우편저금을 지급하지 않았다. 그런데 사후에 도리어 그 기록을 근거로 '위안부 창녀' 주장을 하고 나섰다. 가증스러운 일이다.

　이에 대해 대한변호사협회에서는 대책반을 꾸려 문옥주 할머니 개인(망자)에 대한 명예훼손을 고발하는 등 적극 대응을 할 예정이다. 국제연대를 통해 더 이상 망언이 나오지 않도록 조처를 취해야 할 것으로 보인다.

❖ 문옥주 할머니의 군사우편문제에 대해서는 이승엽(일본 불교대학 교수), [일본군 '위안부' 문옥주 군사우편저축금 문제 재고] 발표문(2022년 7월 16일 비대면 심포지엄)을 참고할 수 있다.

정혜경
(2012. 5. 제11호)

'일본군 위안부' 피해문제의 외교적 타결

과거 2015년을 보내는 시점에서 한국의 언론은 온통 '일본군 위안부' 문제에 대해 한국과 일본이 더 이상 외교적 문제로 삼지 않겠다고 하는 외교적인 타결 소식으로 시끄러웠다. 다시 돌이켜보면, 그 해 12월 28일 양국의 외무장관이 발표한 공동 기자회견의 내용은 다음과 같았다.

1. 윤병세 한국 외교부 장관

한일 간 '일본군 위안부' 피해자 문제에 대해서는 이제까지 양국 국장 협의 등을 통하여 집중적으로 협의를 행해 왔다. 그 결과에 기초하여 한국 정부로서는 다음과 같이 말씀드린다.

⑴ 한국 정부는 일본 정부의 표명과 이번 발표에 이르기까지의 노력을 평가하고 일본정부가 표명한 조치가 착실히 실시되는 것을 전제로 하여 이번 발표로 일본 정부와 함께 이 문제가 최종적 또는 불가역적으로 해결되는 것을 확인한다. 한국 정부는 일본 정부가 실시하는 조치에 협력한다.

⑵ 한국 정부는 일본 정부가 주한 일본대사관 앞의 소녀상에 대해 공관의 안녕과 위엄의 유지라고 하는 관점에서 우려하고 있다는 점을 인지하고 한국 정부로서도 가능한 대응방향에 관하여 관련 단체와의 협의를 행하여 가는 것 등을 통하여 적절하게 해결되도록 노력한다.

⑶ 한국 정부는 이번 일본 정부가 표명한 조치가 착실하게 실시된다고 하는 전제에서 일본 정부와 함께 금후 유엔 등 국제사회에서 이 문제에 관하여 서로 비난하거나 비판하는 일을 피한다.

2. 기시다 후미오(岸田文雄) 외무성 장관

한일 간 「일본군 위안부」 문제에 대해서는 이제까지 양국 국장 협의 등에서 집중적으로 협의를 진행해 왔다. 그 결과에 기초하여 일본정부로서 다음과 같이 말씀드린다.

(1) 「일본군 위안부」 문제는 당시 군의 관여 하에 다수 여성의 명예와 존엄에 깊이 상처를 입힌 문제이며. 이러한 관점에서 일본 정부는 책임을 통감하고 있다. 아베 내각 총리대신은 일본국의 내각 총리대신으로서 새롭게 위안부로서 수많은 고통을 경험하시고 심신에 걸쳐 치유되기 어려운 상처를 입으신 모든 분들에 대해 진심으로 사죄(おわび)와 반성의 마음을 표명한다.

(2) 일본 정부는 이제까지도 이 문제에 대해 진지하게 대처해 왔고 그 경험에 서서, 이번 일본 정부의 예산에 의해 모든 옛 위안부 여러분들의 마음의 상처를 치유할 조치를 강구한다. 구체적으로는 한국 정부가 옛 '일본군 위안부' 여러분의 지원을 목적으로 한 재단을 설립하고 여기에 일본 정부의 예산으로 자금을 일괄 거출하며, 한일 양국 정부가 협력하여 모든 옛 '일본군 위안부' 여러분의 명예와 존엄의 회복, 마음의 상처 치유를 위한 사업을 행하기로 한다.

(3) 일본 정부는 상기와 같은 표명과 함께, 상기 (2)의 조치를 착실하게 실시한다고 하는 전제에서 이번 발표에 따라 이 문제가 최종적이고 불가역적으로 해결될 것을 확인한다. 아울러 일본 정부는 한국 정부와 함께 앞으로 유엔 등 국제사회에서 이 문제에 관하여 서로 비난하거나 비판하는 것을 피한다.

3. 최영호의 의견

'일본군 위안부' 문제가 한국과 일본 사이에서 가장 중요한 외교적 현안이 되고 있는 것은 분명하지만 그렇다고 해서 훨씬 더 많은 피해자들을 낳은 여타 강제동원 피해문제를 밝혀야 하는 과제가 이번에 모두 매듭지어진 것은 아니다. 「일본군 위안부」 피해 문제에 대한 이번 외교적 결착을 보면서 1965년 청구권 협정을 떠올리는 사람이 많을 것이다. 한일 양국이 더 이상 외교적으로 강경 대치해서는 안 되고 국제적 여론이나 사회적 파급 효과에 있어서도 양국이 계속하여 대립각을 세울 수 없기 때문에 외교적 타결은 절대적으로 필요했다고 본다.

그렇다고 해도 졸속적으로 이루어진 외교적 타결 결과가 너무도 석연치 않다. 굳이 이번 외교적 타결에 의미를 부여하자면 일본에서 성격이 애매한 성금이 아니라 공식적인 정부 예산을 통해 관련 자금을 한국에 제공하겠다고 한 것이 성과라면 성과라고 할 수 있다. 지난 1995년에 비하면 피해자 지원 자금의 공식적인 성격이 강화되었기 때문이다. 또한 일본 정부가 '책임을 통감한다'고 하는 표현을 사용하고 일본 총리의 명의로 피해자에게 사과하겠다는 의사를 밝힌 것도 나름대로 의미가 있다. 아베가 총리 취임 이후 처음으로 '일본군 위안부' 문제에 대해 분명한 어조로 사죄와 반성의 뜻을 표명했기 때문이다.

그런데 가장 중요한 사항, 즉 일본 정부의 법적 책임이 이번 타결에서 분명히 제시되지 않았다. 또한 앞으로 일본 정부 관계자들이 「일본군 위안부」 피해 문제에 대해 이제까지 해 왔던 대로 부적절한 발언을 불쑥 불쑥 한다고 해도 이에 대해서 앞으로 우리 정부가 문제를 제기하기가 곤란해졌다. 그런데도 '최종적'이고 '돌이킬 수 없는' 결론에 성급하게 이른 것은 졸속적인 타결이라고 볼 수 밖에 없다.

무엇보다 10억 엔의 자금을 일본이 제공하는 것을 조건으로 하여 이제 한국이 외교적으로 이 문제를 앞으로 공론화 하지 않겠다고 한 것은 비판을 받지 않을 수 없다. 아베가 이제까지 과거 침략을 정당화 하는 발언을 일삼았음에도 불구하고 이에 대한 반성이나 번복도 없는 가운데 그는 이번에 돈으로 외교적 타결을 이끌어낸 것이다. 외교적 타결이 이뤄진 날, 그로부터 20여 년 전에 김영삼 대통령이 '일본군 위안부' 문제가 불거지자 일본 정부한테 자금을 받지 않을 것이고 일본의 '버르장머리'를 고치겠다고 했던 발언이 새삼 생각난다. 결국 피해자 지원 자금 때문에 이명박 대통령 때부터 이제까지 한국 정부가 그토록 대일 외교에서 강경한 자세를 취했다는 말인가. 일본 우익은 벌써부터 아베가 한국에 '퍼주기' 외교를 했다고 비난하고 있고 한국에 대해서는 언제나 '걸인 외교'를 하고 있다고 힐난하고 있다. 지금부터 50년 전 청구권 협정의 타결에서 나타난 문제점이 이번 2015년에도 그대로 재현된 것이다.

과거 1995년을 돌이켜 보면 일본 정부는 '아시아평화기금'이라는 이름으로 민간 성금을 통해 이 문제를 해결하려고 했다. 일반인에 의한 성금도 애초 예상만큼 걷히지 않자 일본 정부는 정부 지원금으로 이를 메워야 했다. 그때 한일 양국에 가장 큰 걸림돌이 된 것은 한국의 「일본군 위안부」 피해자 일부와 피해자 단체가 이 기금을 받아들이는 것에 극구 반대한 일이다. 그래서 일본 정부는 기금을 전달하기에 앞서 외교적 책사(策士)를 한국에 보내어 피해자 관련 단체를 설득하는 움직임을 보였다. 비록 결과적으로 한국의 피해자 단체는 이에 대해 호응하지 않았지만, 적어도 그때는 일본정부가 사전 설득 작업을 하는 성의를 보인 것이다. 그런데 이번 외교당국의 타결 과정에서는 이러한 수속이 생략되었다. 2015년이 가기 전에 한일 간 외교관계를 회복하려고 했던 당국자들의 강렬한 의지가 반영된 것이긴 하지만, 그러다보니 피해자나 피해자 단체를 경시하는 일이 벌어진 것이다. 이 점에서도 이번 외교적 타결은 1965년 청구권 협정의 재판(再版)이라는 비판을 면할 수 없게 되었다. 일본은 말할 것도 없고 우리 정부도 전후처리가 원만하게 이루어지기 위해서는 전쟁피해자와 피해자단체에 대해 낮은 자세로 대화하고 설득해 가는 모습을 보여야 하는데, 이번에도 그렇게 하지 않은 것이다.

이번 외교적 타결의 문제점을 계기로 하여, 새해에는 한국의 민간 연구자나 피해자 단체가 과거 강제동원 피해에 관한 연구와 조사 작업에 더욱 매진할 수 있기를 희망해 본다. 한국이 2015년에 해방 70주년을 맞았는데 일제강점기의 강제동원에 관한 독립된 연구 조사는 그다지 활발하지 않다. 강제동원 피해 전반에 관한 국민적 관심이 그다지 높지 않기 때문이다. 이러한 풍토 속에서 졸속적인 외교 행태가 나오는 것이다. "하늘은 스스로 돕는 자를 돕는다"고 하는 말은 어느 시대나 통용되는 절대적인 진리가 되고 있다. 과거 식민지 피지배의 치욕을 다시 겪지 않기 위해서는 정부나 국민 모두가 자존심을 세워가야 한다. 정부는 자국민 피해자를 적극 돌보아야 하며, 민간 연구자들은 시류에 흔들리지 말고 과거사 피해의 진상을 조사하여 기록해 두는 일에 게을리 해서는 안 된다.

최영호
(2016. 1. 제43호)

'일본군 위안부' 문제의 외교적 합의에 관한 한국 정부의 검토 결과

지난 2017년 12월 27일, 외교부 소속 '한일 일본군위안부 피해자 문제 합의 검토 TF'가 다섯 달 동안의 활동 결과를 발표하면서 한일 양국 정부에서 「이면 합의」가 존재했다는 것을 밝혔다. 다음날 청와대 대변인은 문재인 대통령의 의사를 전달하는 형태로, 이러한 불합리한 외교적 합의를 가지고 '일본군 위안부' 문제가 해결되었다고 보기는 어렵다고 하는 원론적인 입장을 밝혔다. 이로써 한일 간 외교적으로 관리되는 것처럼 보이던 '일본군 위안부' 문제가 2년 만에 원점으로 되돌아가는 모습을 보이고 있고, 2018년 새해 벽두부터 한일 양국은 새로운 외교관계의 틀 짜기를 모색해야 하는 과제를 안게 되었다.

과거 2015년 연말 서울에서 전격적으로 외교적 합의에 관한 공동발표가 있었을 때, 필자를 포함한 많은 사람들이 이면 합의는 커녕 공표된 합의에 대해서조차 "피해자의 설득 노력이 없는 외교적 봉합"이라고 강렬하게 비판한 바 있다. 또한 그때 필자는 이 합의가 1965년의 '청구권 협정'과 흡사하다고 혹평했다. 그때는 군사독재의 억압으로 굴욕협정에 대한 반대 여론을 억누를 수 있었지만, 이제는 민주화 사회에서 그럴 수는 없고 피해자와 피해자 단체를 설득하는 노력 이외에는 외교적 합의를 실현할 방법이 없어 보인다. 그렇다고 이제와서 지난 정권이 맺은 외교적 합의를 부도덕하다고 하는 이유를 들어 쉽게 파기해 버릴 수 있는 것도 아니다. 이 합의를 권유했던 미국을 비롯하여 '일본군 위안부' 문제 이외에도 수많은 문제들이 한국과 일본 사이에 산재해 있기 때문이다.

그런데 「일본군 위안부」 문제와 관련하여 최근 들어 신문 보도에서 눈에 띄는 것 두 가지가 필자를 심란하게 하고 있다. 첫째는 2017년 12월 16일 재일동포 할머니 송신도씨의 사망에서 보이는 것처럼, 피해 당사자들이 사라져 가고 있다는 소식이다. 이 분은 향년 95세로 1930년대 말 중국에 강제 연행되어 치욕을 겪은 분으로, 1993년부터 10년간 일본 정부에게 사죄와 배상을 꾸준히 요구하며 법적투쟁을 계속해 왔다. 하지만 과거 한국과 일본이 국교정상화 과정에서 맺은 '청구권 협정'을 이유로 하여 결국 패소를 당하고 말았다. 오늘날까지 한국 정부에 등록된 피해자 생존 할머니는 10여 명에 불과하다. 모두가 알고 있듯이, 사회적 편견이나 행정적 무관심 등으로 한국 정부에 등록하지 않거나 자신을 드러내지 않는 피해자가 이보다 훨씬 더 많고 이들조차도 이제는 연로하여 점차 숨을 거두고 있다.

둘째는 2017년 12월 28일 MBC-TV가 한국 국민의 37%가 가난을, 24%가 전쟁을, 그리고 19%가 차별을 두려워하고 있다고 보도를 내보낸 것처럼, 한국사회에서 가난보다 전쟁을 가볍게 여기고 있다는 소식이다. 물론 전쟁을 경험하지 않은 세대에서 전쟁에 대한 두려움이 보다 약한 것으로 보도되었다. 하지만 이것은 필자에게 오늘날까지 우리 주위에 존재하고 있는 일본제국의 침략전쟁으로 인한 상흔이나 6.25전쟁을 통한 한반도 민족상잔의 고통을 망각하고 있다는 뉴스로 들렸다. 일본 정부가 과거 침략전쟁의 와중에서 비인도주의적인 성노예 문제를 야기했음은 재론할 여지가 없다. 이성이 마비되고 삶과 죽음의 선택만을 강요하는 전쟁이야말로 우리가 가장 두려워해야 하고 물리쳐야 하는 최대의 적이다. 이러한 논리로 연구와 강의를 통해 누누이 「평화」를 주장해 오고 있는 필자로서는 전쟁을 가난보다 두려워하지 않는다고 한 여론조사 결과를 듣고 아연실색 할 수밖에 없었다. 이러한 결과를 가지고 어떻게 오늘날 한국사회의 좌우 이념대립이나 일본 정부나 일본 젊은이들의 전쟁책임 회피 상황을 비판할 수 있겠는가.

2015년에 드러난 「일본군 위안부」 문제에 관한 한국의 졸속 외교 가운데 가장 괄목할 것은 이 문제에 관한 일본 정부의 법적 책임이 분명히 제시되지 않았다는 점이다. '최종적'이고 '돌이킬 수 없는'이란 문구가 일본 정부에게는 10억 엔의 부담 이외에 구속하는 것 없이, 피해 당사자를 안고 있는 한국 정부에게는 이면 합의를 이행하라고 구속했다는 점에서 일방적인 속성이 강한 합의였다. 아무리 2015년 한일관계가 경색되어 있었고 미국의 측면적인 압력이 있었다고 하더라도 무엇을 믿고 당시 박근혜 정부가 서둘러 이런 불합리한 외교적 합의에 이르렀는지 참으로 이해하기 곤란하다. 피해자나 피해자 단체에 책사를 파견하여 그들을 설득하고자 하는 노력도 하지 않고 성급하게 외교적 합의 내용을 발표한 근거는 무엇이었을까. 일본에서 내놓을 10억 엔을 가지고 피해 당사자와의 합의를 이끌어낼 수 있을 것으로 본 것인가? 아니면 해당 부서를 곧 외교부에서 여성가족부로 옮길 테니 그 부서가 알아서 피해자들을 잘 설득할 수 있을 것으로 본 것인가? 아니면 50년 전 1965년과 같이 말 안 듣는 사람들을 권력으로 없앨 수 있다고 본 것인가?

　　아무튼 2017년 말 외교적 합의에 대한 한국 정부의 검토 발표는 한일관계에 악영향을 끼칠 것이 분명해 보였다. 한국일보가 2017년 12월 29일에 보도한 바에 따르면, 조사 시점을 분명히 밝히고 있지는 않지만, 최근 국회의장실과 공동으로 한국일보가 조사한 결과, "위안부 합의가 잘못됐다"는 응답이 57.2%, "잘 되었다"는 응답이 32.6%였다고 한다. 문재인 대통령이 검토 TF의 의견을 받아들여 입장을 밝힌 것은 이러한 한국의 국민감정 때문이다. 한편 2017년 5월 23일에 KBS가 보도한 바에 따르면, 마이니치(每日)신문의 여론조사 결과, 일본 국민 중 57%가 문재인 정부 출범 이후에도 한일관계에 변화하지 않을 것으로 예측했다고 했다. 그러면서도 지지(時事)

통신의 여론조사를 인용하면서 일본 국민의 70%가 문재인 정부에 들어 외교적 합의가 지켜지지 않을 것으로 보았다고 했다. 이 여론조사 결과는 문재인 대통령의 이번 외교적 합의의 재검토 발표에 대해서 대체로 많은 일본인들이 이미 예고하고 있었다는 것을 잘 말해주고 있다.

필자는 『한일관계의 흐름』 시리즈 단행본을 통해 일본 내각부의 매년 외교에 관한 여론조사를 소개하고 있다. (https://survey.gov-online.go.jp) 이 자료는 1980년대 이후 한일관계의 흐름을 잘 나타내고 있기 때문이다. 2017년에도 일본 정부는 10월 26일부터 11월 5일까지 18세 이상 일본인 3,000명을 대상으로 하여 조사원에 의한 대면 면접을 실시했다. 응답 회수 결과는 1,803명으로 60.1%의 회수율을 보였다고 한다. 한국에 대한 일본 국민의 이미지만을 살펴보면, 한국에 대해 "친근감을 느낀다"가 8.3%, "대체로 친근감을 느낀다"가 29.3%였다. 이것을 합하여 전반적 호감으로 본다면 37.5%로, 3년 전 최악의 상황이었던 31.5%에 비해서 다소 호전된 것으로 볼 수 있다. 그러나 지난 2010년을 전후하여 전반적 호감이 60%를 상회했던 것과 비교한다면 오늘날 일본국민의 한국에 대한 이미지가 매우 어둡다고 볼 수밖에 없다. 2012년 이후부터 이러한 어두운 이미지는 계속된 것이다. 한편 2017년 한국에 대한 일본국민의 부정적인 이미지에 관한 조사결과로, "대체로 친근감을 느끼지 않는다"가 30.1%, "친근감을 느끼지 않는다"가 29.6%를 보였다. 이것을 합하여 전반적 비호감으로 본다면 59.7%로 나타났다. 만약 한국정부의 2017년 12월 말 검토 발표 직후에 조사했다고 한다면 이 보다 더 부정적인 수치가 높아졌을 것이다.

또한 2017년 한일 간 외교관계에 대한 일본 국민의 평가를 살펴보면, 당시 한일관계에 대한 평가에서 "양호하다고 생각한다"가 3.1%, "대체로 양호하다고 생각한다"가 23.7%로 나타났다. 이 둘을 합하여 전반적인 긍정적 평가로 본다면, 26.8%가 한일관계를 양호한 것으로 평가한 셈이다. 이 것은 과거 한일관계가 최악으로 나타났던 2014년 12.2%에 비해서 매우 호 전된 결과다. 하지만 1년 전 2016년의 29.1%에 비교하자면 오히려 약간 낮 아진 수치라는 점을 확인할 수 있다. 아울러 2017년 한일관계에 대한 일 본 국민의 부정적인 평가 결과로는, "대체로 양호하지 않다고 생각한다"가 40.7%, "양호하지 않다고 평가한다"가 27.0%로 나타났다고 한다.

아무튼 검토 TF는 과거 2015년 외교적 합의가 교섭과정과 이행과정에서 문제점이 많았다고 지적했다. 그렇다고 해서 최종적이고 불가역적인 문구 에 합의하면서까지 맺은 외교적 합의를 앞으로 한국 정부가 쉽사리 폐기할 수 있을 것으로 보기도 어렵다. 그러면서도 한국인들이 '진정한 사과'라고 인정하지 않는 상황, 즉 앞으로 일본 정치가들이 과거 전쟁책임을 인정하 지 않고 이를 뒤엎고자 하는 발언을 여기저기서 내놓을 것으로 보는 데에 는 이견이 없다. 앞으로 한국의 사법부는 한국인 강제동원 피해자의 손을 들어주겠지만, 일본의 사법부는 '청구권 협정'이나 '외교적 합의'를 들어 이 들의 법적 투쟁을 계속 봉쇄해 갈 것이다. 여기에다가 한국인 피해자 가운 데 돌아가실 날이 얼마 남지 않은 생존자나 유족들이 일본 정부의 자금을 필두로 하여 지원을 이미 받기 시작했다고 하는 현실적인 상황을 고려하지 않을 수 없다. 이런 상황에서 앞으로 한국 정부는 어떠한 조치를 해 가야 할까.

필자가 누누이 주장하는 바와 같이, 한국 정부의 역사교육과 평화교육에 관한 지원 강화가 절대적으로 필요하다. 전쟁책임을 외면하는 일본의 역사 인식을 비판함과 동시에 한반도 안의 일본군 시설과 6.25 전쟁 유적, 그리 고 한국인 피해자와 관련한 자료들에 대해서 한국인들이 앞서서 보존하고 찾아나가는 작업이 필요하다. 이와 함께 한국정부로 하여금 이제는 적극 나서서 한국인 강제동원 피해자들을 포용하는 정책을 세워나가도록 감시해 가야 한다. 더 이상 일본 정부에 대해 한국인 피해자의 지원을 위한 구걸 외교를 하게 해서는 안 된다. 이런 점에서 볼 때, '일본군 위안부' 문제와 관련하여 외교적 합의 이후에 화해·치유재단을 통해 지급한 지원금을 기준으로 하여 피해 생존자와 유족들에게 한국 정부의 예산으로 지원금을 지급해 가는 것이 적절했다고 본다. 그것은 한국 정부가 '청구권 협정'과 '외교적 합의'를 맺은 당사자 가운데 하나이며, 얼마 남지 않은 피해자들에게 정당한 방법과 비율에 맞추어 지원금을 지급해야 했기 때문이다.

다만 일본과의 재협상을 시도하는 가운데 이면합의 내용과 10억 엔의 사용 방도를 수정해 가야 한다. 이때 과거사에 관한 일본 정부의 현 기조가 변하지 않는 이상, 독립국가인 한국이 일본의 자금으로 한국인 피해자들에게 금전을 지급하는 일은 없어야 한다. 일본 정부가 종래의 기조를 유지해 갈 것이라는 전제 아래에서 사용 방도의 수정을 생각한다면, 일본의 자금으로 강제동원 및 '일본군 위안부' 관련 역사 시설이나 홍보 시설을 마련하고 운영하라고 권고하고 싶다. 가능하면 한국 정부가 부지와 시설비용을 제공하고 관련 시설의 운영과정에서 한국과 일본의 전후처리 관련 인력을 사용하는 것이 보다 바람직할 것으로 생각된다.

일본 자금의 사용 방도를 설정하는 데에는 일본 정부와의 협상이 그다지 어렵지 않을 것으로 보인다. 도리어 「일본군 위안부」 문제 관련 한국 정부 부서나 지원단체가 쉽사리 합의에 이르기 어렵다고 보며, 따라서 이들과의 지속적인 대화와 검토가 필요하다고 본다. 결국 이상적인 제안으로 그칠 우려가 있지만, '일본군 위안부' 문제를 계기로 하여 한일양국 사이의 역사 및 화해를 위한 장기적이고 지속적인 대화가 이루어져야 한다고 본다. 그렇게 하지 않고서는 앞으로 한일관계의 경색과 악화 상황에서 좀처럼 벗어나기 어려울 것으로 보이기 때문이다.

필자는 2017년 8월에 펴낸『한일관계의 흐름 2015-2016』, 52~58쪽에서 '일본군 위안부' 문제의 해법에 관한 개인 의견을 제시한 바 있다. 다음 문장은 책 내용의 일부를 인용한 것이다. 국제정치이론 가운데 Two-Level Game 이론이 있다. 그것은 국가와 국가 사이의 협상에는 외교적 협상과 국내적 비준 협상이 함께 존재한다고 보는 것이다. 국가 간 협상을 성공시키기 위해서는 일차적으로 상대방 국가를 압박하여 자신에게 유리한 협상결과를 얻는 것도 중요하지만, 그와 함께 상대방 국가의 국내적 여론이 대체로 받아들일 수 있는 방안을 모색해야 한다는 것이다.

이 이론을 '일본군 위안부' 문제에 적용해 보면, 아베(安倍) 총리가 때때로 고노(河野) 담화와 무라야마(村山) 담화에서 제시한 조직적인 강제연행이 있었다는 논리를 수정하면서, 2015년 한국과 맺은 외교적 합의만을 이행하라고 주장하는 것은 한국 국내 여론을 지나치게 무시하는 논리이다. 한국이 수용할 수 있는 논리를 합의안으로 제시하게 되면 보수우경화 하는 일본의 국내 여론에 맞지 않고, 반면에 한국에 대해 일본이 내세우는 외교적 타협을 이행하라고 주장하게 되면 한국의 국내 여론이 이를 받아들일 수 없다. 이렇게 볼 때, Two-Level Game 이론에 적용한 딜레마 상황을 먼저 인정하는 것이 문제 해결의 출발점이라고 생각한다.

한편 한국 정부로서는 '일본군 위안부' 문제에 대한 입장을 분명히 해야 한다. 일본 정부에 대해 '진정한 사과'가 없다고 주장하는 것은 일견 분명한 것 같지만, 그 '진정한 사과'가 외교적 '사죄'를 말하는 것인지, 아니면 아베 총리를 포함한 일본 정부 관계자 중에서 나오고 있는 고노 담화와 무라야마 담화의 기조를 해치는 '반(反) 역사적'인 발언과 행동을 의미하는 것인지 그다지 분명하지 않다. 일본 정부나 일본인 연구자 대부분은 일본이 이제까지 외교적인 '사죄'를 꾸준히 해 왔다고 주장하고 있으며, 일본 정부 관계자의 '반(反) 역사적'인 발언과 행동에 대해서는 한국과 달리 일본문화에 기초한 것이라고 하며 해석을 달리하고 있다. 결과적으로 한국은 상대방 논리에 대한 합리적인 반박 논리를 제시해야 한다.

또한 일부에서는 "돈은 필요 없고 진정한 사과가 필요하다"라고 주장하고 있는데, 이러한 '감성적'인 주장이 현실적인 실행력을 얻으려면 피해자 개인의 존엄을 절대로 훼손시키지 않는 범위 내에서 '일본군 위안부' 문제의 역사적 사실을 조사하고 한국 스스로가 나서서 피해 당사자와 그 유가족에게 충분히 지원을 제공하는 '합리적' 정책이 병행되어야 한다. 다시 말하지만, 하늘은 스스로 돕는 자를 돕는다.

최영호
(2018. 1. 제52호)

PART

05

부록

일제 강제동원 및 한일관계 관련 주요 연표
일제강제동원&평화연구회 안내 및 각종 규정
P's Letter 연구IN & 핫이슈 총 수록 목록

일제 강제동원 및 한일관계 관련 주요 연표

일시	주요 법규 및 정책·사건
1918. 4. 17	일본 정부, 군수공업동원법 제정 *시행 보류
1931. 9. 18	일본의 만주침략 *만주사변 발발. 아시아태평양전쟁 개시
1931. 10. 8	일본 관동군, 진저우(錦州) 폭격 *제1차 세계대전 종결 후 최초의 도시 폭격. 1932.1.3. 점령
1931. 11. 10	중국의 한국독립당, 각 군구에 총동원령을 발포하고 소집과 징모 실행
1931. 12. 29	조선총독부, 군수구호법 시행세칙 개정
1932. 1. 28	일본 해군, 상하이(上海) 사변 일으킴
1932. 2. 5	일본 관동군, 하얼빈(哈爾濱) 점령
1932. 3. 1	일본 관동군, 만주국 수립
1933. 1. 1	일본 관동군, 중국 허베이성(河北省) 북쪽 산하이관(山海關) 진공
1933. 2. 14	국제연맹, 일본군의 만주철퇴권고안 채택
1933. 2. 17	일본 각의, 르어허(熱河) 진공 결정
1933. 3. 27	일본 정부, 국제연맹 탈퇴 조서 발표
1933. 4. 10	일본 관동군, 중국 화베이(華北)지역 침입
1933. 5. 30	일본 관동군, 중국군과 탕구(塘沽) 정전협정 체결, 화베이 점령
1934. 12. 29	일본 정부, 미국에 워싱톤해군군축조약 폐기를 통고
	국제연맹, 일본의 남양위임통치 계속 승인
1935. 3. 19	평안북도 경찰부, 외사계 설치
1935. 4. 6	조선총독부와 일본 척무성, 80만 조선 농민의 만주이민 원안 결정
1935. 10. 3	조선총독부, 조선징발사무세칙 제정·시행
1936. 1. 15	일본 정부, 런던군축회의 탈퇴 결정 *1.16. 공표
1936. 5. 4	조선총독부 학무·내무·농림·경무국장, 각도에 통첩 '청년단 보급 및 지도에 관한 건' 하달
1936. 6. 4	조선총독부, 선만척식주식회사령 공포. 만주 조선인 척식사업 운영 전담 회사
1936. 6. 8	일본 육군, 제국국방방침 제국 국방에 요하는 병력 및 제국군용병강령 제3차 개정
1936. 7. 13	조선총독부, 각도에 외사과 신설하고 외사경찰제 실시
1936. 7. 27	일본 정부, 남양척식주식회사령 공포 *척무성 대신을 최고 책임자로 한 국영기업
1936. 8. 28	일본 각의, 제2차총동원기간계획강령설정의 건 결정
1936. 11. 25	독일과 일본, 방공(防共)협정 조인
1937. 2. 25	일본 정부, 중요산업의 통제에 관한 법률(1931년 법률 제40호로 제정, 1936.5.28. 법률 제25호로 개정)의 조선 시행을 공포
1937. 3. 6	조선총독부, 조선중요비료업통제령 공포 *유산암모니아·석회질소·과인산석회의 수출입 허가 규정
1937. 3. 10	조선총독부 주관 제1차 간도 이민 11,000명 출발 *조선총독부가 설립한 선만척식주식회사 수행

일시	주요 법규 및 정책·사건
1937. 4. 2	일본 정부, 방공법 공포
1937. 5. 13	조선총독부, 3남 지방민 7천 명을 서북지방 토건작업장으로 이송 개시
1937. 7. 2	조선군사령부, 6월 일본 육군성이 요청한 조선인지원병제도와 관한 의견서 제출
1937. 7. 7	중국 루거우차오(蘆溝橋)에서 중일 양군 충돌. 중일전쟁 시작. 일명 중국항일전쟁
1937.7.12	조선총독부, 조선중앙방공위원회 규정 제정
1937. 7. 15	일본 정부, 만주개척청년의용대 운영을 위한 청년훈련소안·청년농민훈련소창설요강안 확정
1937. 7. 16	조선총독부, 외사과를 외사부로 개칭
1937. 7. 27	대한민국임시정부, 중국 전장(鎭江)에서 개최한 국무회의에서 군무부에 군사위원회 설치 결정
	조선총독부, 중일전쟁 발발에 즈음해 각도에 전시체제령 통첩
1937. 7. 28	일본 각의, 총동원계획의 일부 실시 결정
1937. 8. 1	한국광복운동단체연합회 결성 *중일전쟁 발발을 계기로 한국국민당·한국독립당·조선혁명당·한인애국당·미주 5개 단체가 연합
1937. 8. 2	조선총독부, 일본 긴급각의결정에 따라 조선재정을 전시체제로 전환
1937. 8. 7	조선총독부, 후방 안전을 위해 조선에 육군형법을 적용 실시하기로 결정
1937. 8. 12	조선총독부, 조선북지(北支)사건특별세령 제정·시행
	일본 정부, 제철사업법 공포 *시행일은 칙령으로 정함
1937. 8. 14	일본 정부, 병역법 개정 공포
1937. 8. 24	일본 각의, 국민정신총동원실시요강 결정
	조선총독부, 일본 척무차관 통첩에 따라 국민정신총동원운동 개시
1937. 9. 2	일본 각의, 지나사변에 적용해야 할 국가총동원계획 요강 결정
1937. 9. 4	일본 육군차관, 조선군 참모장에게 조선인 지원병 문제에 관한 의견 조회 요청
1937. 9. 9	일본 정부, 군수공업동원법(1918.4.17. 제정) 적용에 관한 법률 공포·시행 *조선에 적용 시행
	일본 정부, 임시선박관리법 공포 *시행기일은 칙령으로 정함
	일본 정부, 국민정신총동원에 관한 내각대신의 고유
	국민정신총동원에 관한 조선총독의 유고
1937. 9. 10	일본 정부, 임시자금조정법 공포 *전시금융통제기본법의 성격
1937. 9. 12	조선총독부, 국민정신총동원 실시 요강 발표
1937. 9. 17	일본 정부, 군수공업동원법(1918.4.17. 제정) 적용에 관한 법률(법률 제88호)을 조선에 적용 시행
1937. 9. 23	조선총독부, 전선(全鮮)농산어촌진흥관계관회동 개최 *개최일을 농산어민보국일로 정하고, 중일전쟁 후 증산과 동원체제 운영 방침 제시
1937. 9. 25	일본 정부, 공장사업장관리령 공포·시행 *군수공업동원법 규정에 근거

일시	주요 법규 및 정책·사건
1937. 9. 29	일본 정부, 방공법 시행령 공포
	일본 육군성, 야전주보규정 개정 *군대 내 매점인 주보(酒保)가 위안시설을 운영하도록 규정
	일본 석탄광업연합회, 상공대신에게 '탄광노동자 보충 증원에 관한 진정서' 제출 *심각한 노동력 부족 현상을 개선하기 위해 조선인 노동력 이입을 요망
1937. 10. 1	일본 정부, 방공법 시행령과 방공법시행기일의 건, 관청방공령 시행
1937. 11. 6	일·독·이, 3국방공협정 조인
1937. 11. 10	국가총동원실시에 관한 건 *내각총리대신의 훈령
	일본 기획원, 국가총동원법안준비위원회 설치
1937. 11. 14	조선군 참모장, 육군차관에게 '조선인 지원병 문제에 관한 건 회답' 보고
1937. 11. 18	일본 정부, 방공법 조선시행령·방공법 시행규칙 공포·시행 *조선 적용
1937. 11. 30	일본 각의, 척무성이 제출한 '만주에 대한 청년이민송출에 관한 건' 승인 *만주개척청년의용대 제도 실현. 1940년부터 조선인 포함
1937. 12. 13	일본군, 중국 난징(南京)점령, 이 과정에서 대학살 자행
1937. 12 .24	일본 각의, 조선통치에 관한 방침 결정 *미나미 지로(南次郎) 조선 총독의 제안을 수용해 조선에서 지원병 제도를 실시하고, 이를 위해 학교 교육을 쇄신해 황국신민의식을 함양한다는 내용
1938. 1. 4	조선총독부, 조선광업경찰규칙 공포
1938. 1. 5	미나미 지로 조선 총독, 쇼와(昭和)천황에게 조선의 지원병 제도 실시를 상주
1938. 1. 12	조선총독부, 철·금·석탄·전력·기타 등 4개년 생산확충계획안 결정
1938. 1. 16	일본 각의, 1938년도 물자동원계획 결정
1938. 1. 18	일본 각의, 1938년 중요물자공급확보에 관한 건 결정
1938. 1. 21	조선총독부, 강원도 평강군 고삽면 세포리에 만주개척의용대 양성을 위한 세포(洗浦)이민훈련소 개소 *청장년 105명 수용
1938. 2. 1	일본 육군대신, 내각총리대신에게 칙령안(육군특별지원병령안에 관한 건)을 제출하고 각의결정을 청원
1938. 2. 22	일본 정부, 조선인육군특별지원병령 공포
1938. 2. 23	일본 내무성 경보국장, 각 지방장관에게 공문 '지나(支那)도항부녀의 취급에 관한 건' 발송
1938. 3. 3	일본 정부, 조선교육령 개정(제3차 교육령) 공포
1938. 3. 4	조선 총독, 조선교육령개정 및 육군특별지원병시행에 관한 유고 발표
	일본 육군성 부관, 북지나방면군·중지나파견군 참모장에게 통첩 '군위안소 종업부 등 모집에 관한 건' 발송
1938. 3. 16	일본군 독립공성중포병 제2대대, 위안소 사용규정 작성
1938. 3. 19	일본 척무성, 내각총리대신에게 조선총독부 육군특별지원병훈련서관제 개정의 건을 청원
1938. 3. 23	미나미 조선 총독과 경무국장, 척무대신·척무성 조선부장 앞으로 전문(電文) '조선인의 내지도항 제한에 관한 건' 송달
1938. 3. 28	일본군, 중국 난징에 중화민국 유신정부 수립
1938. 3. 29	일본, 조선총독부육군병지원자훈련소 관제 제정 공포

일시	주요 법규 및 정책·사건
1938. 3. 30	일본 육군, 육군특별지원병령 시행규칙 제정 공포
1938. 3. 31	조선총독부, 청년훈련소 규정 개정
1938. 4. 1	일본, 국가총동원법 제정 *5.3. 조선에 공포
1938. 4. 4	일본 정부, 조선총독부육군병지원자훈련소 관제 제정
1938. 4. 16	일본 난징병참사령관·영사관 총영사 등, 난징 군위안소 설치 관련 협의 *일반인 대상 위안소는 영사관이 관리 담당하고 군전속 특수위안소는 헌병대가 단속
1938. 4. 18	조선총독부 정무총감, 통첩 '야스쿠니(靖國)신사 임시대제 때 전 국민 묵도 및 전몰장병 위령제 집행에 관한 건' 하달. 전국적인 신사참배 실시 강요
1938. 5. 3	일본 정부, 국가총동원법 조선에 공포
	일본 정부, 공장사업장관리령 공포 *조선 적용
1938. 5. 12	조선총독부, 조선중요광물증산령 공포
1938. 5. 12	조선총독부, 조선광부노무부조규칙 제정
1938. 5. 19	일본 육군, 중국 쉬저우(徐州) 점령
1938. 6. 7	조선총독부, 조선중요광물증산령 시행규칙 공포
1938. 6. 11	조선총독부 정무총감, 통첩 '학생생도의 근로봉사 작업 실시에 관한 건' 발동
1938. 6. 15	육군특별지원병 임시훈련소 개소
1938. 6. 21	경기도 중등학교장 회담을 통해 학도근로보국대 조직 결의
1938. 6. 22	경기도 내무부장, 통첩 '근로보국단 설치에 관한 건' 하달
1938. 6. 23	조선총독부, 지방 각도에 산업부 신설 *그간 내무부가 담당하던 업무 중 농업·상업·공업·삼림·수산·광산 등 물자동원 관련 업무와 토지개량·도량형 업무 등을 담당하도록 함
	조선총독부, 도사무분장규정 개정 *제2조 제3호에 국가총동원에 관한 사항 추가
1938. 6. 26	조선총독부 내무부장, 각도에 국민정신동원 근로보국운동 관련 통첩 발동
1938. 6. 28	조선총독부 내무부장, 각도에 근로보국대 실시 요강 발표
1938. 7. 1	조선총독부 내무부장, 각 부윤 대상으로 '국민정신총동원근로보국운동에 관한 건' 통첩 발동
	조선총독부, 국민정신총동원 조선연맹 결성 결정
1938. 7. 13	일본 내무성 경보국장, 각청 부현에 통첩 '조선인 노동자 증명에 관한 건' 송달 *일시귀선증명서 제도 완화
1938. 8. 24	일본 정부, 학교졸업자사용제한령 공포
1938. 9. 8	조선총독부, 학교졸업자사용제한령 시행규칙 공포·시행
1938. 9. 14	일본 주 상하이총영사 대리, 한커우(漢口) 공략 후 일본인 진출에 대한 응급처리요강 작성 *군위안소 개설을 위해 진출하는 자에게 우선적으로 거류 인정
1938. 9. 15	만주국, 치안부 산하 부대인 간도특설대 창설
1938. 10. 27	일본군, 중국 한커우(漢口)·우창(武昌)·칸요(漢陽) 등 우한(武漢) 3진 점령
1938. 11. 9	조선총독부, 경제경찰제도 도입 결정 *경찰이 노동문제 전반과 노동행정을 관장하도록 함
1938. 11. 11	일본 정부, 국가총동원법에 따른 국민등록제 실시 결정

일시	주요 법규 및 정책·사건
1938. 11. 12	일본 정부, 조선총독부 부내 임시직원설치제 개정. 경제경찰 제도 신설
	조선총독부, 조선총독부 사무분장 개정을 통해 경무국 경무과 경제경찰계 설치
1939. 1. 1	조선총독부, 물자동원계획 수립 *폐품회수운동에서 강제동원으로 전환
1939. 1. 6	일본 정부, 국민직업능력신고령 공포 *국가총동원법 제21조 의거. 국민직업능력등록제도 실시
	독일, 일본 정부에 3국동맹을 정식 제안 *1940.9.27. 베를린에서 3국동맹 체결
1939. 1. 14	조선총독부, 조선군사령관과 협의해 조선징발사무세칙 개정·시행
1939. 1. 24	조선총독부, 경남 거창과 김천 지역 농민 108명, 농업노무자로 송출 *팔라우로 출발
1939. 1. 25	일본 정부, 경방단령(警防團令) 공포
1939. 1. 26	조선총독부, 경남 거창 지역 농민 100명, 농업노무자로 사이판으로 송출
1939. 1. 28	일본 정부, 선원직업능력신고령 공포·시행
1939. 2. 2	만주척식㈜, 충남에서 조선총독부가 알선한 농민 3천 명을 만주국으로 수송 개시
1939. 2 .3	조선총독부, 방호과 설치
1939. 2. 7	조선총독부, 내무국 사회과에 노무계 신설 *최초의 노무동원 전담 부서
1939. 2. 10	일본군, 중국 하이난도(海南島) 상륙
1939. 2. 22	조선총독부, 조선총독부이민위원회규정 공포
1939. 3. 1	만주국, 치안부 산하 부대인 간도특설대 발족
1939. 3. 24	일본 정부, 군용자원비밀보호법 공포
1939. 3. 30	일본 정부, 종업자고입제한령 공포 *조선 시행
	일본 정부, 공장취업시간제한령 공포 *조선 시행
	일본 정부, 임금통제령 공포 *조선 시행
	일본 정부, 학교기능자양성령 공포 *조선 시행
	일본 정부, 공장사업장기능자양성령 공포 *조선 시행
	일본 정부, 대학에서 군사교련이 필수과목이 됨 *9.1. 조선의 사립전문학교 연희전문·보성전문·불교전문 등에서도 실시
1939. 4. 20	조선총독부, 중견청년훈련소규정 제정·시행
1939. 5. 6	조선총독부, 조선총독부사무분장규정 중 개정·시행 *국민정신총동원운동 추가
1939. 5. 12	만주국·몽골인민공화국 국경인 노몬한(Nomonhan)에서 만주와 외몽골 양국 군대 출동. 노몬한 사건 발단
1939. 5. 13	일본 정부, 조선총독부 부내 임시직원설치제 중 개정·시행 *국민직업능력등록 담당자 3명 추가
1939. 5. 15	조선총독부, 국민직업능력신고령 시행규칙 공포
	조선총독부, 국민직업능력등록사무취급규정 제정·시행
	조선총독부, 국민직업능력신고령 제2조 제1호에 따른 직업의 지정
1939. 6. 8	조선총독부, 학교졸업자사용제한령 시행규칙 중 개정·시행
1939. 6. 14	일본군, 중국 텐진(天津)의 영국·프랑스 조계 봉쇄

일시	주요 법규 및 정책·사건
1939. 7. 3	조선총독부, 경방단규칙 공포
1939. 7. 8	일본 정부, 국민징용령 공포 *10.1 조선 시행
1939. 7. 14	일본 정부, 국민징용령에 의해 육군에 징용된 자의 급여에 관한 건 제정
1939. 7. 16	조선총독부, 144명의 흥아근로보국 조선부대 송출
1939. 7. 28	일본 내무성·후생성 차관, 정책 통첩 '조선인 노무자 내지 이주에 관한 건' 송달 *일본지역 노무동원 개시
	관동군, 재만조선인지도요강(수정)및 선농(鮮農)취급요강에 관한 건 발표 *조선인 개척민을 만주 구성원으로 정착시키고 국방상의 역할을 부여. 조선인 입식지역과 입식 호수의 확대
1939. 7. 31	일본 정부, 종업자고입제한령 공포 *조선 적용
	일본 정부, 공장취업시간제한령 공포 *조선 적용
	일본 정부, 임금통제령 공포 *조선 적용
	조선총독부, 종업자고입제한령 시행규칙 공포
	조선총독부, 공장취업시간제한령 시행규칙 공포
	조선총독부, 임금통제령 시행규칙 공포
1939. 8. 2	일본 정부, 조선총독부 관제 개정 *외무부를 외사부로 개칭
1939. 8. 3	조선총독부, 외무부를 외사부로 개칭하고 외무과와 척무과 설치
1939. 9. 1	독일, 폴란드 침공 *유럽에서 제2차 세계대전 발발
1939. 9. 4	조선총독부, 방공훈련법에 따라 전국적으로 방공훈련 실시
1939. 9. 22	일본군, 북부 불령 인도차이나 진주
1939. 9. 30	조선총독부, 국민징용령 시행규칙 공포
1939. 10. 3	일본 정부, 조선인 노무자 이입허가 조치에 따라 제1회 조선인 이입노무자 398명을 홋카이도(北海道)의 홋카이도탄광기선(㈜)에 배당
1939. 10. 12	일본 스미토모(住友)광업㈜ 고노마이(鴻之舞)광산, 충남도청에 조선인노무자모집허가신청서 제출 *1940.10.7. 조선인 302명을 동원한 후 1942.9.22까지 총 23차례에 걸쳐 2,563명 동원
1939. 11. 11	경기도 안성 이재민, 화태개척근로대라는 이름으로 남사할린으로 출발
1939. 11. 28	일본 정부, 조선총독부기획부임시설치관제 공포·시행 *1937년 9월에 신설한 자원과와 1938년 8월에 신설한 임시자원조정과 통합
1939. 11. 29	조선총독부사무분장규정 중 개정 *기획부 사무분장 규정
1939. 12. 12	일본 육군성, 군기보호법시행규칙 개정 *대상에 조선 포함
1939. 12. 21	일본 정부, 효고현(兵庫縣) 미쓰비시(三菱)광업 이쿠노(生野) 광산에 제1차로 조선인 노무자 150명 배치
1940. 1. 4	조선총독부, 조선영화령 공포 *영화 검열 및 국민정신 함양 목적으로 제작과 배급 상영 등을 통제하는 법령
1940. 1. 11	일본 정부, 조선직업소개령 공포
1940. 1. 19	일본 정부, 조선총독부직업소개소관제 공포·시행
1940. 1. 30	일본 정부, 조선총독부기획부임시설치제 개정·시행

일시	주요 법규 및 정책·사건
1940. 1. 31	일본 정부, 청소년고입제한령 공포
	일본 정부, 육군통제령 공포
	일본 정부, 해운통제령 공포·시행
1940. 2. 3	조선총독부, 식산국과 각 도청에 물가조정과·식량조사과(식산국), 경제경찰과 설치
1940. 2. 11	조선총독부, 조선인 씨명변경에 관한 건 공포. 창씨개명 실시
1940. 2. 15	조선총독, 조선해운통제령 시행규칙 공포·시행
1940. 2. 20	조선총독부, 총동원물자사용수용령 시행규칙 공포
1940. 2. 25	조선총독부, 육군통제령 시행규칙 제정·시행
1940. 3. 31	조선총독부, 조선물품세령 공포
	조선총독부, 조선유흥음식세령 공포
	조선총독부, 조선통행세령 공포
	조선총독부, 조선입장세령 공포
1940. 4. 1	조선총독부, 농업노동자 임금통제 실시
	일본 홋카이도 쇼와(昭和)공업㈜ 신호로나이(新幌內)광업소 소속 조선인 노무자 328명 파업 돌입
1940. 5. 3	만주국, 개척단법 공포
	경성식량배급조합, 식량배급 구매장(購買帳) 제도 실시
1940. 6. 4	일본 정부, 조선총독부만주개척민지원자훈련소관제 공포·시행
	조선총독부, 제1차 조선농업보국청년대원 136명을 일본 4개 현 농가에 파견
1940. 7. 15	조선총독부, 각 전문학교생 100여 명을 만주국건설봉사학생보국대로 만주국에 파견
1940. 8. 31	일본 정부, 청소년고입제한령 공포
	조선총독부, 청소년고입제한령 시행규칙 제정
1940. 9. 22	일·불령 인도차이나, 군사세목협정 성립. 일본군, 북부 불령 인도차이나 진주
1940. 9. 27	일본 내각, 일독이(日獨伊) 삼국조약 체결 고유
1940. 10. 14	조선총독부, 조선 국민조직 신체제 요강 발표 *국민총력연맹 결성 지침
1940. 10. 16	일본 정부, 국민직업능력신고령 개정 *청년국민등록제 신설. 조선 적용
	일본 정부, 국민징용령 개정·시행 *조선 적용
	일본 정부, 선원급여통제령 공포 *조선 적용
	일본 정부, 지대가임통제령 공포
	일본 정부, 회사경리통제령 공포 *조선 적용
	일본 정부, 은행등자금운용령 공포
1940. 10. 19	조선총독부, 국민직업능력신고령 개정 공포
	조선총독부, 국민징용령 시행규칙 개정 공포
	일본 정부, 임금통제령 개정
	일본 정부, 선원징용령 공포 *조선 적용

일시	주요 법규 및 정책·사건
1940. 10. 20	수이양(綏陽)국경경찰대 한충허(寒⊠河) 대장, 쑤이펀허(綏芬河) 대장에게 공문 '일군 전용 조선인 요리점 개설에 관한 건' 발송 *일본군 대륙파견부대 전용위안부로 조선에서 모집한 조선 여성 2천 명 중 약 10명을 한충허의 남천문(南天門)에 배치
1940. 10. 21	조선총독부, 도사무분장규정 개정 *제1조에 국민총력운동에 관한 사항 추가
1940. 11. 2	조선총독부 농림국, 목탄총수량급속증산계획 결정
1940. 11. 4	조선총독부, 회사경리통제령 시행규칙 제정
1940. 11. 5	조선총독, 선원급여통제령 시행규칙 제정·시행
1940. 11. 8	일본 정부, 선원사용등통제령 공포
	일본 정부, 종업자이동방지령 공포
1940. 11. 9	조선총독부, 선원징용령 시행규칙 제정
1940. 11. 15	조선총독부, 선원사용등통제령 시행규칙 제정·시행
1940. 11. 19	일본 정부, 해군징용공원규칙 공포 *국민징용령 근거한 규정. 최초의 해군 군무원 동원의 근거
1940. 12. 5	조선총독부, 종업자이동방지령 시행규칙 제정·시행
1940. 12. 9	수이양(綏陽)국경경찰대, 한충허(寒菊河)에 군위안소 개설 *조선 여성 13명 배치
1941. 1. 14	조선총독부 경무국장, 각 경찰서에 통첩 '조선인노동자의 내지도항 단속에 관한 건' 하달 *조선인들이 조선과 일본의 시국산업방면에 취로할 수 있도록 권장
1941. 2. 1	일본 기획원, 석탄증산을 위한 조선인 노무자 이주에 관한 긴급 조치 하달 *조선인 노무자를 석탄광업과 금속광산에 집중
	만주국, 조선인개척흥농회설립 및 조성에 관한 건 제정
1941. 2. 27	일본 내무성 경보국장, '조선인 노무자 이주 촉진에 관한 긴급조치' 통첩을 경시청 특고과장 및 각 부현 경찰부장에 하달
1941. 3. 1	일본 정부, 국가총동원법 개정 공포 *정부 권한 대폭 확장
1941. 3. 6	일본 정부, 국방보안법 공포
1941. 3. 7	일본 정부, 국민노무수첩법 공포
1941. 3. 8	조선총독부, 농업노무자 임금 전면 통제 *4.1. 임금 통제 실시
1941. 3. 11	일본 정부, 노동자연금보험법 공포 *1944.2.15. 후생연금보험법으로 개편
1941. 3. 13	조선총독부, 내무국 산하 노무계를 노무과로 승격
1941. 3. 30	조선총독부, 전국 대상으로 생활필수품 배급제 시행
1941. 4. 6	소일불가침조약 조인 *1945.8.8. 소련의 대일선전포고로 파기
1941. 4. 19	조선총독부, 조선광부노무부조규칙 제9조 특례에 관한 건 공포 *16세 이상 여성 갱내작업 가능 규정
1941. 4. 22	독소전 개시
1941. 5. 6	일본 정부, 국방보안법 시행령 공포·시행
1941. 6. 16	조선총독부, 조선광업령 개정 *시행기일은 조선총독이 지정. 7.18 시행규칙 제정·시행
	조선총독부, 중요광물증산령 개정·시행
1941. 6. 27	조선총독부, 석유배급통제규칙 제정

일시	주요 법규 및 정책·사건
1941. 6. 28	조선노무협회 창립 *조선총독부 노무과가 설립한 행정보조단체
1941. 6. 30	조선총독부, 임금통제령시행규칙 개정·시행
1941. 7. 2	일본 어전회의, 제국국책요강 결정 *영국·미국과 전쟁을 불사하며 소련과 전쟁을 준비
1941. 7. 5	일본 정부, 방위총사령부령 제정
1941. 7. 18	조선총독부, 조선광업령 시행규칙 및 조선중요광물증산령 시행규칙 개정·시행
1941. 7. 23	일본, 프랑스와 인도차이나방위협정 성립 *일본군, 남부 인도차이나 진주
1941. 7. 25	미국, 자국 내 일본자산 동결
1941. 7. 27	네덜란드, 자국 내 일본자산 동결
1941. 7. 28	일본군, 남부 인도차이나 진주
1941. 7. 30	조선총독부, 국민징용령 제3조 제2항의 규정에 의한 징용자의 조사등록에 관한 건 제정
1941. 8. 1	미국, 대일석유수출 전면 금지
	경남도, 특별근로보국대 편성
1941. 8. 29	일본 각의, 노무긴급대책요강 결정
1941. 8. 30	일본 정부, 중요산업단체령 시행
1941. 9. 6	일본 어전회의, 제국국책수행요령 결정 *10월 하순을 목표로 미·영·네덜란드와 전쟁 준비
1941. 10. 2	미국, 일본에 불령 인도차이나와 중국에서 철병을 요구하는 국무장관 헐(Cordell Hull) 노트 전달
1941. 11. 5	일본 어전회의, 대미교섭 최종안과 제국국책수행요령 결정
	일본 대본영, 미·영·네덜란드를 대상으로 한 작전준비하령 하달
1941. 11. 14	일본 정부, 육군통제령 개정 공포 *정부 명령에 따라 철도·버스회사 통합이나 매수, 자재나 설비 양도 등을 실시하고 전시통제에 의한 육상운수사업을 관리할 목적의 법령. 12.5. 조선 적용
1941. 11. 18	일본 정부, 조선총독부관제 중 개정 공포·시행 *사정국과 후생국 설치, 기획부 정식 기구화
1941. 11. 19	조선총독부, 조선총독부사무분장규정 개정 *후생국 신설, 내무국 노무과를 후생국 노무과로 개편 등
	조선총독부, '조선총독부 후생국 설치 및 내무국·외사부 폐지에 따른 감액여비규정 등 규정의 정리에 관한 건' 제정·시행
	조선총독부, 조선총독부도사무분장규정 개정 *국민총력운동 사항 추가
1941. 11. 23	일본 정부, 국민근로보국협력령 공포 *조선 적용
1941. 11. 25	일본 정부, 방공법 개정 *방공업무의 범위 확대, 벌칙 조항 신설 등 중앙통제와 국민 동원을 강화
1941. 12. 1	조선총독부, 국민근로보국협력령 시행규칙 제정·시행
	일본 어전회의, 미·영·네덜란드 대상 개전 결정
1941. 12. 2	일본 후생성, 노무동원실시계획에 의한 '조선노무자 내지이입에 관한 건' 발표 *1942.4.21. 공포
1941. 12. 3	조선총독부, 육군통제령 시행규칙 개정

일시	주요 법규 및 정책·사건
1941. 12. 6	일본 정부, 노무조정령 제정 공포 *종업자이동방지령과 청소년고입제한령에 대한 보완 법령
1941. 12. 8	일본, 말레이반도와 하와이 진주만 기습 공격 (태평양전쟁 개시) 일본, 미국·영국에 대해 선전포고 일본 정부, 해군작업애국단의 남방(동남아시아·중서부 태평양) 파견 결정
1941. 12. 9	대한민국임시정부, 제20차 국무회의에서 대일선전포고 단행을 결정하고 대일선전 성명서 발표
1941. 12. 10	일본군, 괌섬 점령, 필리핀 북부 상륙
	일본 정부, 기업허가령 공포
1941. 12. 12	일본 정부, 전쟁 명칭을 '대동아전쟁'으로 결정
	일본 정부, 국민직업지도소관제 개정 *노무조정령 관련 법령
1941. 12. 15	일본 정부, 국민징용령 개정 *부조규정 신설
	일본 정부, 물자통제령 공포. 조선에 적용
	일본 정부, 의료관계자징용령 공포 시행
1941. 12. 19	일본 정부, 포로정보국 관제 공포 시행 *포로수용소 설치 및 포로감시원 동원 근거
1941. 12. 21	일본·타이국 간 동맹조약 조인
1941. 12. 22	조선총독부, 철제품제조제한규칙 공포
	일본 정부, 국민징용부조규칙 공포
1941. 12. 25	일본군, 홍콩 점령
1942. 1. 2	일본군, 필리핀 마닐라 점령
1942. 1. 5	조선총독부 충남도 내무부장, 각 군수와 부윤에게 '해군공원징용방법에 관한 건' 하달
1942. 1. 10	조선총독부, 노무조정령 시행규칙 공포·시행
1942. 1. 14	일본 내각 관방, '조선반도 출신 이른바 종군위안부의 조사결과에 대하여' 작성
1942. 1. 23	일본군, 비스마르크 제도 라바울 점령
1942. 2. 3	일본 야마구치현(山口縣) 우베시(宇部市) 조세이(長生) 탄광 수몰사고 *조선인 135명을 포함해 총 183명 사망
1942. 2. 13	일본 각의, '조선인 노무자 활용에 관한 방책' 결정 *관알선 제도 개시. 일본 거주 조선인에 대한 징용과 국민근로보국대 동원 규정
1942. 2. 15	일본군, 싱가포르 점령 *싱가포르 주재 영국군 항복
1942. 2. 20	일본 정부, 식량관리법 공포 *조선 적용
1942. 3. 1	일본군, 자바섬 상륙
1942. 3. 7	조선총독부, 조선마적령(朝鮮馬籍令) 공포
1942. 3. 24	일본 육군성, 조선군에 '포로수용시설 실시에 관한 건' 하달
	일본 정부, 선원징용령 개정·시행
	일본 정부, 전시해운관리령 공포
1942. 3. 28	일본 정부, 철강통제규칙 공포 *조선 시행

일시	주요 법규 및 정책·사건
1942. 3. 31	일본 기획원, 내무차관 앞으로 통첩 '조선인의 내지도항취급에 관한 건' 송부 *밀항 및 부정도항 단속 강화
	일본 육군성, 포로취급에 관한 규정 제정 *포로 노역에 관한 사항 등 규정
1942. 4. 18	조선총독부, 저축목표를 9억원으로 결정
	미 육군 B-25 두리틀 폭격대, 도쿄 등 일본 주요 도시 공습 *미군의 일본 본토 최초 폭격
1942. 5. 1	육군대신 도조 히데키(東條英機) 등, 조선의 징병제 시행 준비의 건 요청
	일본 정부, 대만육군특별지원병제 실시 결정
	일본군, 버마 만달레 점령
1942. 5. 8	일본 각의, 1944년부터 조선에서 징병제 실시 결정
1942. 5. 9	일본 각의, 조선에 징병제 시행준비의 건 공포
1942. 5. 11	조선총독부, 조선총독부징병제시행준비위원회 규정 공포
1942. 5. 22	일본 정부, 병기등제조사업특별조성법시행령 제정
	조선총독부 정보과, 포로감시원 요원 채용 계획 발표
1942. 5. 29	고이소 구니아키(小磯國昭) 조선 총독 부임
1942. 6. 5	미일간, 미드웨이 해전 발발 *6.7. 일본군 패전
1942. 6. 7	일본군, 기스카섬 점령
1942. 6. 8	일본군, 아투섬(아츠섬) 점령
1942. 6. 15	조선인 포로감시원 지원자 3,223명 임시군속교육대 입소(부산 서면)
1942. 7. 18	조선총독부 정보과, 조선인 해군군속 채용 발표 *남방파견해군설영대
1942. 8. 7	미군, 과달카날 상륙 개시 *8.21. 일본군 전멸
1942. 8. 22	조선총독부, 일본 행정간소화 정책에 따라 행정간소화안 발표
1942. 8. 26	일본 해군, 조선인을 해군 시바우라(芝浦) 보급부 소속 공원(工員)으로 미크로네시아 중부 코스라에(Kosrae)섬 배치 시작 *11월 26일까지 총 319명 배치
1942. 9. 16	조선인 포로감시원 1,408명, 인도네시아 제16군 소속 포로수용소 배치 *일본군 지휘 아래 대만 포로감시원과 함께 연합군 포로 50,344명 관리
1942. 9. 26	일본 육군성, 육군방위소집규칙 제정
	조선총독부, 조선기류령 공포
1942. 10. 1	조선총독부, 조선청년특별연성령 공포 *17~21세까지 국민학교 초등과를 수료하지 못한 조선 청년을 대상으로 훈련 실시
1942. 10. 2	조선총독부, 선원징용부조규칙 제정·시행
1942. 10. 15	조선총독부, 의료관계자징용령 시행규칙 제정·시행
	조선총독부, 의료관계자징용령에 의한 지방공공단체, 방공계획설정자 또는 공장사업장에 징용된 자의 여비에 관한 건 제정·시행
1942. 10. 22	일본 각의, '금광업 및 석광업 정비에 관한 건' 결정 *금광산정비령의 시초
1942. 10. 26	조선총독부, 조선청년특별연성령 시행규칙 공포
	일본군, 과달카날섬 공방을 둘러싼 남태평양해전에서 총공격 실패 *12.31. 일본 대본영, 과달카날섬 철퇴 결정하고, 1943.2.1.~2.7. 1만 1천여 명 과달카날 철수 완료

일시	주요 법규 및 정책·사건
1942. 11. 1	일본 정부, 조선총독부 관제 개정
	조선총독부, 행정간소화안에 따라 인원 삭감 및 기구 정비 단행 *총동원 업무 담당 부서인 기획부와 후생국을 폐지하고 후생국 노무과를 사정국 노무과로 개편하며, 총무국을 신설해 총동원계획관련 사무를 총괄하게 함. 8.22자 조선총독부의 행정 간소화안 발표 후 후속 조치
1942. 11. 4	조선총독부, 피징용선원복무규율 제정·시행
1942. 11. 27	일본 각의, 중국인 노동력 동원 결정
1942. 11. 30	일본 상공성, 금광산정비령에 의한 금광산의 보·휴·폐광과 설비 및 노동력 배치전환 등에 관한 내시(內示) 발표 *당국의 금광업정비방침
	조선총독부, 국민총력운동지도위원회규정 개정 *국민총력운동연락위원회로 변경 확충
1942. 12. 1	조선총독부, 조선청년특별연성령에 따라 조선청년특별연성소 개설 *미취학 징병 대상자 교육시설
1942. 12. 8	조선총독부, 조선농지개발영단령 공포
	일본군, 뉴기니아 바사부아에서 전멸 *사망 800명
1943. 1. 9	중국 왕자오밍(汪兆銘)정권, 일본 전쟁협력 공동선언·조계 환부·치외법권철폐 등에 관한 협정 조인·미영에 선전포고
1943. 1. 20	일본 각의, '생산증강근로긴급대책요강' 결정 *징용제도 강화·여성노동력 동원 관련 방침 규정
1943. 1. 22	일본 각의, '금광업 정비에 관한 건' 결정 *금광산 정비령에 대한 제2차 각의 결정
1943. 2. 2	경성부, 징병제 운영에 대비한 호적정비동원령 발포
1943. 3. 1	조선총독부, 조선기류령 운영을 위해 조선인 호적 기류자 일제 조사
	일본 정부, 병역법 개정 공포 *조선에 징병제 시행
1943. 3. 3	일본 정부, 전쟁사망상해보험법 공포
1943. 3. 12	조선총독부, 전시형사특별법 개정 공포
1943. 3. 17	일본 정부, 전시행정특례법 공포·시행 *철강·석탄·경금속·선박·항공기 등 5대 중점산 업 명시
	일본 정부, 전시행정직권특례 공포 *총리대신의 독재권 강화
1943. 4. 20	조선총독부, 식량공출 사전 할당제 발표
	일본 해군, 해군소집규칙 중 개정·시행
1943. 4. 21	일본 각의, 여자근로동원촉진 결정
1943. 5. 11	일본 각의, '조선인 및 타이완 대상 해군특별지원병제 신설' 결정
1943. 5. 12	미군, 아투섬(아츠섬) 상륙 *5.29.일본군 수비대 전멸. 전사 2500명
1943. 5. 22	조선총독부, 근로보국대 정비요강 발표
1943. 5. 29	조선총독부 사정국장, 대정익찬회 공문에 근거해 각도에 통첩 '근로보국대 출동에 관한 건' 하달
1943. 6. 1	일본 각의 '전력증강기업정비요강' 결정
1943. 6. 3	조선총독부, 해군지원병모집요강 발표
1943. 6. 15	일본 정부, 공장취업시간제한령 폐지·공포 *여성과 연소자의 탄광산 갱내 작업을 보장하는 노동시간의 무제한 연장

일시	주요 법규 및 정책·사건
1943. 6. 18	일본 정부, 노무조정령 개정·공포
	일본 정부, 임금통제령 개정·공포
1943. 6. 25	일본 각의, '학도전시동원체제확립요강' 결정 *군사훈련과 근로동원을 철저히 한다는 내용. 조선에 적용
1943. 6. 29	조선총독부, 조선석탄배급통제령 공포
1943. 7. 1	조선총독부, 조선중요광물긴급개발조사단 설치 *술 전매령 실시
1943. 7. 5	조선총독부, 공장취업시간제한령시행규칙 폐지
1943. 7. 20	일본 정부, 국민징용령(제3차) 중 개정 공포
1943. 7. 22	조선총독부 사정국 노무과, 학도전시동원체제확립요강 공포 *학생근로보국대 동원 근거
1943. 7. 27	일본 정부, 해군특별지원병령 공포
1943. 7. 28	일본 정부, 해군특별지원병 시행규칙 공포 *조선 시행
1943. 7. 30	일본 정부, 여자학도동원 결정
1943. 7. 31	조선총독부, 노무조정령 시행규칙 공포
	조선총독부, 임금통제령 시행규칙 개정 공포
1943. 8. 1	일본 정부, 조선에 징병제 실시 결정 *개정 병역법 시행. 전 조선 징병적령자 신고
	일본 정부, 조선총독부해군병지원자훈련소 관제 공포
	조선총독부, 조선청년특별연성령에 따라 징병제 실시를 위한 조선인청년특별연성 개시
1943. 8. 9	조선총독부, 조선식량관리령 공포 *식량을 국가관리 아래 두어 수급조정·가격조정·배급통제를 실시하고 조선식량영단 결성
	일본 히로시마현(廣島縣) 구레(吳) 해군시설부 소속 징용공 김선근(金善根), 조선인 징용공 700명을 이끌고 취역 거부하며 봉기했으나 해군이 진압 *김선근 등 주모자 29명 해군군법회의에 회부
1943. 8. 10	일본 후생성, 응징사복무기율 공포 *1944.2.8. 조선 적용
1943. 8. 13	조선총독부, 전쟁사망상해보험법 시행규칙 제정·시행
1943. 9. 21	일본 차관회의, 여자근로정신대 제도 결정
	일본 정부, 선원보험법 개정 *조선 적용
1943. 9. 23	일본 각의, '국내필승근로대책' 결정 *17개 직종에 남자취업 금지, 25세 미만 미혼여성의 근로정신대 동원
1943. 9. 27	조선총독부 보물고적명승천연기념물보존회, 황해도 봉산군 휴류산성 석회석 채굴 결정 *전쟁용 시멘트 생산 목적
1943. 9. 30	조선총독부, 국민징용령 시행규칙 개정 *응징사 제도 채택
	조선총독부, 국민징용부조규칙 제정·시행
	조선총독부, 조선선원보험법시행규칙 개정
	조선총독부, 가계조사요강 제정
	일본 어전회의, '금후의 전쟁지도대강 및 당면에 긴급 조치에 관한 건' 결정 *절대방위선 후퇴

일시	주요 법규 및 정책·사건
1943. 10. 1	제1기 해군지원병훈련소(진해) 입소 *1944. 3.23 수료
	일본 정부, 재학징집연기임시특례 공포 *학생의 징병유예 정지. 12.1. 제1회 학도병 입대
1943. 10. 2	일본군, 솔로몬군도 코로반가라섬에서 퇴각
	일본 육군성, 소화18년도 임시징병검사규칙 제정·시행
1943. 10. 5	조선총독부, 조선식량관리령에 따라 조선식량영단 설립
	조선총독부, 금속회수본부 설립
	부관연락선 곤론마루(崑崙丸), 미국잠수함 공격으로 격침되어 승선객 544명 사망
1943. 10. 6	일본군, 솔로몬군도 배라리배라섬 철퇴
1943. 10. 7	조선총독부, 사정국 노무과장, 중류계급유휴노동력의 전면적 동원 계획 수립 *국민학교·여학교·여자전문학교출신자로서 14세 이상 미혼여성을 전면 생산전에 동원
1943. 10. 8	조선총독부, 생산증강노무강화대책요강 발표 *여성 적극 활용 방안 포함
	일본 각의, 군수성설치요강 결정
1943. 10. 12	일본 각의, '교육에 관한 전시비상조치 방책' 공포 *이공계와 교원양성학교 제외한 학생 징병유예 정지. 조선에 적용
1943. 10. 15	조선총독부, 애국채권규칙 제정·시행
1943. 10. 20	일본 육군성, 육군특별지원병 임시채용시행규칙 공포 *학도지원병 실시 근거, 일본 거주 조선인 학생의 징병유예 폐지. 조선 적용 일본 육군성, 수학계속을 위한 입영 연기 등에 관한 건 제정·공포
1943. 10. 25	일본 정부, 학도지원병 징병검사 실시 *1944. 1.20 입대 조선군, 육군특별지원병(학도지원병) 지원서 접수(~ 11.20)
1943. 10. 29	일본 정부, 식량관리법시행령 개정
1943. 10. 31	일본 정부, 방공법 개정 *방공업무에 분산소개 등 전국 악화와 본토 공습 위험에 따른 대응 내용 추가
	일본 정부, 군수회사법 제정 공포 *민간군수공업의 직접 관리. 1944년 1월·4월·12월에 총 3차례 군수회사 지정
1943. 11. 1	미영소 연합국 수뇌, 잔학행위에 관한 성명서 발표 *BC급전범 포로학대 처벌 근거
	미군, 솔로몬군도 부겐빌섬 상륙
	일본 정부, 병역법 개정 공포 *국민병역을 45세로 연장
1943. 11. 7	일본군 남방통감부, 군억류자취급규정 발령 *네덜란드 민간인 억류 근거
1943. 11. 11	일본군 말레이 군정감부, 위안시설 및 여관 영업 관리 규정 제정 *군위안소의 유형을 '군전용'과 '군이용'으로 구분
1943. 11. 21	미군, 길버트제도 마킨·타라와섬 상륙 *11.25. 일본군 수비대 5400명 전멸. 조선인 해군 설영대원 포함
1943. 11. 22	조선총독부 학무국장, '조선인학도가 징병검사에 응하지 않을 경우, 즉일 공장 등에 징용령서를 보낸다'는 담화 발표 직후 일제징용령을 발동하고 비지원자 검거
1943. 11. 27	미·영·중 수뇌, 카이로 선언 발표 *조선 독립 보장 내용 포함
1943. 11. 28	조선총독부, 도지사 명의로 학도지원병 비참여자 대상 징용장 발부
1943. 11. 30	일본 정부, 조선총독부 관제 중 농상국·광공국·교통국 신설

일시	주요 법규 및 정책·사건
1943. 12. 1	조선총독부, 도제 개정 *행정기구정비실시 후속 조치
	조선총독부, 조선총독부해군지원병자훈련소훈련생채용 신체검사규격에 관한 전시특례 제정·시행
	조선총독부, 교통국 관제 제정 *비행장 관리 등 업무
	조선총독부, 지방교통국 제출 서류에 관한 사항 제정·시행
	조선총독부, 조선총독부사무분장규정 개정 *사정국 노무과를 광공국 노무과로 개편하고, '국민근로' 업무 개시
	조선총독부, 조선총독부 교통국 사무분장규정 제정·시행
	조선총독부, 조선총독부 도사무분장규정 개정 *국민등록·국민근로교육·국민징용 항목 추가
1943. 12. 5	조선총독부, 학도지원병 미참여검거자 육군지원병훈련소 수용 *2주간 훈련 후 응징학도라는 이름으로 채석장 등 국내 각 작업장 배치
1943. 12. 9	경성의 무학고녀생(조선인 포함), 해군봉사대(군속) 결성
1944. 1. 1	남사할린 닛테쓰(日鐵)㈜ 도마리케시(泊岸)광업소에 동원된 조선인 노무자 863명이 지도원의 일상적인 폭행에 봉기해 사무소를 습격
1944. 1. 5	조선총독부, 학도지원병 비지원자 대상으로 태릉 훈련소에서 2주간 훈련 실시한 후 채석장 등 작업현장 배치
1944. 1. 7	일본 정부, 방공법 시행령 개정
	일본 정부, 방공법조선시행령 중 개정
1944. 1. 8	조선총독부, 용산 관내 요리영업관계 만 16세 이상 고녀(雇女)들로 특별여자청년정신대 결성 *17일 결성식
	일본 각의, '긴급학도동원방책요강' 결정 *학도근로대원을 연간 4개월 계속 동원. 3.7. 연중 계속 실시로 변경
1944. 1. 17	일본, 제1회 군수회사 지정 *미쓰비시중공업 등 150개사
1944. 1. 19	일본 각의, 긴급국민근로동원방책요강 결정 *여자근로동원 정책 수행을 위한 근거
1944. 1. 20	조선인 학도지원병 입영
1944. 2. 1	조선총독부, 조선총독부 방위총본부규정 공포
1944. 2. 4	미군, 마셜제도 콰젤란·리에트 상륙 *2.6. 일본 수비대 전멸. 조선인 포함 6,800명 사망
1944. 2. 8	조선총독부, 국민징용령 제16조에 따른 응징사복무기율 공포·시행
	조선총독부, 광산·군수공장에 대한 현원징용 단행
1944. 2. 10	조선총독부, 조선여자청년연성소규정 공포 *16세 이상 국민학교 초등과 미필자
1944. 2. 14	일본 정부, 조선에서 재판수속의 간소화를 위한 국방보안법 및 치안유지법의 전시특례 공포
1944. 2. 15	조선총독부, 조선총독부재판소령 전시특례 공포
	조선총독부, 조선전시민사특별령 제정 공포
	조선총독부, 조선전시형사특별령 제정 공포 *일제 말기의 대표적 치안법
1944. 2. 16	일본 정부, 후생연금보험법 공포 *조선인 포함
1944. 2. 17	미군, 태평양 축섬 공습 *2월 공습 피해 사망 13만 명·비행기 8천 기·함정 70척·선박 115척. 조선인 사망자 포함

일시	주요 법규 및 정책·사건
1944. 2. 18	일본 정부, 국민직업능력신고령 개정 공포 *2.22. 임시인구조사와 국민등록 실시
	일본 정부, 국민징용령 개정
1944. 2. 28	일본 각의, '화인(華人) 노무자 내지이입의 추진에 관한 건' 결정 *중국인 노동력의 본격 동원. 1945.5월까지 38,939명 동원
1944. 3. 18	조선총독부, 학도군사교육강화요강·학도동원비상조치요강 발표
	일본 각의, 여자정신대제도 강화방책요강 결정 *여자정신대 동원 근거
1944. 3. 20	평양여자근로정신대 제1대, 군소속 공창(평양조병창)으로 출동
1944. 4. 1	조선총독부, 조선여자청년연성소 훈련 개시
	조선총독부, 군수광공업 군수생산책임제 실시 *주요 광산과 기업에 적용
	조선군, 제1회 징병검사 실시(~8.20)
	조선군, 해군지원병 해병단 입대 실시
	사이판 주둔 일본군, 남양흥발㈜과 군민협정인 '야노(矢野)-오하라(小原) 협정' 체결 *회사 소속 조선인 노무자를 군무원으로 동원하는 근거
1944. 4. 21	일본 해군성, 해군방위소집규칙 제정·시행
1944 .4. 25	일본 정부, 제2회 군수회사(424개사) 지정
1944. 4. 28	조선총독부, 학도동원체제의 정비에 관한 건 발표
	조선총독부, 학도동원본부규정 공포
1944 .5. 8	조선총독부, 제1회 동원생도(인천고녀·소화고녀 등)를 인천육군조병창에 동원
1944. 5. 9	일본 정부, 해군특별지원병령 개정 *해군지원병을 징모제로 변경
	조선여자정신대 경남반, 일본 도야마현(富山縣) 후지코시(不二越)강재(주)에 동원
1944. 5. 25	팔라우를 향해 출발한 경북 군위군 출신 남양행 노무자(남양청 토목과 주관) 427명, 연합군의 어뢰 공격으로 수송선 오사카호(大阪丸)가 침몰해 승선자 334명 중 조선인 27명 사망
1944. 6. 3	제1회 해군병 징모검사 개시
1944. 6. 6	일본 정부, 여자정신대에 관한 칙령안 요강 결정 *12~40세 미혼여성을 강제적으로 총동원업무에 종사하도록 하는 내용
1944. 6. 8	경북 여자정신대, 도야마현 후지코시강재㈜로 출발
1944. 6. 12	전남 여자근로정신대, 미쓰비시(三菱)중공업 나고야(名古屋)항공기제작소 도도쿠(道德) 공장에 입소하기 위해 광주 출발
1944. 6. 15	미군, 마리아나제도 사이판섬 상륙 *일본 수비대 3만명 전멸
1944. 6. 16	미군, 중국기지에서 발진한 B-29폭격기, 일본 기타규슈(北九州) 지역 최초 폭격
1944. 6. 17	조선총독부, 조선선원령전시특례 공포
	조선총독부, 조선선원령전시특례 시행규칙 제정·시행
	조선총독부, 미곡강제공출제 할당제 실시
1944. 6. 19	일본군, 마리아나해전 패전
1944. 7. 2	경기도 여자정신대, 도야마현 후지코시강재㈜로 출발
1944. 7. 7	일본군, 미군 공격으로 사이판섬 수비대 3만 명(조선인 포함)과 주민 1만 명 사망

일시	주요 법규 및 정책·사건
1944. 7. 14	조선총독부, 의료관계자징용부조규칙 제정·시행
1944. 7. 16	타이완 근해에서 일본군 수송선단 23척 중 6척이 미군 잠수함 어뢰 공격으로 침몰 *군위안부로 동원 중이던 조선 여성 등 사망
1944. 7. 19	일본 육군, 헌병 및 경방단을 동원해 귀환을 요구하는 홋카이도 해군공사장 소속 조선인 노무자 87명과 군 관리 채석장 소속 조선인 노무자 317명을 진압
1944. 7. 20	제3어뢰정부대, 홋카이도 구시로(釧路) 시내의 해군지정 식당·유곽 중 6개소를 병원(兵員)위안소로 지정
1944. 7. 21	미군, 괌섬 상륙 *일본군 수비대 18,000명 전멸
1944. 7. 24	미군, 티니안섬 상륙 *일본군 수비대 8,000명 전멸, 일본 본토 공습 기지 확보
1944. 7. 25	대왕산결사대, 대왕산죽창의거
1944. 8. 4	미중 연합군, 버마 무도키나 점령
	일본 각의, 국민총무장 결정 *죽창훈련 등 개시
1944. 8. 8	일본 정부, 해병단입단 등에 즈음한 취급특례 제정·시행
	미군, 일본 사세보(佐世保) 군항 공습
	일본 각의, 반도인 노무자의 이입에 관한 건 결정 *이입노무자에 대한 징용 적용 정책
1944. 8. 11	일본 각의, '화태(樺太) 및 구시로(釧路)탄광근로자,자재 등의 급속전환에 관한 건' 결정
1944. 8. 13	미군, 괌도 점령 발표
1944. 8. 15	일본 각의, '총동원경비요강' 결정 *일본 국내방위태세 강화. 10월에 조선총독부도 '조선의 총동원경비요강' 책정
1944. 8. 22	일본 정부, 학도근로령 공포·시행 *대학·고등전문학교 2년 이상 이과계 학생 1천 명을 근로동원에서 제외
	일본 정부, 여자정신근로령 공포 *만 12~40세 배우자 없는 여성의 근로동원 규정
1944. 9. 1	현역 징병자 입대 *전조선 제1회 징병자 입영행사 개최
	조선총독부 정무총감, 통첩 '농업요원설치요강' 하달 *전국 순수농가 남성의 68%를 농업요원으로 지정하고 식량공출을 촉구
1944. 9. 8	미군 B-29 전투기 100여 대, 남만주 공습
1944. 9. 10	일본군, 중국 운난성(雲南省)에서 수비대(1400명) 전멸
1944. 9. 15	일본군, 중국 덩위에(騰越)에서 수비대(1500명) 전멸
1944. 9. 16	미군, 일본 이시카와현(石川縣) 공습
1944. 10. 10	미군, 일본 오키나와(沖繩)·미야코지마(宮古島) 공습
1944. 10. 12	조선총독부, 조선징발사무세칙 개정
1944. 10. 14	일본 정부, 육군특별지원병령 개정 *조선총독부육군병지원자훈련소 훈련과정 없이 일본군대에 편입하도록 간소화, 17세 미만인 자는 전형 후 제2국민병역으로 복무
1944. 10. 15	조선총독부, 조선총독부 사무분장 규정 개정 *광공국 노무과를 광공국 근로동원과·근로조정과·근로지도과 확대하고 부서명과 업무 내용에서 '노무'를 '근로'로 대체
	조선총독부, 도사무분장규정 개정 *국민근로원호와 국민근로관리 사항 추가
	조선총독부, 근로동원본부규정 제정 *10.15. 각도에 근로동원본부 설치

일시	주요 법규 및 정책·사건
1944. 10. 17	일본 정부, 군수회사법을 조선·대만에 시행하기로 결정
	조선총독부, 경북 칠곡군 출신 농민 40명을 응징사로 동원해 효고현(兵庫縣) 소재 가와사키(川崎)조선소로 송출
	미군, 타이완 공습
1944. 10. 18	일본 육군성, 병역법 시행규칙 개정 공포 *17세 이상 19세 미만 일본인과 17세 이상 20세 미만 조선인
1944. 10. 19	조선총독부, 일본 병역법 시행규칙 개정에 따라 17세 이상 남자를 제2국민병 병적 신고 결정
1944. 10. 20	미군, 필리핀 중부 레이티섬 상륙
1944. 10. 21	일본 정부, 국민징용령 개정
1944. 10. 25	미군, 제주도 공습
	미군 B-29, 일본 기타큐슈(北九州)·오무라(大村) 해군 제21항공창·나가사키(長崎)·오무타(大矛田) 공습
	일본 해군 자살특공대(일명 가미카제(神風)), 레이티만에서 최초로 미군함 공격
1944. 10. 27	조선총독부, 매일신보 1면 광고란에 '군위안부 급모' 광고 게재 *18~30세 이하 대상
1944. 10. 28	조선총독부, 군수회사운영에 관한 특례 등에 관한 건(1911년 법률 제30호 근거) 공포
	조선총독부, 군수회사법시행규칙 제정·시행
1944. 10. 30	조선총독부, 학도근로령시행규칙 공포·시행
1944. 11. 11	미군, 제주도 공습
	미군, 일본 기타큐슈·오무라 지구 공습
1944. 11. 17	일본 정부, 노무조정령과 국민근로보국협력령 개정
1944. 11. 21	조선총독부, 노무조정령과 국민근로보국협력령 시행규칙 개정
	미군, 일본 기타큐슈·오무라 지구 공습
1944. 11. 24	미군, 일본 도쿄지구 최초 공습. 기타큐슈·오무라 지구 공습(~25)
1944. 12. 5	조선총독부, 문화통제령에 의한 백금제품 등 양도에 관한 통제령 시행 *거부자는 10년 이하 징역
1944. 12. 7	일본 동남해 지진 발생, 미쓰비시중공업 나고야항공기제작소 도도쿠(道德)공장에 동원된 여자근로정신대원 6명 사망 *조선인 2명 포함
1944. 12. 13	미군, 나고야 최초 공습
1944. 12. 18	미군, 나고야 공습 *미쓰비시중공업 나고야항공기제작소 도도쿠공장에 동원된 반도여자정신대원 1명 사망
1944. 12. 19	미군, 일본 오사카·기타큐슈·오무라 지구 공습
1944. 12. 22	미군, 일본 나고야 공습
	일본 각의, '조선 및 대만동포에 대한 처우개선에 관한 건' 결정 *조선인의 일본 도항제한 제도 철폐
1944. 12. 27	조선총독부, 군수회사징용규칙 제정·시행
	미군, 도쿄 공습

일시	주요 법규 및 정책·사건
1944. 12. 29	일본 정부, 군수회사법에 따라 109개 기업을 군수회사로 지정(제3차)
1945. 1. 11	진해진수부, 해군특별지원병과 해군공작병 임시 모집
1945. 1. 19	일본 정부, 선원동원령 공포 *선원직업능력신고령·선박운항기능자양성령·선원징용령·선원사용 등 통제령 폐지
	일본 각의, '공습대책긴급강화요강' 결정
1945. 1. 25	일본 최고전쟁지도회의, 결전비상조치요강 결정
1945. 1. 26	일본 정부, 조선총독부 관제 중 개정 *광공국에 근로부 설치
	일본 정부, 군수충족회사령 공포 *비군수산업인 건설·운수업 등에서 군수 충족상 필요한 사업에 대해 군이 관리하도록 함. 7.2. 조선 적용
1945. 1. 27	조선총독부, 광공국 근로동원과를 광공국 근로부 동원과·조정과·지도과로 개편
1945. 2. 9	일본 정부, 병역법 중 개정 공포·시행
	대한민국임시정부, 독일과 일본에 선전포고
1945. 2. 10	조선총독부, 선원동원령 시행규칙 제정·시행
1945. 2. 13	일본 정부, 전시민사특례법 개정·시행 *조선 적용 3.31
1945. 2. 15	미군, 일본 나고야·하마마쓰(浜松) 공습
	미 기동부대 함재기, 최초로 일본 관동지역 공습
1945. 2. 19	미군, 일본 이오지마(硫黃島) 상륙 *일본군 수비대 23,000명 전멸
1945. 2. 21	조선총독부, 조선중요산업지정규칙 제정
	조선총독부, 해군특별지원병 임시모집 실시
1945. 3. 5	일본 정부, 국민근로동원령 공포 *국민징용령 등 5개 칙령 폐지 통합
1945. 3. 9	일본 정부, 해군특별간부연습생규칙 제정·시행
	미군, 도쿄대공습 *사상자 12만 명 발생. 조선인 포함
	미군 공습으로 이오지마 요코스카해군시설부에 동원되었던 조선인 군무원 1천여 명 대부분 사망
	일본군, 불령인도네시아에서 무력행사하고 군정 실시
1945. 3. 13	조선총독부, 응징선원급여규칙 제정
	조선총독부, 응징선원예비원급여규정 제정
	미군, 일본 오사카 대공습 *조선인 사망자 포함
1945. 3. 17	미군, 일본 고베 대공습 *조선인 사망자 포함
1945. 3. 18	일본 각의, '결전교육조치요강' 결정 *국민학교 초등과 이외의 수업을 4월 1일부터 1년간 정지. 조선에 적용
1945. 3. 20	일본 정부, 육군소집령 중 개정 공포·시행 *17세 이상 조선 청년 적용
1945. 3. 23	일본 각의, '국민의용대 조직에 관한 건' 결정 *본토결전에 대비해 방공과 공습피해 복구 등에 전 국민을 동원하기 위해 만든 국민조직. 조선 적용
1945. 3. 29	일본 육군성, 육군소집령 시행세칙 중 개정·시행 *지역 제한 철폐, 17세 이상 조선 청년의 징집 가능

일시	주요 법규 및 정책·사건
1945. 4. 1	조선총독부 광공국장, 여성노무통제에 관해 '12~20세 미만 여성의 동원을 할당제와 인가제로 하고 여자징용은 하지 않는 것이 원칙이나 금후 정세에 따라 활용할 수 있다'고 밝힘
	미군, 일본 오키나와 본섬 상륙
1945. 4. 5	소련외상 몰로토프, 소련주재 일본대사에게 일소중립조약 불연장 통고 *중립조약 유효기한 1946.4.25.
1945. 4. 13	일본 각의, '국민의용대 조직에 관한 건'·'상세급박한 경우에 따른 국민전투조직에 관한 건' 결정
1945. 4. 17	조선총독부, 광공국을 근로부 제1과·제2과로 개편
1945. 4. 27	일본 각의, '국민의용대 조직 운영지도에 관한 건' 결정
1945. 4. 28	조선총독부, 조선총독부학도근로표창규정 제정
1945. 4. 30	일본 내무성, 각 도도부현에 '국민의용대조직에 관한 요강' 하달
1945. 5. 7	독일, 연합국에 무조건 항복
1945. 5. 8	미국, 일본에 무조건 항복 권고
1945. 5. 9	일본 정부, 독일항복 후에도 전쟁을 계속한다고 천명
1945. 5. 14	일본 최고전쟁지도회의구성원회의, 소련을 중개로 하는 화평교섭 방침 결정
1945. 5. 25	미군, 도쿄의 오다와라(小田原)·하치오지(八王子)·보소(房總) 지구 공습. 공습으로 황거 표궁전(表宮殿) 등 소실
1945. 6. 6	일본 최고전쟁지도회의, 본토결전방침 채택 *6.8. 어전회의에서 채택
1945. 6. 16	조선총독부, 국민의용대 조직요강 발표 *국민총력조선연맹 폐지
1945. 6. 21	일본 정부, 전시긴급조치법 공포 *내각에 강력한 독재권한 부여
	일본 정부, 칙령을 통해 전시긴급조치법을 조선과 대만에 시행
	일본 정부, 전시긴급조치법 시행령 제정
1945. 6. 22	조선총독부, 징용기피방지를 위한 취체지도요항 결정
	일본 쇼와 천황, 최고전쟁지도회의 구성원에게 종전(終戰) 의지 표명
	일본 정부, 의용병역법 및 시행령 공포 시행
1945. 6. 23	미군과 전투 과정에서 오키나와 주둔 일본군 수비대 전멸 *주민 10만 명과 강제동원 조선인을 포함해 총 20만 명 사망
	일본 해군육군, 국민의용전투대 통솔령 공포
1945. 7. 2	조선총독부, 군수충족회사령시행규칙 공포·시행
1945. 7. 7	조선총독부, 국민의용대 조선총사령부 결성
1945. 7. 8	조선총독부, 국민의용대 연합의용대 결성
1945. 7. 9	쿠릴열도 북단 인근 해역에서 다이헤이호(太平丸) 사고 발생
1945. 7. 10	일본 최고전쟁지도회의, 소련에 화평중개를 요청하는 사절 파견 결정
	일본 각의, '공습격화에 따른 긴급방위대책요강' 결정
1945. 7. 24	미군, 아이치현(愛知縣) 나카지마(中島)비행기 한다(半田)제작소 공습 *조선인 48명 등 사망자 발생
1945. 7. 26	연합국 수뇌, 포츠담 선언 발표 *일본의 무조건 항복 요구 등 13개조

일시	주요 법규 및 정책·사건
1945. 7. 28	일본 총리, 담화를 통해 포츠담 선언을 묵살
1945. 8. 2	만주국, 일본 무조건 항복설 보도한 『만주일보』에 대해 발매금지 처분
1945. 8. 6	미군, 일본 히로시마에 원폭 투하 *조선인 사망자 약 3만 명 추정
	미군, 제주도·함북 나남에 총격과 폭격하고, 부산 공습
1945. 8. 7	미군 공습으로 일본 이시카와현 도요카와(豊川) 해군공창에 동원된 여자정신대원과 소학생 등 2,400명 폭사
1945. 8. 8	19개 연합국, 중대전쟁범죄인의 소추 및 처벌에 관한 협정(런던협정) 공표
	소련, 대일선전포고
1945. 8. 9	미군, 일본 나가사키에 원폭 투하 *조선인 약 1만 명 사망 추정)
	소련군, 경흥 일대로 진격
	일본 내각, 포츠담선언 수락 결정
	조선총독부, 지역의용대와 해군무관부 의용대 편성
1945. 8. 10	일본 정부, 스위스 등 중립국을 통해 미·영·중·소 4개국에 포츠담 선언 수락 통고 *8.12. 각의에서 수락 여부 의견 대립
1945. 8. 11	소련군함 2척, 웅기항 입항
1945. 8. 13	소련군, 함북 청진 상륙
	조선총독부, 국민의용대 훈련요강 발표
	남사할린, 의용소집과 의용전투대 편성 발령
1945. 8. 14	일본 어전회의, 포츠담 선언 수락 결정하고 쇼와 천황 재결(裁決)
	일본 정부, 육군성 등 정부기관의 중요기밀 소각 결정
1945. 8. 15	일본, 연합국에 무조건 항복. 쇼와 천황, 종전 조서 발표
1945. 8. 16	일본 대본영, 육해군에 전쟁중지(정전명령) 하달
	소련군, 일본 관동군에 대한 무장해제와 억류 개시
1945. 8. 17	일본 정부, 국민의용전투대 해산
	일본, 히가시쿠니노미야 나루히코(東久邇宮稔彦) 내각 성립
	남사할린 가미시스카(현재 지명 레오니도보) 한인 학살사건 발생
	일본군, 서울 요지에 바리케이트 구축
1945. 8. 20	청산도 앞바다에서 옥매광산 광부 집단 사망
	남사할린 미즈호(현재 지명 포자르스코예) 한인 학살사건
1945. 8. 21	일본 정부, 조선인 징용공 징용해제 방침 결정
	일본 각의, 국민의용대 해산. 결정
1945. 8. 22	일본 본토 전투 정지
1945. 8. 23	소련, 스탈린 극비 지령 제9898호 발령 *중국 만주 지역 일본군 포로 50만 명을 대상으로 소련으로 연행·배치·노동에 관해 논의. 이 지령에 따라 조선인 1만여 명을 포함한 57만 명 이상의 관동군과 남사할린·지시마 주둔 제5방면군 포로를 시베리아 등 수용소에 억류해 강제노동에 투입

일시	주요 법규 및 정책·사건
1945. 8. 24	우키시마호(浮島丸) 사건 발생 *아오모리현 시모키타(下北)반도에 강제동원되었던 조선인 군무원과 가족들이 탄 귀국선이 교토부 마이즈루(舞鶴)만에서 폭침으로 조선인 약 4천명 사망
1945. 8. 25	일본군, 홋카이도와 외지부대 전투 정지
1945. 8. 26	일본 관동군사령부, 소련 바실레프스키 원수에게 '군인·만주에 생업이나 가정을 가지고 있는 자·희망자는 소련군의 경영에 협력하게 하고, 나머지는 일본에 귀환시키기를 원한다'는 문서 전달
1945. 8. 28	연합군 최고사령관 총사령부(GHQ), 연합군 총사령부 설치(요코하마橫濱)
1945. 9. 2	일본, 항복문서 조인(미주리호), 항복조서 발표 *제2차 세계대전 종결
1945. 9. 7	오키나와 주둔 일본군, 항복문서 조인
1945. 9. 9	조선 주둔 일본군 및 총독, 항복문서 조인
1945. 9. 13	GHQ가 발령한 대일사령(対日司令, SCAPIN-17)에 따라 일본 대본영 폐지
1945. 9. 17	미쓰비시중공업 히로시마공장·미쓰비시조선소에 동원되었던 총 246명(조선인 징용공 241명·인솔자 가족 5명), 민간기범선을 타고 기타큐슈의 도바타(戶畑)항을 출발했으나 마쿠라자키(枕崎)태풍에 의한 조난사고로 전원 실종
	태풍에 의한 쓰시마(對馬) 귀국선 조난사고 발생 *유해 80구 이상 표착
	태풍으로 와카마쓰(若松)항 앞 해상에서 한인을 태운 귀국선이 조난사고를 당해 100여 명 실종 *현재 오다야마(小田山)공동묘지에 유해 안치, 위령비 건립
1945. 9. 18	태풍으로 조난당한 한인 귀국선이 쓰시마 앞 이키(壱岐)섬에 표착 *수십 명이 사망하고 200여 명 구조. 유해는 현재 류진자키(龍神崎) 지역에 매장. 1967.3.19.사카모토 가네토시(坂本金敏) 등 일본 주민들이 아시베쵸(芦邊町)에 위령비 건립하고 위패를 천덕사(天德寺)에 안치
1945. 9. 25	미군정법령 제2호 패전국 소속 재산의 동결 및 이전 제한의 건 발표[일본정부 및 일본인 자산 동결 조치]
	일본 정부, 각의결정[전시법령정리에 관한 건]
1945. 9. 28	미군정법령 제4호 일본육해군재산에 관한 건 발표[일본육해군 재산을 미국 소유로 귀속]
1945. 10. 4	연합군 총사령부GHQ, 정치와 신교 및 민권의 자유에 대한 제한의 철폐각서를 일본정부에 교부 *정치범과 사상범 등 2500여명 석방
1945. 10. 10	일본 정부, 국민근로동원령·의료관계자징용령·의료관계자직업능력신고령·공장사업장기능자양성령·중요사업장노무관리령·학도근로령·학교기능자양성령·국민근로동원위원회관제 폐지
	가고시마현(鹿兒島縣) 아쿠네(阿久根)시 부근에 상륙한 아쿠네 태풍으로 다수의 한인 귀국선 해난 사고 발생 *쓰시마 해안에 표착. 유해는 현지 매장
1945. 10. 15	일본 정부, 치안유지법 사상범보호관찰법 등 폐지의 건 공포. 재일조선인연맹 결성 *도쿄 히비야(日比谷) 공회당, 전국 대표자 약 4천 명 참석
1945. 10. 23	일본 정부, 군사특별조치법폐지등에 관한 건 공포(의용병역법 폐지)
1945. 10. 26	각의결정[육해군성폐지에 관한 건]
1945. 10. 30	각의결정[행정정리에 관한 건]
1945. 11. 6	연합군 총사령부GHQ, 재벌 해체 권고 *1946.8.지주회사정리위원회 설치, 5차례에 걸쳐 23대 재벌회사 해체

일시	주요 법규 및 정책·사건
1945. 11. 19	일본 정부, 임시 초혼제 집행 *만주사변 이후 야스쿠니신사 미합사 전몰자를 일괄 합사. 11.20.천황·황족·총리·각료 등이 참석한 가운데 야스쿠니신사 천좌제(遷座祭) 거행
1945. 12. 6	재일조선인 선거권 정지
1945. 12. 20	일본 정부, 국가총동원법 및 전시긴급조치법 폐지 법률 제정
1945. 12. 28	일본 각의, '이입화인(移入華人) 및 조선인노무자 취급에 관한 건' 결정
1946. 4. 1	일본 정부, 국가총동원법 폐지
1946. 5. 3	극동국제군사재판소 개정 *1948.11.12. A급 전범 용의자 25명에게 유죄판결. 11.23. 도조 히데키 등 7명 교수형 집행
1946. 6. 14	일본 정부, 육군지원병령 등 폐지
1946. 12. 19	미·소, 소련 점령지구 송환에 관한 미소협정 합의. 일본인 귀환 가능. 한국인 제외
1947. 10. 26	사할린동포구출위원회, 맥아더 장군에게 사할린 동포의 남한 귀국 요청서 제출 *1948.2월, 주한미군정은 사할린 한인의 남한 귀환에 대해 부정적 결론 내림
1948. 1.	김창숙金昌淑·조병옥趙炳玉 등 각계 인사, 강제동원피해에 대한 보상과 대일배상 청구를 위한 (사)태평양동지회 결성 *1949년까지 활동 기록이 있으나 이후 알 수 없음. 1973.3.강제동원피해자와 유족들이 태평양전쟁유족회 결성하고 한국정부의 대일민간청구권 보상금 문제점 등을 제기. 1990.1.태평양전쟁유족회, 전국조직 태평양전쟁희생자유족회로 재정비
1948. 8. 15	대한민국 정부 수립
1948. 9. 2	조선민주주의인민공화국 수립 선언
1949. 1. 4	한국 정부, 도쿄에 주일대표부 설치 *재일동포들의 기부금으로 장소 확보
1951. 9. 8	샌프란시스코강화조약 체결 *1952.4.28. 발효
1951. 10. 20	한일국교정상화를 위한 제1차 한일회담[-1952.4.21. 일본. 재일한국인 법적 지위·선박반환·기본관계·청구권·어업문제 등 협상]
1952. 1. 18	이승만 대통령, 해양주권(평화선, 이승만 라인) 선언
1952. 4. 28	일본, 샌프란시스코강화조약 발효에 따라 GHQ 폐지되고 점령시대 종료
1952. 4. 30	일본 정부, 전상병자 전몰자유족 등 원호법 제정[한국과 대만 출신자 제외]
1952. 6. 14	BC급 전범 혐의로 스가모(巢鴨)형무소에 수감 중인 한국인 29명·대만인 1명이 인신보호법위반을 내걸고 석방청구소송 제기 *7.30. 최고재판소에서 청구 기각 판결
1953. 2. 27	한국 정부, 독도영유권 성명
1953. 4. 15	한일국교정상화를 위한 제2차 한일회담[-1953.7.23. 일본. 재일한국인 법적 지위·선박반환·기본관계·청구권·어업문제 등 협상]
1953. 10. 6	한일국교정상화를 위한 제3차 한일회담[-1953.10.21. 일본. 재일한국인 법적 지위·선박반환·기본관계·청구권 문제 등 협상]
1954. 1. 18	한국 정부, 독도에 영토표시 설치[5.1.민간수비대 파견. 8.10.등대 설치]
1955. 4. 1	한국인 BC급 전범자 출신, 동진회 출범[인권과 생활권 확보, 일본정부 상대 보상 요구를 위해 결성]
1955. 8. 17	한국 정부, 한일간 인적 왕래 및 무역 전면 금지(한일단교)
1957. 3. 29	일본 정부, 대한청구권 포기와 제2차 한일협약(1905.11.17.체결. 일명 을사조약) 무효 선언

일시	주요 법규 및 정책·사건
1958. 4. 15	한일국교정상화를 위한 제4차 한일회담[-1960.4.19. 일본. 재일한국인 법적 지위·선박반환·문화재반환·청구권·어업문제 등 협상]
1959. 12. 14	재일동포의 제1차 북송선이 니가타에서 출항, 1984년까지 9만 3천여 명이 북송
1960. 10. 25	한일국교정상화를 위한 제5차 한일회담[-1961.5.15. 일본. 재일한국인 법적 지위·선박반환·문화재반환·청구권·어업문제 등 협상]
1961. 8. 30	한일국교정상화를 위한 제6차 한일회담[-1964.11.5. 일본. 재일한국인 법적 지위, 선박반환, 문화재반환, 기본관계, 어업문제 등 협상]
1964. 12. 3	한일국교정상화를 위한 제7차 한일회담[-1965.6.22. 일본. 재일한국인 법적 지위·기본관계·어업문제 등 협상]
1965. 6. 22	한일 양국 외무장관, 한일기본조약 및 관계 4협정 조인[12.18.발효]
1973. 8. 8	도쿄에서 김대중 납치 사건 발생, 일본 정부가 한국 정부에 주권 침해 강력 항의, 한일관계 악화
1973. 11. 2	김종필 국무총리, 방일하여 다나카 가쿠에이(田中角栄) 총리에게 김대중 납치 사건을 사과하는 내용의 박정희 대통령 친서 전달
1974. 8. 15	재일한인 문세광, 국립극장에서 박정희 대통령을 암살하려다가 실패하고 육영수 여사를 저격함. 조총련에 대한 대응을 둘러싸고 한일관계 악화
1974. 9. 19	시이나 에쓰사부로(椎名悦三郎) 특사, 방한하여 박정희 대통령에게 다나카 가쿠에이 총리의 친서 전달
1982. 7. 1	일본 문부성, 일제의 침략전쟁을 정당화하는 내용 등의 교과서 검정을 승인, 공개 역사교과서 왜곡 파동 시작, 한국 내 여론 악화
1982. 10. 5	한국 정부, 독립기념관 건립추진위원회 발족
1982. 11. 24	일본 정부, 역사교과서의 근현대 서술 내용에 한국, 중국 등 주변국 배려 방침 발표
1983. 1. 11	나카소네 야스히로 총리, 방한 및 한일정상회담, 전후 일본 총리의 최초 방한, 40억 달러의 경협차관 제공 합의
1984. 9. 6	전두환 대통령의 국빈 방일, 히로히토(裕仁) 일왕의 '불행한 역사 유감' 발언
1987. 8. 15	독립기념관 준공, 개관
1987. 9. 29	일본 정부, 대만주민인 전몰자의 유족 등에 대한 조위금 등에 관한 법률 제정 공포 [일본적십자가 대만 홍십자와 조위금 및 위로금 지급에 관한 협약을 체결하고 1인 당 2백만엔 지급. 공포일 시행]
1990. 9. 30	한러수교[한러간 사할린 한인 문제 협의 가능]
1990. 5. 24	노태우 대통령 방일 성과[1992년 48만 명부 입수 1992]
1991. 2. 22	외무성 조약국장, 중의원 예산위원회에서 '한일청구권 협정상 명시된 청구권 포기가 사할린한인에게 적용되는가'라는 질의에 대해 '효력이 미치지 않는다'고 답변
1991. 4. 18	소·일, 포로수용소 관련 소일 협정 체결 *1945년 8월 이후 소련군에 의해 포로수용소에 수용되었던 자와 사망자문제를 신속히 처리할 목적
1992. 9. 29	사할린동포 영주귀국사업 개시
1993. 3. 13	김영삼 대통령, 일본군위안부 피해 문제와 관련해 물질적 보상을 일본측에 요구하지 않을 방침이라고 밝히고 그에 대한 보상은 내년부터 정부예산으로 추진하라고 지시. "일본 측이 진실을 밝히는 것이 중요"하다며 일본 정부에 대해 진상 규명을 촉구
1993. 8. 4	일본 정부, 고노 요헤이(河野 洋平) 내각관방장관 담화[일명 고노 담화]

일시	주요 법규 및 정책·사건
1995. 8. 15	일본 81대 총리인 무라야마 도미이치가 식민 지배에 대한 사죄를 담은 성명(전후 50주년의 종전기념일을 맞아(戦後50周年の終戦記念日にあたって)을 발표 *일본 현직 총리가 식민지배에 대한 사죄를 한 최초의 사례
1998. 10. 8	김대중-오부치선언(21세기 새로운 한일파트너쉽공동선언)
2000. 9.	한국의 시민단체와 연구자, 피해자 단체 대표들이 모여 진상규명 특별법 제정을 위한 '일제강점기 강제동원진상규명모임' 발족
2000. 10. 12	김원웅 의원, '일제강제동원피해 진상규명 특별법안' 발의
2000. 12. 8	일본 도쿄에서 민간재판 이벤트인 '일본군 성노예 전범 국제법정' 개정(~12일)
2001. 12. 11	'일제강점기 강제동원진상규명모임'을 '일제강점하 강제동원피해 진상규명 등에 관한 특별법 제정 추진위원회'로 확대 개편 발족
2004. 2. 13	국회 본회의, 일제강점하강제동원진상규명에 관한 특별법 의결 *3.5.일제강점하강제동원진상규명에 관한 특별법(법률 제7174호) 제정. 9.11.시행령(대통령령 제18544호)제정 시행. 11.10.국무총리 소속 일제강점하강제동원진상규명위원회 발족. 최초이자 유일한 강제동원진상규명 정부기구. 2007.12.10.태평양전쟁전후국외강제동원희생자지원법 제정. 2010.3.22.대일항쟁기강제동원피해조사 및 국외강제동원희생자등지원에 관한 특별법 제정 공포. 국무총리 소속 대일항쟁기강제동원피해조사및국외강제동원희생자등지원위원회로 개편
2004. 12. 17	노무현 대통령, 일 일본 가고시마(鹿児島)의 이부스키(指宿)에서 열린 고이즈미(小泉純一郎) 총리와의 정상회담에서 '전시 중 민간징용자 유골수습에 대한 협력을 요청. 고이즈미총리의 화답으로 2005. 5. 25 한일유골협의체 발족
2006. 11. 20	야스쿠니신사, 한국 정부(국무총리 소속 일제강점하 강제동원피해 진상규명위원회) 질의에 대해 한국인 합사자 약 2만 1천여 명이라 답변 *1920년대에 조선인 합사 개시. 일본 패전 후인 1959~1976년까지 6회에 걸쳐 합사. 일본 정부 자료에 기재된 한국인 합사자 규모는 21,142명(전전戦前 415명, 전후 20,727명)
2012. 5. 24	대법원은 미쓰비시중공업과 일본제철에 동원되었던 피해자 8명이 낸 손해배상 등 청구소송 상고심에서 기존의 원고 패소 원심을 파기하고 원고 승소 판결
2015. 7. 5	세계유산위원회, 일본 메이지산업유산세계문화유산 등재
2015. 12. 28	한일정부간 위안부 합의 *합의에 따라 화해치유재단 발족
2015. 12. 31	국무총리 소속 대일항쟁기강제동원피해조사및국외강제동원희생자등지원위원회 폐지 *소관 업무는 행정자치부로 이관
2017. 7. 31	한국 정부, '한일 일본군위안부 피해자 문제합의 검토 TF' 설치 *12.27 결과 발표
2018. 10. 30	대법원 2012.5.24 판결에 따른 확정 판결에서 피고인 일본기업에 대해 원고 1인당 1억원씩의 위자료를 지급할 것을 판결 * 일명 '징용 소송'
2019. 7. 5	한국 정부, 화해치유재단 해산
2019. 7. 1	일본 산업경제성, 반도체 및 디스플레이 제조 핵심 소재의 수출을 제한하기로 발표하면서 본격적인 對한국 경제제재에 돌입 *일명 일본의 수출 규제
2022. 2. 1	일본 정부, 사도광산 세계유산 등재 공식 추천하고 추천서를 유네스코 세계유산센터에 제출 *새로운 역사왜곡의 판을 전개

일제강제동원&평화연구회 안내 및 각종 규정

일제강제동원평화연구회 안내

▣ 성격 및 경과

• 일제강제동원 연구센터이자 한일 관련 연구자 및 시민 간 네트워크

• 2010. 8. 창립 기획, 2010. 11. 창립준비위원회 구성

• 2011. 8. 6. 『강제동원을 말한다-명부편(1): 이름만 남은 절규』 출판기념회 및 일제강제동원&평화연구회 창립식 개최. 대표 황민호 선임

  ※ 역사학, 경제학, 정치학, 민속학, 사회학 등 한일 관련 분야 학자 및 시민활동가, 일반인 등

  - 연구위원: 정혜경(대표. 출판 담당/역사학), 심재욱(재정 회계 담당/ 역사학), 조건(뉴스레터 담당/ 역사학), 방일권(역사학), 오일환(국제정치학), 이상의(역사학), 최영호(국제정치학), 허광무(경제학), 황민호(역사학)

▣ 주요 활동 내용

• 평화연구 총서 및 문고판 감동 총 9권 등 총 27권 발간(2021.12)

  [강제동원&평화총서1 연구총서 제1권] 『강제동원을 말한다-명부편(1): 이름만 남은 절규』(정혜경 등 6명, 2011.8)

  [강제동원&평화총서3 연구총서 제2권] 『강제동원을 말한다-명부편(2): 제국의 끝자락까지』(방일권 등 6명, 2012.8)

  [강제동원&평화총서8 연구총서 제3권] 『강제동원을 말한다-일제강점기 조선인피징용노무자 미수금 문제』(최영호 등 6명, 2015.12)

  [강제동원&평화총서2 담장談場1] 『지독한 이별』(정혜경, 2011)

  [강제동원&평화총서4 담장談場2] 『히로시마 이야기』(허광무, 2012)

  [강제동원&평화총서5 담장談場3] 『봄날은 간다-방직공장 소녀, 징용』(정혜경, 2013)

  [강제동원&평화총서6 담장談場4] 『오호츠크해의 바람』(방일권, 2014)

[강제동원&평화총서7 담장談場5] 『기록−화태에서 온 편지1』(정혜경, 2014)

[강제동원&평화총서9] 『터널의 끝을 향해−아시아태평양전쟁이 남긴 대일역사문제 해법 찾기』(정혜경, 2017)

[강제동원&평화총서10] 『봉선화, 재일한국인 여성들의 기억』(역서, 최순애, 2018)

[강제동원&평화총서11] 『우리 지역의 아시아태평양전쟁유적 활용 − 방안과 사례』(정혜경, 2018)

[강제동원&평화총서12] 『일제강점기 조선인 강제동원 연표』(정혜경, 2019)

[강제동원&평화총서13] 『일본지역 강제동원 현장을 가다』(허광무, 2019)

[강제동원&평화총서14] 『팩트로 보는 일제말기 강제동원1−'남양군도'의 조선인 노무자』(정혜경, 2019)

[강제동원&평화총서15] 『반대를 론하다−'반일종족주의'의 역사부정을 넘어』(정혜경·허광무·조건·이상호, 2019)

[강제동원&평화총서16] 『일제강제동원, 정부가 중단한 진상규명−11년의 비판적 회고』(허광무·정혜경·오일환, 2020)

[강제동원&평화총서17] 『구술기록집 : 남양군도의 기억−그곳은 지옥이었다』(정영민, 2021)

[강제동원&평화총서18 연구총서 제4권] 『강제동원을 말한다−잊혀진 여성들, 기억에서 역사로−일제말기 여성노무동원』(김미정, 2021)

[강제동원&평화총서19] 『탐욕의 땅, 미쓰비시 사도광산과 조선인 강제동원』(정혜경·허광무, 2021)

[강제동원&평화총서 감感·동動1] 『징용 공출 강제연행 강제동원』(정혜경, 2013)

[강제동원&평화총서 감感·동動2] 『파도가 지키는 감옥섬』(윤지현, 2013)

[강제동원&평화총서 감感·동動3] 『홋카이도 최초의 탄광 가야누마와 조선인 강제동원』(정혜경, 2013)

[강제동원&평화총서 감感·동動4] 『우리 마을 속의 아시아태평양전쟁유적−광주광역시』(정혜경, 2014)

[강제동원&평화총서 감感·동動5] 『일제강제동원Q&A1』(허광무 외, 2015)

[강제동원&평화총서 감感·동動6] 『1945년 국민의용대 제도−패배의 종착역

에서』(정혜경, 2017)

　　[강제동원&평화총서 감感·동動7] 『일제강제동원Q&A2』(조건 외, 2017)

　　[강제동원&평화총서 감感·동動8] 『우리 마을 속의 아시아태평양전쟁유적 –
　　　인천광역시 부평구』(김현석, 2019)

　　[강제동원&평화총서 감感·동動9] 『우리 마을 속의 아시아태평양전쟁유적 –
　　　인천광역시 동구』(김현석, 2020)

- **세미나반 운영:** 역사연구모임 '햇귀', 공탁금자료연구반, 전시자금연구반, 전쟁유적연구반, 경성일보 강독반(현)

- **뉴스레터 P's Letter 발신:** 매월 1회(현재 년 4회 발간, 2020.12 현재 총 66호 발신)

- **카페 운영:** http://cafe.naver.com/gangje/

- **보고서 발간:** P's Note 발간(2016. 2.) 현재 총 2건

- **각종 관련 자료 수집 및 제공:** 네이버 카페 탑재

- **각종 연구사업:** 사할린 국내유족 구술기록수집(2012), 대일항쟁기강제동원위원회 발간 구술기록집 평문화사업(2013), 동북아역사재단 2013년도 연구용역과제 선정

- **심포지엄 및 연구간담회:** 제1회 일제강점기 강제동원&평화 문제 간담회
[대주제 : 진실, 화해, 미래–일제강제동원 진상규명(2013.11.12. 국회의원회관 제5간담회의실)], 심포지엄[일제강제동원의 역사, 세계반전평화의 자산–세계기억유산 등재 추진 전략 (2016.10.7. 국회의원회관 제7간담회의실)]

- **현장 답사 및 시민강좌-국내:** 경북 대구 현장 답사(2011.12), 전남 광주 현장 답사 및 시민강좌(2013.4.~, 4회), 서울 영등포 답사(2016.4.), 서울 종로중구 답사(2016.10, 11월)

- **국외 활동:** 매년 일본 강제동원네트워크 학습회 참가 및 발표, 창립 1주년 홋카이도 미쓰이 아시베쓰(芦別)탄광 강제동원 밀장지(密葬地) 시굴 참가(2012.8.23~26, 심재욱)

- 관련 연구·시민단체 연대 및 지원 활동 : 공탁금 관련자료 기자회견(대한변호사협회 공동, 2011.9), 일제강제동원전범기업 자료 분석(이명수 의원 공동 총 3회), 국민일보 기획 기사 자료 분석 제공(2012.10)
- 대중강좌 감동(感動) 운영 : 2020년, 2021년 강좌 운영

일제강제동원&평화연구회 운영규정

(2011.8.6. 제정, 2012.12.1. 개정)

제1조(명칭) 본회의 명칭은 일제강제동원&평화연구회라 한다.

제2조(목적) 본회의 목적은, 강제동원 관련 연구방향 정립 및 연구 활성화에 기여하고 관련 연구자 간 교류 및 네트워크를 강화하며 연구회 및 자료센터로서 역할을 담당하는 데 있다.

제3조(사업) 본회는 목적에 부합하는 다음과 같은 사업을 수행한다.

① 연구회 총서 뉴스레터 발간

② 연구반 및 학습반 운영

③ 각종 학술 행사 개최

④ 각종 프로젝트 및 소규모 연구회 지원 총괄

⑤ 기타

제4조(회원의 자격) 본회의 회원은 본회 목적 및 취지에 공감하는 사람으로 구성한다.

제5조(회원의 구성) 본회의 회원은 일반회원 및 정회원으로 구성한다.

① 일반회원은 입회원서를 제출하거나 또는 인터넷 카페에 가입하여 회원 자격을 획득한 후 연회비를 납부하지 않고 있는 자를 말한다.

② 정회원은 입회원서를 제출하거나 인터넷 카페에 가입하여 회원자격을 획득한 후 본회가 정한 연회비 이상의 회비를 납부한 자를 말하며, 종신회비를 납부한 종신회원과 특별회비를 납부하거나 또는 본회의 발전에 지대한 공헌을 하여 연구위원회에서 위촉한 개인 및 단체인 특별회원을 포함한다.

제6조(회비) 본회의 연회비는 학생 3만원, 일반인 5만원으로 하며, 종신회비는 50만원 이상으로 하며, 회비를 납부한 정회원에게는 본회에서 발간한 총서를 제공한다.

① 국내외 대학원 박사과정 수료 이상인 자는 일반인으로 규정한다.

② 학생회원은 대학원 박사과정 수료 이하의 과정에 있는 모든 학생으로 규정한다.

제7조(재정) 본회의 재정은 회원의 회비, 본회의 사업수익금으로 충당한다.

제8조(권리) 본회의 회원은 본회에서 주관하는 각종 연구활동이나 사업에 참여할 수 있고, 소장 자료를 이용할 수 있고, 각종 사업의 혜택을 받을 수 있다.

제9조(의무) 본회의 회원은 본회의 운영규정과 본회의 제반 결정사항을 준수해야 하며, 회비 납부의 의무가 있다.

제10조(징계) 본회의 회원으로서 본회의 운영규정이나 의무를 준수하지 않거나, 본회의 취지를 위배할 경우 연구위원회의 의결을 거쳐 징계, 제명할 수 있다.

제11조(기구)

1) 총회

① 구성: 총회는 일반회원으로 구성한다. 총회의 의장은 대표가 맡는다.

② 기능: 총회는 운영규정을 개정하고 대표 및 연구위원을 선출하며 기타 본회의 제반사항을 심의 의결한다.

③ 회의: 정기총회는 매년 회기 말에 개최하는 것을 원칙으로 한

다. 임시총회는 필요에 따라 연구위원회 또는 정회원 1/3 이상의 요구로 개최할 수 있다.

2) 연구위원회

① 구성: 연구위원회는 대표와 연구위원으로 구성하며, 10명 이내로 한다.

② 대표: 대표는 본회를 대표하며 총회에서 선출한다. 임기는 2년으로 하고 연임할 수 있다. 대표는 연구위원 중에서 선출한다.

③ 연구위원: 연구위원은 연구위원회의 구성원으로써 총회에서 선출한다. 연구위원은 크게 총무와 연구 분야로 나누어, 총무는 연구회 운영, 재정 및 사무, 회원관리, 홍보 및 출판을 담당하고, 연구는 연구회의 제반 연구 활동의 기획과 운영을 담당한다. 연구위원의 세부 담당 분야는 대표가 정한다.

제12조(의결) 본회의 의결은 총회에 출석한 정회원의 과반수 찬성으로 이루어진다. 단 연구위원 또는 정회원인 자에게 위임장을 위임한 경우 의결에 참여한 것으로 간주한다.

제13조(운영규정 개정) 운영규정 개정은 총회에 출석한 정회원의 2/3 이상의 찬성으로 의결한다.

제14조(회기) 매년 1월부터 12월까지로 한다.

제15조(해산) 본회의 정회원 2/3 이상으로 해산할 수 있다.

제16조(효력) 본 운영규정은 개정 후 즉시 발효한다.

제17조(부칙) 본 운영규정에 규정되지 않은 사항은 연구위원회의 의결로써 처리하며 총회의 사후승인을 받아야 한다.

일제강제동원&평화연구회 회비 세칙

제1조(정의) 본 세칙은 일제강제동원&평화연구회(이하 연구회) 운영 규정에 의한 세칙으로서, 연구회에 가입하는 회원의 회비에 규정된 다.

제2조(금액) 회원의 회비는 운영위원회에서 결정한 다음과 같은 금액으로 한다.

    ① 학생회비 : 3만원/년

    ② 평생회비 : 70만원

    ③ 특별회비 : 제한 없음

(부칙) 본 회비 세칙에 규정되지 않는 사항은 연구위원회의 결정에 따른다.

2018년 12월 20일

일제강제동원&평화연구회 출판 세칙

제1조(정의) ① 본 세칙은 일제강제동원&평화연구회(이하 연구회) 운영규정에 의한 세칙으로서, 연구회가 출간하는 모든 종류의 출판물에 적용된다.

② 전항의 모든 종류의 출판물이라 함은 ISBN에 등록한 출판물을 의미한다.

제2조(저자의 자격) 연구회 출판물의 저자는 연구회 운영규정 제4조와 제5조에서 정한 회원으로 구성한다.

제3조(출판권의 설정) ① 연구회 저작물에 대해 연구회는 출판권을 설정하고, 출판사는 저작물의 복제 및 배포, 전송에 관한 독점적인 권리를 가지며, 저자는 출판권을 연구회에 위임한다. 연구회와 저자는 위임을 증명하기 위한 별도의 동의서를 2통 작성하여 각각 서명 날인한 다음 각 1통씩 보관하도록 한다.

② 저자가 연구회에 위임한 출판권에는 출판권의 등록, 배타적 이용, 존속기간, 저작물 내용에 따른 책임, 저작인격권 존중, 저작권 표시 등에 관한 사항을 포함한다. 단 장정·부수·정가는 저자의 의견을 반영하되, 최종적으로 연구회가 출판사와 협의하여 정한다.

③ 전항의 출판권이라 함은 도서의 형태를 지닌 모든 저작물에 대한 권리를 말한다.

제4조(연구회의 의무) ① 연구회는 저자의 저작물을 출판함에 있어 저자의 의견을 존중하여 성실히 진행한다.

② 저자의 저작물 출판 여부는 연구위원회에서 최종 결정한다.

③ 연구회는 저자에게 원고를 인도 받은 후 1년 이내에 출판물을 발행한다. 다만 부득이한 사정이 있을 경우에는 저자와 협의하여 기일을 변경할 수 있다.

④ 연구회는 출판사와 설정한 출판권 계약 내용에 따라 출판물의 저자에게 출판물 설정 대가를 지급한다. 다만 초판은 현물로 지급할 수 있으며, 연구회가 총 출판물 설정 대가 가운데 30%를 갖는다.

⑤ 개정판과 증보판을 발행할 필요가 있을 경우에, 저자와 상의하여 발행하도록 하며, 2차적 사용의 필요성이 있을 경우에는, 저자와 상의하여 결정한다.

⑥ 전항의 2차적 사용이라 함은 저작물이 번역, 개작, 연극, 만화, 영화, 방송, 녹음, 녹화, CD 등 2차적으로 사용될 경우와 저작물의 내용 중 일부가 제3자에 의하여 재사용되는 경우의 허가권, 그리고 위 저작물을 원저작물로 하는 2차적 저작물의 수출에 관한 모든 권리를 의미한다.

제5조(저자의 의무) ① 저자는 연구회에 출간 의사를 밝히고 출판물 주제와 출판시기를 신청하고, 연구회에 신청한 주제에 부합하는 원고를 연구회에 인도해야 하며, 교정 교열에 대한 책임을 진다.

② 개정판과 증보판을 포함한 모든 출판물과 2차적 사용물에 반드시 연구회 출판물임을 기재한다.

제6조(저자의 권리) ① 저자는 연구회가 출판사와 설정한 출판권 계약 내용에 따라 책정된 출판물 설정 대가를 받는다.

② 저자의 저작물이 증보판을 발행할 경우와 2차적으로 사용될 경우, 모든 출판물 설정 대가를 소유한다.

③ 저자는 체제, 장정, 제책, 책의 판매 정가, 발행 부수, 중판(또는 중쇄)의 시기 및 선전판매의 방식을 결정한다.

(부칙) 본 출판세칙에 규정되지 않는 사항 가운데 연구회와 출판사간 설정한 출판권 계약에 포함되지 않은 내용은 새로운 출판권 설정에 반영하며, 연구위원회의 사후 승인을 받아야 한다.

2018년 12월 20일

P's Letter 연구IN & 핫이슈 총 수록 목록

호수	발간년월	제목	필자
2호	2011.8월	아버님 전에 고하옵니다'	심재욱
3호	2011.9월	최초로 발표된'일본 전범기업 제1차 136개 명단'	정혜경
4호	2011.10월	후지코시(不二越)강재공업(주)의 '전범기업' 추가 청원	심재욱
5호	2011.11월	중앙행정심판위원회, 미지급 미수금 '군사우편 저금' 지원 판결	심재욱
6호	2011.12월	일 전범기업 미쓰비시 등 국내진출 첫 제동	심재욱
7호	2012.1월	국내 옥매광산 피해사례-한반도 내 강제동원도 지원 필요	심재욱
8호	2012.2월	제2차 전범기업 58개사 명단 공개	심재욱
9호	2012.3월	강제동원 피해 문제, 우리의 문제이다!-광주시 피해자 지원 조례안	정혜경
10호	2012.4월	제19대 총선 후보자 대상 정책 설문 조사	정혜경
11호	2012.5월	"위안부는 창녀일 뿐" 일본인 18명의 주장	정혜경
		대법원, 일제강제징용 사상 첫 배상 판결	정혜경
12호	2012.6월	일제 강제동원피해 문제 해결을 위한 한국 정부의 역할은 무엇인가	정혜경
13호	2012.7월	다윗과 골리앗의 싸움, 일단 멈춤인가? 근로정신대할머니들-미쓰비시	정혜경
14호	2012.8월	전후 최초 한국정부와 국회가 공인한 전범기업 287개	정혜경
15호	2012.9월	열쇠는 시민교육이다	정혜경
16호	2012.10월	조선인 공탁금-술래잡기 놀이는 이제 그만!	정혜경
17호	2012.11월	문서 속의 사할린 조선인: 시리즈를 열며	방일권
18호	2012.12월	북사할린의 조선인들	방일권
19호	2013.1월	남사할린에 억류된 조선인(한인)의 수	방일권
20호	2013.2월	해방 직후 사할린 한인과 소비에트 당국	방일권
21호	2013.3월	경계인에서 열외자로-1950~60년대 사할린 한인	방일권
22호	2013.4월	민간 기록물을 통해 본 한인의 귀환 노력	방일권
23호	2013.5월	2012년 5월 24일, 그리고 2013년 5월 24일	정혜경
26호	2013.8월	왜 강제동원 피해자와 유족의 눈을 가리려 하는가	정혜경
27호	2013.9월	조선인 징용자 우체국 통장 수만 개'에 예입된 금액을 돌려받는 방법	정혜경
28호	2013.10월	일본군 위안부, 정신대, 근로정신대	정혜경
29호	2013.11월	23만명 수록된[일정시 피징용자 명부] 새로 발견	오일환
31호	2014.1월	2014년 1월의 단상-강제동원 특별법 개정에 즈음하여	허광무
32호	2014.2월	고노담화, 그 반대편의 아베. 거꾸로 가는 일본	김명환
33호	2014.3월	한미일 3국 정상회담, 어떻게 볼 것인가?	오일환
34호	2014.4월	4월 잔인한 세월에 희생당한 분들의 명복을 빌며	방일권
35호	2014.9월	원자폭탄과 한국인 희생자	허광무
36호	2014.11월	일본군 위안부 문제와 한일정상회담	오일환

호수	발간년월	제목	필자
38호	2015.3월	후쿠오카에서 한일 간 평화를 생각하다	최영호
39호	2015.5월	아베의 방미와 이후	오일환
40호	2015.7월	2015년 6월 22일을 맞으며	방일권
41호	2015.9월	지금 만나러 갑니다.-히로시마 항운주식회사 동원 할아버지	허광무
42호	2015.11월	역사교과서 국정화? 혹세무민의 죄 가볍지 아니하다	이상의
43호	2016.1월	일본군 위안부 피해문제의 외교적 타결을 보며	최영호
44호	2016.3월	야마구치에서 한일간 '평화'를 생각하다	최영호
46호	2016.7월	평화선' 억류 피해자들을 조사하며 '평화'를 생각하다	최영호
47호	2016.9월	부평의 '인천조병창' 그리고 '캠프마켓'	이상의
48호	2016.12월	한일군사비밀정보보호협정과 한일관계	조진구
49호	2017.4월	학도징용, 징용학도	이상의
50호	2017.7월	2015년 일본군 위안부 합의 재협상의 전망	오일환
51호	2017.10월	강원도에서 '평화'를 생각하다	최영호
52호	2018.1월	일본군 위안부 문제의 외교적 합의에 관한 한국정부의 검토 결과	최영호
53호	2018.4월	일제강제동원 진상규명, 남북한의 공동 과제다	정혜경
54호	2018.7월	헌법에서 근로를 노동으로 바꾸어야 할까?	이상의
55호	2018.10월	2018년 욱일기 논란을 접하면서	심재욱
56호	2019.1월	아시아태평양전쟁기 남양군도 인력동원 관련자료	심재욱
57호	2019.4월	강제징용 전범기업에 대한 압류 조치, 어떻게 볼 것인가?	오일환
58호	2019.7월	미봉책은 이제 그만!-한국의 대일역사문제 해법을 찾아	정혜경
59호	2020.2월	한일 정부의 위안부 합의 헌법소원 각하 결정	오일환
60호	2020.4월	일본의 역사왜곡과 강제동원 연구 활성화를 위한 제언	심재욱
61호	2020.7월	역사문화콘텐츠의 경박함, 참으면 안 되는 이유	정혜경
62호	2020.10월	정혜경 등[반대를 논하다]를 다시 읽고	최영호
63호	2021.1월	2021년 한일 관계의 국제적, 국내적 환경 변화 가능성에 대해	오일환
64호	2021.4월	어느 조선인 '전범'의 죽음을 추모하며	조건
65호	2021.7월	일본의 총선거와 한국의 대통령선거를 앞두고	오일환

저자소개

심재욱沈在昱

동국대학교에서 한국근현대사를 전공하여 석사와 박사학위를 받았다.
전 국무총리 소속 '대일항쟁기 강제동원 피해조사 및 국외 강제동원희생자 등 지원위원회'에서 조사팀장을 역임했으며, 현재 제주대학교 재일제주인센터 특별연구원 및 일제강제동원&평화연구회 연구위원으로 활동 중이다.

오일환吳日煥

일본 쓰쿠바筑波대학원에서 국제정치경제학 박사학위를 받았다.
전 국무총리 소속 '대일항쟁기 강제동원 피해조사 및 국외 강제동원희생자 등 지원위원회'에서 유해봉환과 대일, 대러 협상을 담당했다. 현재 중앙대학교대학원에서 강의를 하며 아르고 인문사회연구소 대표연구위원으로 활동 중이다.

이상의李商衣

인천대 기초교육원 초빙교수. 연세대 대학원 사학과에서 한국근대사 전공으로 박사학위를 받았다. 아시아 · 태평양전쟁기 일제의 강제동원과 인천 지역사에 대한 연구를 진행하고 있으며, 최근에는 목소리가 작은 사람들의 구술 채록을 지속하고 있다.

정혜경鄭惠瓊

한국학중앙연구원 한국학대학원에서 한국근대사를 전공해 오사카지역의 재일한인을 주제로 석사와 박사학위를 받았다. 전 국무총리 소속 '대일항쟁기 강제동원 피해조사 및 국외 강제동원희생자 등 지원위원회'에서 조사과장으로 일했고, 한일민족문제학회 회장을 지낸 바 있다. 현재 일제강제동원&평화연구회 대표 연구위원으로 일제말기 조선인 인력동원을 연구 중이다.

최영호崔永鎬

도쿄대학에서 국제관계학을 전공하고 글쓰기를 연습했다.
부산에서 영산대학교 교수를 역임했으며 한일관계 강의를 담당했다. 한일민족문제학회와 재외한인학회 회장을 역임한 바 있고, 2020년 정년 퇴임 이후 오늘날까지 서울에서 국제생활연구소를 운영하고 있다. 인터넷 카페 cafe.naver.com/choiygho를 통해 독자들과 현대한일관계에 관하여 대화하는 것을 좋아한다.

허광무許光茂

일본 히토쓰바시一橋대학에서 일본근현대사회경제사를 전공하여 석사와 박사학위를 받았다.
전 국무총리 소속 '대일항쟁기 강제동원 피해조사 및 국외 강제동원희생자 등 지원위원회'에서 조사과장 · 심사과장을 역임했으며, 현재 한일민족문제학회 회장과 일제강제동원&평화연구회 연구위원으로 활동 중이다.